John Kenneth Galbraith

Die Geschichte der Wirtschaft im 20. Jahrhundert

Ein Augenzeuge berichtet

Aus dem Amerikanischen
von Sabine Wiermann

Hoffmann und Campe

Die Deutsche Bibliothek – CIP-Einheitsaufnahme

Galbraith, John Kenneth:
Die Geschichte der Wirtschaft im 20. Jahrhundert: ein Augenzeuge berichtet / John Kenneth Galbraith. Aus dem Amerikan. von Sabine Wiermann. – 1. Aufl. – Hamburg: Hoffmann und Campe, 1995
Einheitssacht.: A journey through economic time <dt.>
ISBN 3-455-11061-4

Die Originalausgabe erschien unter dem Titel »A journey through economic time« im Verlag Houghton Mifflin Co., Boston

Schutzumschlaggestaltung: Lo Breier/Kai Eichenauer
Satz: Utesch Satztechnik GmbH, Hamburg
Druck und Bindung: Ebner Ulm
Printed in Germany

Für Catherine Galbraith Denholm,
wie immer in Liebe

Inhalt

Danksagung

Alle, die Bücher über ihre Erfahrungen im öffentlichen Leben publizieren, müssen oft eine ziemlich heikle Aufgabe erfüllen. Sie müssen sich angemessen feinfühlig bei demjenigen bedanken, der das Buch tatsächlich geschrieben hat, und gleichzeitig dieses erhebliche Delegieren irgendwic herunterspielen. Glücklicherweise bin ich frei von derartigen Verpflichtungen; es ist recht außergewöhnlich, aber ich schreibe selbst. Und doch ist die Notwendigkeit keineswegs geringer, meine Schulden zu bekennen.

Die Themen dieses Buches habe ich im Lauf der Jahre häufig diskutiert mit Kollegen in Harvard und Washington und anderen Freunden in den Vereinigten Staaten und in England, in Japan und verschiedentlich in Europa. Was ich hier als meine Gedanken schildere, ist bis zu einem bestimmten Grad das, was von vielen, vielen anderen im Geist entwickelt und in Erinnerungen wiederaufgefrischt wurde.

Vor allem hatte ich in diesen letzten Monaten und Jahren die Hilfe meines Sohnes, Professor James Galbraith, von der Universität Texas und seiner hervorragenden Datenbanken und Computerfertigkeiten. Mein großer Dank an Jamie.

Mein Dank auch an Edith Tucker, die, wie schon so oft zuvor, die mehr als gelegentlich auftretenden Lücken zwischen meinen Erinnerungen und der historischen Genauigkeit geschlossen hat. Und an Joy Sobeck, die half, mein Manuskript zu entziffern, und, noch wichtiger, die miteinander konkurrierenden Ansprüche an meine Zeit sortierte und häufig abblockte.

Am tiefsten stehe ich allerdings in der Schuld von Andrea Williams. Seit mehr als drei Jahrzehnten ist sie meine unentbehrliche Freundin und Verbündete. Kein Autor hatte jemals eine intelligentere, fleißigere, informiertere und hartnäckigere Lektorin. Es schaudert mich, wenn ich daran denke, was alles in Druck gegangen wäre ohne sie.

Wie so oft und zuverlässig in den vergangenen 44 Jahren, seitdem ich erstmals als Autor von ihnen betreut wurde, geht mein Dank auch an Houghton Mifflin und dort an Nader Darehshori, Joe Kanon und Mindy Keskinen, die von allen Verlegern die versöhnlichsten, tolerantesten und verständnisvollsten sein müssen gegenüber ihren Autoren und gewiß mir gegenüber.

Während ich an diesem Buch arbeitete, hatte ich wie immer die ständige Unterstützung von Catherine Atwater Galbraith. Wenn ich mich dem Schreiben zuwende, denke ich an sie. Daher kommen Pflichtbewußtsein und Fleiß, die jeder Autor braucht. Meinen Dank an Kitty und, vor allen Dingen, meine Liebe für immer.

Einleitung

Wenn dieses Buch erscheint, lehre ich seit 61 Jahren Wirtschaftswissenschaften. Während dieser Zeit, fast zwei Drittel des 20. Jahrhunderts, war ich darüber hinaus ein mehr als gelegentlicher Teilnehmer bei der Gestaltung der Wirtschaftspolitik, ein offener, häufiger Kommentator und Interpret des Wirtschaftslebens und, während der gesamten Zeit, ein aktiv interessierter Beobachter. Vor diesem Hintergrund entstand dieses Buch.

Es handelt sich nicht um Geschichte im üblichen Sinn; ich strebe nicht danach, alles zu berichten, was geschehen ist in der Wechselbeziehung von Ideen und Ereignissen. Das ist eine offenkundig wertvolle und nützliche Mühe, aber hier nicht die meine. Dies ist ein Bericht über das, was ich in der Mitte des Wirtschaftslebens in diesen Jahren sah oder erfuhr. Ich beginne mit Themen, von denen ich in meiner frühen Jugend hörte, hauptsächlich mit der grotesken Tragödie des Ersten Weltkriegs, treffend der Große Krieg genannt, dem ich später Aufmerksamkeit und wissenschaftliche Forschung widmete. In den ersten Kapiteln beziehe ich mich auch auf andere frühere Studien und Schriften. So besuchte ich das College zur Zeit der großen Börsenspekulation in den zwanziger Jahren. Dies war kein herausragendes Ereignis in meinem Leben, es war sicherlich geringfügig, verglichen mit der bedrückenden Erfahrung der ihm folgenden Depression. Aber in späteren Jahren ging ich im Geiste zurück, um diesen klassischen Fall des finanziellen Exzesses und Wahnsinns zu untersuchen. Ich nutze hier die Ergebnisse meiner damaligen Arbeit, besonders mein Buch »Der große Crash 1929«, das 1955 erschien und seitdem immer wieder aufgelegt wird. (Jedesmal, wenn das Buch irgendwie in Vergessenheit zu geraten drohte, riefen es neue

Episoden der Euphorie und deren Nachwehen ins Gedächtnis zurück.)

Zum größten Teil aber habe ich mich auf Erfahrung, Beobachtung und Überlegung gestützt. Und auf ein leidlich gutes Gedächtnis. Es gibt, daran sollte man nicht zweifeln, eine unvermeidliche Tendenz, Bewertungen an spätere Erkenntnisse und Erfahrungen anzupassen. Dies gebe ich freimütig zu, wie es alle tun sollten, die aus der Erinnerung berichten.

Hin und wieder habe ich in den vergangenen Jahren mit Büchern wie »Gesellschaft im Überfluß« (1958), »Die moderne Industriegesellschaft« (1967) und »Wirtschaft für Staat und Gesellschaft« (1973) danach getrachtet, wenn auch nur am Rand, die zeitgenössischen Ansichten in Wirtschaft und Gesellschaft zu beeinflussen. Ich kehre hier nicht zu diesem Bemühen zurück; einmal ist genug, und einige werden sogar denken, mehr als genug. Meinen Beitrag zum breiteren Strom im ökonomischen und sozialen Denken hinterlasse ich, so, wie er war, objektiveren, möglicherweise weniger toleranten Betrachtern.

Dieses ist, um es zu wiederholen, ein Buch über das, was ich gesehen oder erfahren habe. Es ist nicht vollständig, wie ich mich beeile zu sagen oder wenigstens nachdrücklich betone. Ich beschäftige mich hier mit den wichtigsten Elementen ökonomischen Verhaltens; es gibt zahlreiche weniger wichtige Themen, bei denen ich nicht verweile. Das ist Absicht. Vor vielen Jahren arbeitete ich als Autor und Redakteur für Henry Robinson Luce, den Gründer von »Time«, »Fortune« und »Life« (die an die Merger-and-Acquisition-Fraktion verlorengingen) und einen der größten Journalisten und Redakteure aller Zeiten. Wenn ich schreibe, höre ich noch immer seine Stimme hinter mir und sehe seinen weichen schwarzen Bleistift auf die Satzfahne schreiben: »Das kann gestrichen werden.« Einzelheiten können den harten und wesentlichen Kern verschleiern. Sie können auch den Leser entmutigen oder ablenken. Ich habe mich in diesem Buch bemüht, eine wohlüberlegt straffe Zusammenfassung der ökonomischen und sozialen Ereignisse zu geben, wie ich sie beobachtet oder verstanden habe. Wo ich darüber hinausgehe, handelt es sich weniger um Absicht als um persönliche Nachlässigkeit.

In einem Buch, das demnächst erscheinen wird und das den Arbeitstitel »The Lighter Side of Life« trägt, beabsichtige ich, von den Vergnügungen, den geistigen Verwirrungen und dem vollendeten Irrsinn zu berichten, die im Lauf der Jahre das Leben geprägt und erleichtert haben. Ich habe sie nicht vollständig aus diesem Buch ausgeklammert; Dummheit mit einem hohen Prestigewert kann, wie ich in einem der ersten Kapitel zeige, zum beherrschenden Faktor des Wirtschaftslebens werden. Im allgemeinen aber habe ich mich an das Grundthema gehalten, das lautet: Wie hat die Wirtschaft in ihren wesentlichen Zügen über die Jahrzehnte hinweg funktioniert, und wie haben Krieg und Frieden, Regierung und Markt, Ideologie und Ignoranz ihre Entwicklung beeinflußt?

In diesem Buch habe ich mich wie in anderen Schriften bemüht, Sprache und Erklärungen zu vermeiden, wie sie im wirtschaftswissenschaftlichen Fachdiskurs benutzt werden. Ich mißbillige den Gebrauch einer Fachsprache, manchmal auch Jargon genannt, nicht, sogar Englischprofessoren haben ihre Fachsprache. Aber ich bin seit langem der Ansicht und habe diese oft kundgetan, daß es keine Wirtschaftsprozesse und -probleme gibt, die nicht in einer allgemeinverständlichen Sprache beschrieben werden können – die nicht einem gebildeten und interessierten Leser nahegebracht werden können. Solche Bemühungen rechtfertigen jedoch weder Fehler noch Simplifizierungen. Wer für ein großes Leserpublikum schreibt, kann für sich keine Ausnahme beanspruchen von der Genauigkeit des Arguments und der Schlußfolgerung.

Ich schiebe meine umfassendere Darstellung hinaus, um im ersten Kapitel meine Sicht des Kapitalismus zu schildern, der gemischten Wirtschaft, als ökonomisches System – heute, in den neunziger Jahren, in der einen oder anderen Form das einzige System –, und ganz besonders der bestimmenden Kräfte der Veränderung. Es ist meine Ausgangsthese und mein Bekenntnis, daß ich es für den größten Fehler in den Wirtschaftswissenschaften halte, Wirtschaft als eine stabile, unveränderliche Struktur zu betrachten.

1

Die größere Dynamik

Was heute Kapitalismus genannt wird oder vielleicht genauer Industriekapitalismus, entstand Ende des 18. Jahrhunderts in einer Welt, die seit Hunderten von Jahren von einer feudalen Landwirtschaft beherrscht wurde und hinsichtlich der Wirtschaftspolitik von den Kaufleuten – jenen, die einfache, wichtige Erzeugnisse kauften und verkauften, Standardgüter, von denen Textilien, Bekleidung und vielleicht Gewürze die augenfälligsten Beispiele waren.

Obwohl über dieses Thema bis heute diskutiert wird, ist das darauffolgende Wirtschaftssystem in wesentlichen Zügen ein Ergebnis der Technologie. Hier erkennen wir die Kräfte des Wandels. Neue Produktionsmethoden hielten besonders in der Textilindustrie Einzug. Diese Industrie war außerordentlich wichtig, weil Kleidung nach Nahrung und Unterkunft am nötigsten gebraucht wurde, gleich, ob die Menschen in kaltem oder gemäßigtem Klima lebten. Bis zu einem gewissen Grad ist Kleidung bis auf den heutigen Tag mehr als Ausbildung oder Intelligenz ein wesentliches Merkmal der sozialen Stellung und des sozialen Unterschieds.

Wasserkraft und später Wasserdampf brachten die Mechanisierung der Textilproduktion voran. Sie trieben Weberschiffe und Webstühle an und auch die Stahlfabriken, die das unentbehrliche Rohmaterial für die Maschinen herstellten. Weitere Entwicklungen wurden notwendig, um die Industrie zu unterstützen, wie Eisenbahn und Frachtschiffahrt. Und neue Wirtschaftszweige entwickelten sich.

Das auffallende und anerkannte Merkmal des kapitalistischen Systems war die Autorität, mit der es jene ausstattete, denen die Fabriken und Maschinen gehörten oder die die Mittel besaßen, diese zu erwerben. Der feudale und noch sehr einflußreiche Grundbesitzer bezog seine Autorität aus seinem Landbesitz. Und die Händler – zu denen auch die Teilhaber großer Handelsfirmen in der ersten Zeit gehörten –, jene, die den Fernhandel mit Indien, China und Amerika betrieben, bezogen ihre Bedeutung von den Schiffen und dem Geld, das sie zur Verfügung stellten. Trotz alledem gab es etwas scheinbar Unverwechselbares bei den neuen Industriekapitalisten. Verglichen mit der traditionellen Klasse der Grundbesitzer oder den Kaufleuten, waren sie Emporkömmlinge, neu auf dem Schauplatz, dem Wirtschaftlichen verhaftet, gesellschaftlich ungehobelt. Die Frage war, wodurch derartige Menschen ihre Stellung verdienten. Ihr schlechter gesellschaftlicher Ruf ist häufiger, als gemeinhin angenommen wird, der ablehnenden Haltung der traditionell Reichen und Begünstigten zuzuschreiben.

Ebenfalls besonders auffällig und eigentümlich waren die zahllosen Arbeiter, die die Fabrikbesitzer zusammenbrachten und sichtlich beherrschten. Ein Großgrundbesitzer in der Endzeit des Feudalismus hatte eine ebenso große Macht über seine weit verstreut lebenden Bauern wie der größte Industriebesitzer über seine an einem Ort zusammengezogenen Proletarier; nur wurde diese Macht weniger sichtbar ausgeübt. Von denen, die auf den Feldern arbeiteten, wurde meist eine traditionelle Naturalabgabe erhoben statt einem offenen Geldbetrag.

Der Industriekapitalismus, der sich im 18. Jahrhundert in England und Südschottland entwickelte, hatte eine um sich greifende Dynamik, die sich bis heute gehalten hat. Von England aus breitete sich das neue System im Lauf des folgenden Jahrhunderts bis nach Deutschland und Frankreich aus und in einer eingeschränkten Form bis nach Skandinavien und Italien sowie über den Atlantik bis in die Vereinigten Staaten. Die neuen amerikanischen Raubritter, wie sie liebenswürdig bezeichnet wurden, saßen in erster Linie in der Stadt New York und lagen nicht in einem ernsthaften Wettbewerb mit einer Grundbesitzer-Kaste. In den achtziger und neunziger Jahren des 19. Jahrhunderts waren sie die auffallendste Erscheinung der kapitalistischen Autoritäten.

Die Bewegung hielt an. Zu Beginn unseres Jahrhunderts erreichten die Vorboten des neuen Systems Rußland, die widerstandsfähigste aller Feudalmächte. Der Kapitalismus trat auch in Japan in Erscheinung, ebenfalls in Konkurrenz zum Feudalismus. Inzwischen hat er sich in Südkorea, Taiwan, Hongkong, Singapur, Thailand, der Volksrepublik China und natürlich in Indien ausgebreitet.

Genau wie in den Anfängen des neuen Systems in England trug zu dieser Entwicklung die einfache, logische Tatsache bei, daß Güter und hochorganisierte Dienstleistungen wie Transport, Kommunikation und Elektrizität in weit größerem Umfang und zu weit geringeren Kosten angeboten werden können bei größter Effizienz der menschlichen Arbeit durch kapitalistische Organisation. Zu dieser Entwicklung trug aber auch die grundlegende Dynamik der Industrieproduktion bei.

Am Ausgangspunkt waren die älteren Industrien, die über mehr Erfahrungen verfügten, besser organisiert und besser mit Kapital ausgestattet waren, im Vorteil. Im vergangenen Jahrhundert trachteten Deutschland und später die Vereinigten Staaten nach Schutz vor den effizienter hergestellten Gütern aus Großbritannien. (Dieses war der Grund für Schutzzölle für junge Industrien; die verwundbaren neuen Industrien mußten verteidigt werden gegen die etablierten, erfahrenen alten Industrien.) In der großen Dynamik des Kapitalismus wurde aber der markante Vorteil der jungen Industrien bald sehr deutlich. Das Management in den alten Industrieländern wurde, immer mit Ausnahmen, selbstgefällig und bürokratisch; das Management in den neu industrialisierten Ländern war eifrig, engagiert und unbürokratisch, eine Überlegenheit, die die anderen, natürlich widerwillig, zugestehen mußten.

Noch wichtiger war und ist die Frage des Arbeitskräfteangebots. In die Fabriken und anderen Unternehmen der neu industrialisierten Länder stömten Arbeiter in Scharen, die hofften, den schlimmen Entbehrungen, die sie unter der feudalen und bäuerlichen Landwirtschaft erlitten, zu entkommen. Ihnen kam der bescheidene, sogar niedrige Lebensstandard der städtischen Arbeiter ebenso wie das neue gesellschaftliche Ambiente der Stadt wundervoll vor im Vergleich mit dem Mangel und der Unterdrükkung auf dem Land und der gesellschaftlichen Isolation, aus der sie gekommen waren. (Selten wird in der heutigen Zeit etwas dermaßen übertrieben wie die Wohltat der frischen Landluft.) Wegen der großen Dynamik des Kapitalismus verlangten die Grundstoffindustrien im Lauf der Zeit unerbittlich nach neuen, eifrigen und effizienten Arbeitskräften, und, wie wir später sehen werden, bekamen die älteren Industriestaaten diese nur, wenn sie die heimischen Arbeitskräfte verstärkten, wie zum Beispiel durch die armen weißen Bergbewohner und die Schwarzen aus dem Süden der Vereinigten Staaten oder, besonders in Europa, durch Arbeiter aus dem Ausland.

Der Arbeitskräftevorteil der neuen Industriestaaten bleibt, und in den älteren stellt sich stets eine ökonomisch ausgerichtete Haltung ein. Die frühere Forderung nach dem Schutz junger Industrien verwandelt sich nun in eine neue Forderung der alten Industriestaaten nach dem Schutz alter, überholter Industrien vor den Neulingen mit den Niedriglöhnen.

Es gibt eine weitere unbarmherzige Dynamik des Kapitalismus. Sie betrifft seine Beziehung zum Staat. Diese wiederum macht den bei weitem größten Teil aus in der Diskussion, Debatte und den heftigen Kontroversen, die das System provoziert.

Im Feudalsystem bildeten die Feudalherren die Regierung. Könige und Adel hatten hin und wieder Streit sowohl tatsächlich als auch zur Unterhaltung, einer mit dem anderen, aber sie stellten ihre politische Stellung nicht in Frage. Dieses wurde als eine Selbstverständlichkeit betrachtet. Die Kaufleute, die unter und gemäß den feudalen Regeln Macht und Ansehen gewannen, nutzten in der Regel den Staat als Instrument, um eigene Ziele durchzusetzen. Monopole wurden zugelassen; Wettbewerb, der in großem Maß vom internationalen Handel herrührte, wurde reglementiert. Dieses brauchten und wollten die neuen Kapitalisten nicht; und es war dieser Regulationsapparat, den Sozialhistoriker als Merkantilismus kennen, den Adam Smith, die Stimme des neuen Industrialismus, so leidenschaftlich und wirkungsvoll angriff. Seitdem gibt es die Überzeugung, besonders in den englischsprachigen Ländern, daß Staat und Industrie von Natur aus im Streit liegen.

In diesem Punkt gibt es Unterschiede. In Japan und Deutschland, zwei der erfolgreichsten kapitalistischen Staaten der Neuzeit, sind Regierung und Verwaltung gedacht als großzügige, sogar lebenswichtige Unterstützung der privaten Industrie, des Kapitalismus. Anderswo, und besonders in den Vereinigten Staaten und England, wird die Regierung im Prinzip und, mit vielen Ausnahmen, in der gegenwärtigen Praxis als der natürliche Feind der privaten Unternehmen betrachtet. In allen Ländern jedoch hat sich das Verhältnis zwischen Industrie und Staat im Lauf der Zeit stark verändert, ein Kernstück der großen Dynamik des Kapitalismus. Dies wird ein Hauptthema der folgenden Seiten sein.

Die Verlagerung der Grundstoff- oder traditionellen Industrie aus den alten in die neuen Industriestaaten beraubt die alten natürlich nicht jeglicher Wirtschaft, andere ökonomische Aktivitäten überleben und gedeihen. Ein weiterer nachhaltiger Vorteil liegt in der hochentwickelten, innovativen Technologie. Und nachdem die

Menschen ausreichend mit den physischen Produkten des Konsums versorgt wurden, konzentrieren sie sich auf visuelle Vergnügungen und Unterhaltung. Die Wahrheit ist jedoch, daß diese jüngste Stufe – besseres Design, bessere Architektur, Theater und Fernsehfilme, Mode, Kunst, intellektuelle Studien – nicht die gleiche ökonomische Substanz hat wie Stahl- oder Autofabriken. Dies ist eine Tatsache, die nicht in der Wirtschaft gründet, sondern einmal mehr auf historischen und traditionellen Einstellungen. Die Stahlfabriken waren zuerst da; sie scheinen so wie ihre Produkte die solide Grundlage des Wirtschaftslebens zu sein.

Wirtschaftswachstum ist die größere Dynamik des Kapitalismus. In der heutigen Zeit ist dieses Wachstum – der Zuwachs der gesamten Produktion von Gütern und Dienstleistungen, ausgedrückt in statistischen Größen – der anerkannte Maßstab für wirtschaftliche Leistungsfähigkeit geworden. Von einer Volkswirtschaft wird wie von einem gesunden Heranwachsenden erwartet, dazu einen eigenen Beitrag zu leisten. »Wir können für das nächste Quartal eine Wachstumsrate von 4,1 Prozent erwarten.« Kein anderer statistischer Wert besitzt heutzutage ein stärkeres Gewicht. Für Ökonomen und viele andere ist die Wachstumsrate *die* Dynamik des modernen Kapitalismus.

Wirtschaftswachstum und seine außerordentlichen sozialen und politischen Wirkungen sind auch weiterhin wichtig. Ebenso wichtig ist seine extreme Unzuverlässigkeit. Diese hat zwei Aspekte.

Das ist zum einen die Tendenz des Kapitalismus zu bedenklicher Instabilität. In das System eingebaut sind immer wiederkehrende Zeiten der Verheerung. Das Wachstum verlangsamt sich, läßt nach bis zum absoluten Niedergang. Vertrauen und Zufriedenheit weichen Angst und Verzweiflung. Dies ist schon seit langem so, aber es wurde häufig nicht zugegeben. In den Vereinigten Staaten wurden solche Episoden im vergangenen Jahrhundert als »Krisen« oder »Panik« bezeichnet. Schon bald wurde diesen Begriffen nachgesagt, daß sie Furcht auslösten und sich negativ auf die Geschäftsmoral auswirkten, und so griff man auf das schwächere Wort »Depression« zurück. »Keine Panik, nur eine Depression.« Dann erhielt »Depression« einen entgegengesetzten Begriffsinhalt durch die bitteren Erfahrungen der dreißiger Jahre des 20. Jahrhunderts, und auf der Suche nach einer weniger beunruhigenden Bezeichnung kam das Wort »Rezession« in Mode. »Es ist keine Depression, sondern nur eine Rezession.« Als der Begriff »Rezession« dann seine unerfreuliche Bedeutung bekam, bemühte man sich, ihn durch »Wachstumsangleichung« zu ersetzen. Wie auch immer es genannt wird, Depression, Rezession, Wachstumsangleichung oder, ein äußerst betrüblicher moderner Gedanke, »andauerndes Unterbeschäftigungs-Gleichgewicht«, dies und seine Ursachen spielen in jeder Betrachtung der modernen Wirtschaft und ihrer Bedeutung in der Welt eine wichtige Rolle.

Zweitens gibt es in einem großen Teil dieses Planeten kein angemessenes Wirtschaftswachstum oder ist ein schlechter werdender Lebensstandard die Norm. Dieses gilt für einen großen Teil Afrikas, Zentral- und Südamerikas und Teile Asiens. In der allgemeinen Wirtschaftsdiskussion bleibt dieser Teil der Welt unberücksichtigt; wenn wir uns aber um menschliche Werte und menschliches Leid kümmern, muß er im Mittelpunkt unseres Bemühens stehen. Den Errungenschaften des modernen Wirtschaftslebens muß sein Versagen gegenübergestellt werden. Auch darauf werde ich in den folgenden Kapiteln zu achten versuchen.

Üblicherweise enden Bücher über Wirtschaft mit einem oder mehreren Kapiteln mit der Überschrift »Vergleich ökonomischer Systeme«. Dort wird die Plan- und Kommandowirtschaft des realen Sozialismus, gemeinhin Kommunismus genannt, beschrieben, in dem alle oder die meisten Produktionsressourcen dem

Staat gehören oder, wie es vorzugsweise heißt, dem Volk. Vom Staat kommen Initiativen und Anweisungen, was produziert werden soll.

In den vergangenen Jahren nun, in denen dieses Buch geschrieben wurde, haben sich diese letzten Kapitel als überflüssig, zweck- und bedeutungslos erwiesen. In der größten wirtschaftlichen Veränderung der Neuzeit, vielleicht aller Zeiten, wurde der Sozialismus als alternatives System in die entfernte und ungewisse Welt Kubas, Nordkoreas und vielleicht noch Chinas verbannt. Auch dieser Wandel muß in jeder Betrachtung der Wirtschaftswelt eine große Rolle spielen. So wie in diesem Buch.

Wir sollten aber nicht zu extrem werden in unserer Weltsicht. In jüngster Zeit und in nicht geringem Maß als Folge des erwähnten Zusammenbruchs des Kommunismus wurde der Name von Karl Marx, der einst ein Symbol der Furcht war, zu einem Objekt der Verachtung. Es wäre unangebracht, dies zu weit zu treiben. Zum großen Teil verdanken wir Marx das Konzept des ökonomischen Determinismus, das Verständnis der mächtigen und sogar entscheidenden Bedeutung wirtschaftlicher Kräfte für den Verlauf der Menschheitsgeschichte. Das war richtig vor eineinhalb Jahrhunderten, als Marx seine Ideen und sein System entwickelte; und es ist heute nicht weniger richtig. Es lenkt die Aufmerksamkeit über den Punkt hinaus, den Wirtschaftswissenschaftler betrachten; sowenig die moderne Geschichte auf wirtschaftliche Parameter verkürzt werden kann, sowenig kann sie verstanden werden ohne Kenntnis des prägenden und bestimmenden wirtschaftlichen Zusammenhangs. In all den Jahren, und darum auch hier, habe ich mich stark damit beschäftigt, wie Wirtschaft und wirtschaftlicher Wandel Gesellschaft, Politik und Militär beeinflussen und beherrschen.

2

Die große Kluft

Ich wurde 1908 in Kanada geboren und war sechs Jahre alt, als 1914 der Erste Weltkrieg ausbrach. Ich kann nicht behaupten, damals eine tiefgehendere Wahrnehmung der Wirtschaft gehabt zu haben, genausowenig wie vier Jahre später, als der Krieg endete und ich, etwas verfrüht, in die High-School kam. Aber diese grausamen und furchtbaren Jahre bleiben vielfältig in meinem Gedächtnis; Tod und Leid erreichten das ländliche Ontario wie die gut sichtbare Opposition gegen den Krieg und sein Blutbad. Es gab ein starkes Gefühl unter den ländlichen Schotten, wie wir richtig genannt wurden, daß die falschen Leute an der Macht waren und daß diese Leute alle miteinander Idioten waren. Diese Überzeugung änderte ich nicht, als ich zurückblickte und über den Krieg las und forschte. In der Tat, diese Einschätzung trifft zu, wie ich hier versichere. Aber da war noch etwas.

Wie viele andere bin ich davon überzeugt, daß der große Wendepunkt der modernen Wirtschaftsgeschichte, der eine, der mehr als alle anderen einleitete, der Große Krieg war, der von 1914 bis 1918 dauerte und der reduziert wurde auf die zurückhaltendere, wenig genaue und deutliche Bezeichnung »Erster Weltkrieg«. Er zertrümmerte eine politische Struktur, die Europa über Jahrhunderte geprägt hatte. Und er veränderte die Position der Vereinigten Staaten in der Weltwirtschaft stark. Waren die Vereinigten Staaten zuvor eine Randerscheinung in der Diskussion über Wirtschaft, so rückten sie nun in deren Zentrum. Die Lichter von London und

Paris wurden nicht schwächer, aber jene New Yorks strahlten nun sichtlich kräftiger.

In einem häufig zitierten Abschnitt bemerkt John Maynard Keynes: »Aber früher oder später sind es Ideen, und nicht erworbene Rechte, von denen die Gefahr kommt, sei es zum Guten oder zum Bösen«.[1] Ich teile den Wunsch aller Gelehrten zu glauben, daß Ideen eine bezwingende Macht darstellen, aber ich fühle mich hier gedrängt, die noch traumatischere Macht der Ereignisse zu betonen. Der Krieg zerstörte nicht nur eine politische und ökonomische Struktur, die lange existiert hatte, er ordnete außerdem für die gesamte folgende Zeit die Beziehung zwischen den Staaten neu, zwischen großen und kleinen, reichen und verarmten. Die Veränderung, die er ausgelöst hatte, war weder deutlich noch entschieden; Jahre der Wirren, politisch und ökonomisch, folgten. Doch sollte nicht daran gezweifelt werden, daß der Wandel monumental war. Der Erste Weltkrieg wurde in der Tat zu Recht der Große Krieg genannt; der Zweite Weltkrieg war seine letzte Schlacht.

Beendet wurde in Europa ein politisches und ökonomisches System, das in Deutschland, Osteuropa und dem imperialistischen Rußland leicht zu erkennen war, weniger deutlich in England und, wie immer, eher vieldeutig in Frankreich. Jahrhundertelang war politische Führung in Europa mehr oder minder stark mit dem Besitz von Grund und Boden verbunden gewesen oder zumindest mit der Tradition des Landadels. Ebenso und sogar noch deutlicher die militärische Macht. Nach dieser herrschenden Klasse kamen die alte Klasse der Kaufleute und die Kapitalisten, die, wie erwähnt, die Handwerker früherer Zeiten durch Massenproduktion und -vertrieb der Waren und die neuen Möglichkeiten des Transportwesens verdrängt hatten.

Regierung wurde nichtsdestoweniger nach wie vor betrachtet als die verantwortliche Aufgabe der alten Großgrundbesitzer oder der früheren Feudalklassen. Jahrhundertelang waren die soziale

Stellung und das politische Ansehen mit dem Besitz von Grund und Boden verknüpft oder mit einem privilegierten Zugang zu dessen Erträgen. Die Regierenden waren, ich wiederhole es, der überlebende Ausdruck dieser Grundbesitzermacht; was besonders für das Offizierskorps in den Armeen zutraf. In England, neben Frankreich die hervorragendste Demokratie der Großmächte in Europa, galt es immer noch als ernsthafter sozialer und politischer Makel, im Handel tätig zu sein. Geschäftsleute und Finanziers gingen eigene Wege. Es gehörte nicht zu ihren natürlichen Aufgaben, Regierungsverpflichtungen zu übernehmen, im Parlament zu sitzen oder in Folge ihrer Bestimmung als Offiziere in den Streitkräften zu dienen. In zahlreichen Schriften und Diskussionen wurde den führenden Kapitalisten ein Image der Macht zugeschrieben – denen, die die Industrien oder zum großen Teil die Eisenbahnen besaßen oder finanzierten –, aber dieses Bild entspricht in keiner Weise der Realität in Europa. Es spiegelt statt dessen die beredte Stimme von Karl Marx wider. Marx sollte, wie Adam Smith und mehr als jeder andere Ökonom außer vielleicht Keynes, die Denkweise vieler Menschen prägen, die seine Bücher nie gelesen haben.

Selbst unter den stark etablierten Liberalen in England gab es Beziehungen zu und Ehrerbietung gegenüber der herrschenden Großgrundbesitzerklasse. Erst vier Jahre vor dem Krieg war die Macht des Oberhauses und seiner Titelerben wirksam beschränkt worden. In der britischen Armee war die herrschende Klasse weitgehend identisch mit dem Offizierskorps.

In Berlin und sogar noch deutlicher in Wien und St. Petersburg blieb die alte Macht der Landaristokratie völlig beherrschend in der Regierung und der Militärführung. Der Landadel, nicht die Bourgeoisie oder die Industriellen, entschied, in den Krieg einzutreten, und bereitete, besonders im Fall Deutschlands, bis in jede Einzelheit die Kriegspläne vor. In Deutschland gab es, wiederum unter dem Einfluß von Marx, zugegebenermaßen eine Tendenz, über die alten Herrschaftsklassen hinweg auf die moderne Industriemacht Krupps zu schauen, die tatsächliche Macht aber lag noch bei der Elite der Grundbesitzer.

Es gab spürbare Folgen dieser lange währenden Rolle der alten Feudalklassen. Eine war der tief sitzende, jahrhundertealte Instinkt, daß Krieg zuerst mit Territorium zu tun hatte. Das hatte in der Tat früher einmal gegolten: Landeroberung *war* traditionell die Grundlage für Wohlstand und Macht. Mit Land gewann man wirtschaftlich produktive Bauern, öffentliche und private Erträge und Männer, die für ihre Herren in die Schlacht ziehen konnten. Entsprechend wurden Kriege zum höchst praktischen Zweck der Landgewinnung ausgefochten. Deshalb drehte sich das Denken über militärische Verteidigung um Grenzen; sie mußten bewacht und befestigt werden. Der Besitz von Elsaß und Lothringen war wesentlich für das Verhältnis zwischen Frankreich und Deutschland. Der Besitz Polens war eine entscheidende Frage weiter im Osten. Die Gier, Land zu besitzen (sicherlich ebenso, wie Handelsprivilegien zu gewinnen und zu bewahren), griff bis nach Afrika, Asien und in den Nahen Osten. Nur wenige Vorstellungen waren so tief in der menschlichen Psyche verankert und wurden so selten kommentiert. Es gab einen mächtigen Widerhall dieser alten Einstellung im Zweiten Weltkrieg in Adolf Hitlers Forderung nach »Lebensraum« und in den territorialen Anpassungen und Annexionen in Osteuropa und den baltischen Staaten, nachdem der Krieg vorbei war. Die feudale Vorstellung, daß Krieg mit der Verteidigung von Land zu tun habe, die Sicherung verwundbarer Grenzen, lauert auch heute noch in den tieferen Untergründen des militärischen Denkens oder dessen, was gemeinhin so genannt wird.

Es war einer der modernen und willkommeneren Triumphe des Verhaltens und der Leistungen des Kapitalismus, die Gier nach mehr Land zu verringern. In den blühenden Stadtstaaten Singapur und Hongkong hat sich gezeigt, daß Land völlig unbedeutend ist. Und in der gesamten Welt setzte sich endlich die Erkenntnis durch, daß Kolonialbesitz nur marginal zum wirtschaftlichen Fortschritt beitrug, wenn er überhaupt eine Rolle spielte. In den Jahren nach dem Zweiten Weltkrieg verloren England, Frankreich, Belgien und die Niederlande ebenso wie die Vereinigten Staaten alle ihre kolonialen Besitzungen; kaum etwas davon war im heimischen wirtschaftlichen Wohlstand zu spüren. Opposition und Aufstände der Kolonialvölker und ein zivilisierteres Auftreten der Kolonialmächte werden häufig verantwortlich gemacht für das Ende der Kolonialzeit. Stärkere Beachtung müßte die recht einfache, aber überzeugende Tatsache finden, daß Kolonien keinen ökonomischen Nutzen mehr hatten. Territorialer Besitz war nicht mehr wichtig. Davon später.

Verbunden mit dem Eigentum am Land seiner Vorfahren und der dazugehörigen Tradition war die lebenswichtige Frage der menschlichen Intelligenz. Erbschaft wurde per Gesetz geregelt, nicht durch geistige Fähigkeiten oder Qualifikationen.

Während ich im ländlichen Kanada inmitten der schottischen Clans aufwuchs, hörte ich viel, wie schon erwähnt, über die offenkundige Torheit des Konflikts in Europa, jeder kanadischen Beteiligung daran und der militärischen und zivilen Führer, die darin verwickelt waren. Intelligente Menschen, so glaubte man, gaben sich nicht für einen solchen Wahnsinn her. Dafür gab es sogar eine Bestätigung vor Ort. Eines Abends ging ich mit meinen Eltern zu einem Gemeindetreffen ins nahe gelegene Dorfhaus. Zwei uniformierte Rekrutierungsoffiziere – die Wehrpflicht war noch nicht eingeführt – nutzten die Gelegenheit, Reden zu halten, um die jungen Bauern und Landarbeiter in der Versammlung davon zu überzeugen, sich in die Rekrutierungslisten einzutragen. Auf die Frage, wer in ihrer Abwesenheit das Land bestellen solle, antwortete einer der Offiziere vehement: »Was macht es schon aus, wenn dieses Land vom Atlantik bis zum Pazifik von Unkraut überwuchert wird, solange wir es retten?« Der Bedarf an Nahrungsmitteln war ihm nicht in den Sinn gekommen. Für mich, zweifellos durch meinen Vater geprägt, war dieser Zwischenfall ein zwingendes Argument für die Richtigkeit des in unserer Gegend verbreiteten Glaubens, daß diejenigen, die diesen Krieg betrieben, Ignoranten waren.

Ignoranz, Dummheit, solche Vorwürfe werden in großen Staatsfragen nicht generell angeführt. Eine bestimmte politische und historische Genauigkeit verlangt von uns, daß wir Maßstäbe des Zwecks setzen, der Rationalität, sogar dort, wo sie offensichtlich nicht existiert. Nichtsdestoweniger kann man nicht unparteiisch auf den Großen Krieg (und seine Nachwehen) blicken, ohne Gedanken etwa an die geistige Engstirnigkeit und Unzulänglichkeit jener, die in diesen Krieg verwickelt und für ihn verantwortlich waren. Die Tradition der Aristokratie und der Grundbesitzer war in der Tat ein fast perfektes Konzept, um sicherzustellen, daß sowohl die Regierung wie die Streitkräfte in den Händen von Führern mit geringer Kompetenz lagen. Auswahl vollzog sich durch Erbfolge, nicht durch Intelligenz. Wie erwähnt, konnten sogar die intellektuell Schwächsten wichtige Positionen erreichen im zivilen und militärischen Machtapparat, wenn sie dafür durch Geburt und Abstammung qualifiziert waren. Und sie erreichten sie.

Rußland war zweifelsohne ein Extremfall. Die verstorbene Barbara Tuchmann sagt in ihrer klassischen Darstellung der Hintergründe und der ersten Tage des Kriegs über Zar Nikolaus II.: »Er herrschte (...) als Autokrat und wurde seinerseits wieder von seiner Frau beherrscht, die mit ihrem starken Willen allerdings nur einen schwachen Verstand verband.«[2] Er konnte nach Meinung des deutschen Kaisers Wilhelm, der selbst nur mit geringen Geistesgaben gesegnet war, »nichts anderes, als auf dem Lande leben und Zwiebeln bauen«[3]. Der Kriegsminister des Zaren,

Wladimir Suchomlinow, war träge, unintelligent und bekannt dafür, daß er seine Energie mehr oder weniger ausschließlich dafür aufsparte, die sexuellen Bedürfnisse seiner sehr jungen Frau zu befriedigen. Er wandte sich vehement gegen jede militärische Neuerung, die moderner war als die Kavallerieausrüstung. Er wurde in dieser und anderen Ansichten und Taten, die die Armee betrafen, stark vom Zaren unterstützt.

Das österreichisch-ungarische Kaiserreich, eine heterogene Ansammlung von ethnischen, religiösen und Sprachgruppen, die durch territoriale Zugewinne entstanden war, stand schon lange vor seiner Auflösung. Unter der Führung des betagten Franz Joseph – er war damals Mitte Achtzig – war Österreich-Ungarn zusammen mit Rußland die zerbrechlichste Erscheinung der alten Ordnung. Wien, wie Paris ein Zentrum, das berühmt war für sein hochentwickeltes soziales und kulturelles Leben, verstand es nicht, seine Eigenschaften auf die Streitkräfte oder die Regierung zu übertragen. In diesen Bereichen herrschte, wieder durch Erbfolge, das Fast-Monopol der Ignoranten vor. Daß die politische und militärische Führung einer derartig zerbrechlichen Struktur einen großen Krieg riskiert hat, wird noch lange als wundersame Ausgeburt geistiger Leere gelten.

In den anderen kriegführenden Staaten bewegte sich politische und militärische Führung ebenfalls auf einem niedrigen Niveau intellektueller Kompetenz, England und Frankreich nicht ausgenommen. Englands Premierminister Herbert Henry Asquith, der gesellschaftliches Ansehen genoß, zeigte seine Unfähigkeit im Lauf der Zeit zu offenkundig und wurde mitten im Konflikt ersetzt durch den vermeintlich fähigeren (und proletarischen) David Lloyd George. Die Admiralität und eine führende Rolle in der strategischen Planung fielen aufgrund des Geburtsrechtes dem jungen Winston Churchill zu, einem Sproß aus Englands hervorragendster Familie. Seiner unfraglichen Intelligenz waren seine Erfahrung und Urteilskraft nicht ebenbürtig, und als eine Hauptfolge war er der Planer des Dardanellen-Feldzugs, der glänzendsten Katastrophe des Kriegs, obwohl wenig Zweifel daran besteht, daß er die Verantwortung dafür mit bemerkenswert unfähigen Generälen und Admirälen teilte. Im Fall Churchills brachten Reife und Erfahrung schließlich einen exzellenten Ausgleich, allerdings nicht, bevor eine weitere ernste wirtschaftliche Anomalie eintrat, die in Kürze erläutert werden wird. Feldmarschall Horatio Herbert Kitchener, der Kriegsminister, dampfte an Bord des unglückseligen Kreuzers »Hampshire« im Juni 1916 in geheimer Mission nach Rußland. Whitehalls Bedauern über den Verlust des Schiffes auf See wurde beträchtlich gemildert durch den gleichzeitigen Verlust von Kitchener. Sir John French, der erste Kommandeur der britischen Streitkräfte in Frankreich, wird von den Historikern, die sich mit dieser Zeit beschäftigen, wirklich groß gefeiert wegen seiner überragenden Unfähigkeit. Dieses gilt ebenso für Sir Douglas Haig, eine der geistig unbeweglicheren Militärfiguren jener Zeit. Er kehrte nach dem Krieg nach England in eine reichlich verdiente Anonymität zurück, aus der er einst hervorgetreten war, um zu beteuern, daß der nächste Krieg durch eine entscheidende Kavallerieattacke gewonnen werden würde.

In Deutschland wurden Feldmarschall Paul von Hindenburg und in Frankreich Marschall Henri Philippe Pétain, beide angestrahlt vom Glanz angeblicher militärischer Siege, später in zivilen politischen Positionen getestet. Für beide und für beide Länder mündete es in einem kompletten Desaster.

Die bestimmende Rolle der Tradition in den am Krieg beteiligten Nationen zeigte sich auch stark in der Kriegführung. Die Seekriegführung, die etwas außerhalb der Sphäre der traditionellen Militärkaste lag, war technologisch sehr weit entwickelt. Schiffe konnten sich mit bemerkenswerter Wirkungskraft auf eine Entfernung von etlichen Meilen vernichten, und U-Boote waren eine wichtige und zerstörerische Neuerung. Zu Lande herrschte allerdings die Tradition. Beobachtungsflugzeuge, schwerere Kanonen, Giftgas, alles wurde eingesetzt, wie verspätet auch Panzer. Aber meistens gingen Männer mit Gewehren und Bajonetten aufeinander los, wie sie es seit Generationen taten, mit dem Maschinengewehr als einziger Ausnahme, das, häufig schlecht postiert, Kämpfe gefährlicher machte als zuvor. Neben den Menschen wurde eine beeindruckende Zahl von Pferden auf oder nahe den Schlachtfeldern in Frankreich verwendet, und, nicht überraschend, sie konnten selbst durch eine einzige altmodische Kugel verletzt werden.

Die Ansichten jener in den alten politischen und wirtschaftlichen Strukturen wurden jedoch am deutlichsten in ihrem Verhalten gegenüber den einfachen Soldaten. Diese wurden noch in großer Zahl auf dem Land rekrutiert. Seit grauer Vorzeit rechneten die Grundbesitzer sie zu ihrem lebenden Inventar; sie waren wie das Vieh eine frei verfügbare Ressource. In Deutschland, Frankreich und England wurde vor dem Krieg mehr als einmal über die Frage diskutiert, wie die in den Städten konzentrierten Massen des Proletariats reagieren würden, und in England wurde auch aus diesem Grund die Wehrpflicht lange hinausgezögert. Hinsichtlich der Bauern jedoch gab es nur wenige Zweifel; sie waren über das Land verstreut und voll unter Kontrolle. Und die alte Aristokratie, die das Sagen hatte, betrachtete das Abschlachten der Bauern rechnerisch – wie viele Opfer gemäß der gewohnten militärischen Kalkulation konnte man sich leisten oder nicht leisten oder, wie gemeinhin gesagt wurde, akzeptieren. Die damit einhergehende Seelenangst des einfachen Soldaten, der mehr oder weniger sicher dem Tod ins Gesicht sah, war nicht geeignet, ernsthafte Bedenken hervorzurufen.

Diese Ansicht herrschte überall in Europa, wie die Statistiken belegen. Zahlen, die 1924 zusammengetragen wurden vom amerikanischen Kriegsministerium, wie es damals hieß, führten zu der Schätzung, daß die mobilisierten Streitkräfte aller Länder mit

65 Millionen Mann zu veranschlagen seien. Von ihnen waren 8,5 Millionen getötet worden oder waren gestorben, 21,2 Millionen waren verwundet und weitere 7,7 Millionen in Gefangenschaft geraten oder galten als vermißt. Für jene in Uniform während des Kriegs war die Chance, ihn unverletzt zu überleben, unter fünfzig Prozent. Einleuchtende Beispiele menschlicher Kosten der Ignoranz.

Daß das Territorium der Vereinigten Staaten im Ersten Weltkrieg keinerlei physischen Schaden nahm, wie auch im Zweiten Weltkrieg, ist häufig angemerkt worden. Auch war die amerikanische Beteiligung am Ersten Weltkrieg – eineinhalb Jahre – relativ kurz. Am wichtigsten aber war, daß die Vereinigten Staaten in geringerem Umfang sogar als Frankreich und England und in deutlichem Kontrast zu Deutschland, Österreich-Ungarn, den anderen osteuropäischen Staaten und dem russischen Zarenreich kein ökonomisches und damit verbundenes politisches System hatten, das in Gefahr war. Der Landbesitz war im Norden und Westen weit verbreitet; es gab keine erkennbare Großgrundbesitzerklasse. Es gab keine leicht zu identifizierende militärische Tradition. Sofern es überhaupt eine privilegierte Aristrokratie gab, dann umfaßte sie die Großkapitalisten, nicht irgendeine alte oder den Staat führende herrschende Klasse. Die Verantwortung für den Krieg wurde Fachleuten übertragen und, insgesamt betrachtet, es sieht so aus, als hätten sie das kompetent hingekriegt.

Die Vereinigten Staaten blieben jedoch nicht gänzlich vom Beweis der zerstörerischen Rolle einer herrschenden Feudalklasse verschont. Dies war traurig, sogar katastrophal sichtbar in den Staaten der alten Konföderation. Die Sklaverei, die abstoßendste Erscheinungsform der Feudalmacht, war zwar ein halbes Jahrhundert zuvor abgeschafft worden, aber das ihr folgende Plantagensystem, in dem die einstigen Sklaven nun Farmpächter waren, hatte in großem Umfang überlebt. Die ehemaligen Sklaven und ihre schwarzen und gemischtrassigen Nachfahren gingen nicht zu Wahlen und nahmen auch nicht in einer anderen Form am Regieren teil. Eugene D. Genovese, eine bekannte Autorität auf dem Gebiet der Sklavenwirtschaft, schrieb über ihre »zurückgebliebenen Ergebnisse«. »Ein geringes Niveau der Kapitalakkumulation, die übersteigerte Neigung der Pflanzer nach Luxus, eine Verknappung flüssigen Kapitals, verstärkt durch den stetigen Abfluß von Ressourcen aus der Region, die geringe Produktivität der Sklavenarbeit (...), die antiindustrielle, antistädtische Ideologie der herrschenden Plantagenbesitzer«, zusammen mit der geringen Kaufkraft der Sklaven – all das sorgte für eine primitive und stagnierende Wirtschaft.[4] Wäre die gesamte amerikanische Wirtschaft und Politik so gewesen wie die des amerikanischen Südens, hätte das Land keine entscheidende Rolle im Ersten Weltkrieg gespielt oder aus diesem Grund in keinem der beiden Kriege. Auch dies ist ein Beweis für die wirtschaftlich untaugliche Rolle der feudalen Großgrundbesitzermacht.

Ein halbes Jahrhundert zuvor hatte es – wiederum im Süden, wie wohl angemerkt werden sollte – einen unverantwortlich heraufbeschworenen Konflikt gegeben. Die Beschießung von Fort Sumter und die Eröffnung des Kriegs mit dem industriell weit fortgeschritteneren und mächtigen Norden ähnelte bemerkenswert der leichtfertigen Erklärung des unbeschränken U-Boot-Kriegs durch Deutschland am 31. Januar 1917 und dem Angriff des hoch traditionalistischen Japan auf Pearl Harbor am 7. Dezember 1941.

Insgesamt betrachtet, diente die industrielle Demokratie den Vereinigten Staaten, wenn nicht perfekt, dann wenigstens besser, als es die feudalen Hinterlassenschaften in Europa taten. Amerikanische Soldaten trafen erst in den letzten Kriegsmonaten auf den Feind. Die Zahl der Gefallenen war, wenn auch weit entfernt davon, minimal zu sein, mit 116000[5] gering, verglichen mit

1 350 000 Franzosen, 950 000 Toten des britischen Empire, wahrscheinlich 1 600 000 Deutschen, 1 450 000 Toten aus Österreich-Ungarn und, grob geschätzt, 2 300 000 Russen.[6] Der Beitrag der amerikanischen Industrie war, wie auch immer, weder groß noch entscheidend. Der starke zeitliche Druck führte dazu, daß die industrielle Aufrüstung in den Vereinigten Staaten weit davon entfernt war, effektiv zu sein. Kein Deutscher wurde durch amerikanische Artillerie getötet, sieht man von Schiffskanonen ab. Lloyd George wunderte sich in seinen Memoiren darüber, daß ein industriell so bedeutendes Land so wenig zur brauchbaren Bewaffnung und anderen Materialausrüstung im Krieg beigetragen hat. Andere Autoren halten das für wenig zutreffend, aber diesem Punkt muß hier nicht nachgegangen werden. Die Vereinigten Staaten spielten eine marginale Rolle in dieser Katastrophe; wichtig ist aber, welche Bedeutung dieser Krieg (und auch der Zweite Weltkrieg) für die Position der Großen Republik in der Welt hatte. Bis zu einem bestimmten Maß stützt sich der wirtschaftliche Erfolg des modernen Amerika auf die Fehler der europäischen (und später der japanischen) herrschenden Klassen.

Ich wende mich nun der vergleichsweise einfachen Kriegswirtschaft zu, dem Finanzsystem in Kriegszeiten und den sehr widersprüchlichen Nachwehen, wie ich sie in all den Jahren zu sehen gelernt habe.

3

Die Wurzeln der Unordnung

1941 war ich, wie ich später berichten werde, zuständig für Preiskontrolle (eine Zeitlang auch für Rationierung) im Verteidigungsnotprogramm und, nach Pearl Harbor, im Zweiten Weltkrieg. Meine war nach jeder denkbaren Einschätzung eine von den etwa drei oder vier oder vielleicht auch sechs kritischen Positionen im Management der Kriegswirtschaft, und sie war Teil einer größeren Aufgabe, für die es mehr als reichlich Präzedenzfälle gab. Gerade mal 23 Jahre zuvor war die Wirtschaftspolitik oder ihre Abwesenheit wesentlich gewesen bei der Führung des Großen Kriegs. Ich vertiefte mich in diese frühere Erfahrung in gemeinsamen Forschungen mit anderen, durch Lektüre und grundsätzlich durch den direkten Rat von Leuten, die damals beteiligt gewesen waren; besonders von dem ständig anwesenden Bernard Baruch, dessen Aufgabe im ersten Krieg die industrielle Mobilmachung war. Wir sahen unsere Aufgabe fast ausschließlich als ein Training in Fehlern, die zu vermeiden waren.

Bevor ich zu den Lehren aus dem Ersten Weltkrieg komme, wie sie sich im späteren Denken niederschlugen und es sogar bestimmten, muß ich die größeren Einflüsse aufzeigen, die auf das Verhalten während des Kriegs wirkten, und den politischen und wirtschaftlichen Widerhall darauf. Es ist nicht gerade eine berufliche Tendenz unter den Ökonomen, die Rolle der Wirtschaft und wirtschaftlicher Entscheidungen zu verringern. Wie auch immer, wenn es um Krieg geht, haben Politik und Anthropologie größere Wirkungen.

In den dem Großen Krieg folgenden Jahren spielten wirtschaftliche Desorientierung und Unordnung eine unzweifelhafte Rolle. In Rußland, Deutschland, Österreich-Ungarn und anderen osteuropäischen Ländern verband sich das Trauma des Verlierers mit der Zerstörung einer alten und festgefügten politischen Struktur. Offen war die Frage, was ihren Platz einnehmen würde. Daraus ergab sich der Kampf, hart und mitunter gewalttätig, um das Vakuum zu füllen.

Unter den unübersehbaren Kämpfern um die Führungsrolle waren die politisch bei weitem reifsten und aufgeklärtesten die Sozialisten, das kapitalistische Proletariat. Und sie hatten zeitweilig Erfolge in Deutschland, Österreich und ganz besonders in Rußland. Dort wurden sie, obwohl zahlenmäßig begrenzt, wirkungsvoll gegen eine alte Ordnung geführt, die eine politische und gesellschaftliche Leere hinterlassen hatte. Anderswo fehlte den Sozialisten ein arbeitsfähiges Wirtschaftskonzept, eine tragfähige politische Basis und deshalb die unterstützende wirtschaftliche und politische (und militärische) Macht.

Der Sozialismus, die umfassende Leitung oder Kontrolle der Industrie durch den Staat, existierte in höchst attraktiver Form in Reden, in der Literatur und im Glauben der Menschen; aber in seiner komplexen Verwaltung und mit seinem Appell an die gesellschaftliche Verantwortung der Bürger war der Sozialismus kein lebensfähiges Konzept, schon gar nicht in dem extremen Durcheinander nach der Kriegsniederlage. Es gab keine funktionierende Alternative zum am eigenen Interesse ausgerichteten Betrieb und Eigentümer und zum Markt. Sogar in Rußland, wo die Armeen Leo Trotzkis die erforderliche Machtbasis geschaffen hatten, mußte Lenin unter dem Druck der wirtschaftlichen Umstände mit der Neuen Ökonomischen Politik zum Markt zurückkehren, um später von Josef Stalin revidiert zu werden, bis schließlich in Chaos und Streit der Weg in unseren Tagen noch einmal versucht wird.

In England und Frankreich wurde die etablierte Ordnung ebenfalls deutlich herausgefordert, aber es gab keine ernsthafte revolutionäre Aktivität. Ebensowenig wie in den Vereinigten Staaten. Der Kapitalismus, gemäßigt durch den demokratischen Prozeß, erwies sich als relativ gefestigtes Wirtschaftssystem; die Verwundbarkeit, die Marx und Engels vorhergesehen hatten, stellte sich nicht ein. Die mögliche Bedrohung, der er gegenüberstand, ging nicht von einem zornigen, bewegten Proletariat aus, sondern, wie die späteren Jahre zeigen würden, von der ihm innewohnenden Tendenz zur Ungleichheit bei der Einkommensverteilung in der Wirtschaft und einer Form der Spekulationsexzesse, der allgemeiner wirtschaftlicher Niedergang und der unvermeidliche politische und gesellschaftliche Widerhall folgten.

Als nichtökonomische Kraft noch wichtiger in den unmittelbaren Nachwehen des Kriegs, wie in Wirklichkeit aller Kriege, war die Anthropologie. Dies ist in hohem Maß ein Teil der historischen Erfahrung, doch es ist eine Fragestellung, die wenig beachtet wird in den gängigen analytischen Erklärungen.

In der Stammesgemeinschaft gibt es eine automatische Antwort, wenn die Trommeln durch den Wald in der Umgebung dröhnen. Die Stammesmitglieder versammeln sich in ihrer Freude über die Schlacht und die mystische Erhöhung des Häuptlings. Dann, wenn Sieg oder Niederlage eingetreten sind, folgt die Reaktion. Die Vernunft kehrt zurück. Nachgedacht wird nicht darüber, was gewonnen, sondern was erlitten wurde. Die Führer werden zur Verantwortung gezogen, geschmäht und ausgestoßen. Diese Konsequenzen sind bis heute geblieben.

Unter den Opfern des Sieges und der Niederlage sind in unserer Zeit diejenigen, die das Volk in den Krieg geführt haben. Woodrow Wilson, mit schwindender Gesundheit und sinkendem Ansehen, mußte erleben, wie der von ihm mit ausgehandelte Versailler Vertrag und der Beitritt der Vereinigten Staaten zum Völkerbund vom Kongreß abgeschmettert wurden, so, wie auch seine Partei 1920 die Wahlen verlor. Lloyd George rettete sich zeitweilig, indem er wenige Tage nach dem Waffenstillstand Wahlen ansetzte; später aber verschwand er widerwillig in der Versenkung. Georges Clemenceau, der seit 1917 ein in Schrecken versetztes und murrendes Land zusammengehalten hatte und auf der Konferenz in Versailles der stärkste Verfechter der Vergeltungstherapie war – das Wort Konferenz wird hier ungenau verwendet, da die Vertragsbedingungen den Deutschen hart einseitig diktiert wurden –, war bald aus dem Amt entfernt. Clemenceau nahm vorweg, was bald zur Routine gescheiterter Staatsmänner werden sollte, und begab sich auf eine Vortragsreise durch die Vereinigten Staaten. Der Chef der kanadischen Streitkräfte, General Sir Arthur Currie, wurde nach dem Krieg als Held gefeiert; der Posten des Rektors der McGill-Universität wie aber auch eine schwere Anklage erwuchsen ihm aus dem Umstand, daß er wenige Stunden vor dem Waffenstillstand seine Soldaten unnötigerweise in einem letzten Angriff in den Tod geschickt hatte, damit er sich ins richtige Licht für den Sieg setzen konnte.

Unnötig zu sagen, daß die gegnerischen Stammesführer in noch stärkeren Mißkredit gerieten. Der Kaiser zog sich ins Dauerexil nach Holland zurück, das sich seiner Auslieferung wegen Kriegsverbrechen widersetzte. Die Habsburger, die alte Herrscherfamilie, wurden für alle Zeiten aus Wien verbannt. Der Zar, der nicht die erste Niederlage erlitten hatte, wurde dafür erschossen zusammen mit seiner Frau und seinen Kindern.

Später, im Ergebnis des Zweiten Weltkriegs, wurde der nun sehr erfahrene Winston Churchill, der dominierende und erfolgreichste politische Führer der Kriegszeit, prompt aus dem Amt gejagt, als der Krieg vorbei war. Es ist zumindest interessant, sich vorzustellen, daß Präsident Roosevelt dieser unbarmherzigen Anthropologie des Konflikts durch einen frühen, rechtzeitigen Tod entging. Es überraschte niemanden, daß weder Hitler noch Mussolini, noch die anonymeren japanischen Militärführer die Niederlage überlebten. Selbst Kaiser Hirohito, obwohl er während des Kriegs eine passive Rolle gespielt hatte, wurde in der Nachkriegszeit in einer gefährlichen Lage vermutet, seine weitere Existenz hing von amerikanischer Unterstützung ab.

Der einfache Soldat litt während des Konflikts; am Ende aber behandelte die Anthropologie des Kriegs diejenigen, die für seine Leitung verantwortlich waren, am strengsten. Eine Warnung für alle! Eine genauere Kenntnis dieser nachteiligen Riten hätte Lyndon Johnson gesagt, was er sogar im Fall eines Sieges in Vietnam zu erwarten gehabt hätte, und George Bush, was dem scheinbaren Erfolg am Persischen Golf folgen würde.

Die anthropologische Reaktion ist mächtig, aber nun muß über die wirtschaftlichen Faktoren gesprochen werden, wie sie im Großen Krieg wirkten und zu der auf ihn folgenden Unordnung beitrugen.

Was in angemessen schrecklicher Sprache wirtschaftliche Mobilmachung für den Krieg genannt worden ist, ist, wie so vieles in der Ökonomie, eine relativ handgreifliche Angelegenheit. Nach welchem Konzept auch immer, umfaßt sie die Umstellung von Arbeitskraft, Material, Betrieb und Produktion von der zivilen auf die militärische Nutzung. Dazu gehört der Einsatz von Menschen, Männern und, besonders im Zweiten Weltkrieg, auch Frauen, die vorher nicht in der Produktion beschäftigt waren, auf kriegsunterstützenden Arbeitsplätzen, eingeschlossen solchen, die geräumt worden sind von den Leuten, die zum Militär eingezogen wurden. Es gibt im wesentlichen drei Wege, auf denen dieser Transfer erfolgt, sie alle wurden im Ersten Weltkrieg genutzt. In allen Ländern, auch in den Vereinigten Staaten, geschah dies in der Kopflosigkeit, die diesen Konflikt so umfassend charakterisiert. Während des Zweiten Weltkriegs gab es ein leidlich rationales Konzept zur wirtschaftlichen Mobilmachung in allen

Ländern; im Ersten Weltkrieg gab es keines. Das wirtschaftliche Handeln war spontan; das, was die Umstände im Augenblick zu erfordern schienen, schien die Politik jener Zeit zu gestatten.

Die drei Wege, um Arbeitskraft, Betrieb und Ressourcen auf die Nutzung im Krieg umzustellen, waren Zwang, Bezahlung der notwendigen Umstellung aus Fonds, die mit Steuergeldern gespeist wurden, und Bezahlung durch für diesen Zweck gedrucktes oder auf andere Weise geschaffenes Geld – im Klartext: Inflation.

Im Ersten Weltkrieg zeigte sich die finanzpolitische Form des Zwangs. Die Soldaten der gewaltigen Armeen, die für den Krieg aufgestellt wurden, waren hauptsächlich eingezogen, zum Dienst gezwungen worden. Die europäischen Soldaten wurden mit geringen Beträgen abgespeist – wenige Pence oder Centimes am Tag. In der Literatur über Kriegsfinanzierung steht wenig darüber, wie wirkungsvoll die Kosten des Kriegs dadurch auf diejenigen abgewälzt wurden, die auch dem größten Risiko ausgesetzt waren. Da gab es Überraschung und sogar einigen Mißmut darüber, daß amerikanische, australische und kanadische Soldaten gerechter für ihren Dienst entschädigt wurden, die Amerikaner und Kanadier mit dem scheinbar außerordentlichen Betrag von etwa einem Dollar am Tag.

Um es zu wiederholen, es ist eine der weniger gefeierten Tatsachen des Kriegs, daß von den einfachen Infanteristen erwartet wurde, das wirtschaftliche mit dem höchsten Opfer zu verbinden. In einigen Fällen drückten sie ihren Unmut aus. Unzufriedenheit, die Desertion und andere Drückebergereien verursachte, führte 1917 zu der potentiell katastrophalen Rebellion in der französischen Armee; die besser geschulten und gesellschaftlich bewußteren Kadetten der russischen Militärschulen und die deutschen Marinesoldaten reagierten feindselig, 1917 in Petrograd und 1918 in Kiel. Es war die Nachricht, daß die Revolution zu Hause Land verfügbar gemacht hatte als Alternative zum unbezahlten Dienst, den sie leisteten, die die russischen Soldaten veranlaßte, mit den Füßen abzustimmen und so ihre Teilnahme und die ihres Landes am Krieg zu beenden. Nichtsdestoweniger, nichts ist überraschender als die relative Leichtigkeit, mit der die wirtschaftliche Last des Kriegs den einfachen Soldaten aufgebürdet wurde. Patriotismus verlangt nicht weniger. Wer könnte das bezweifeln?

Steuern waren eine weit heiklere Angelegenheit. Ihr Zweck bestand darin, die Ausgaben und den Konsum im eigenen Land so weit zu beschränken, daß Arbeitskräfte und Material für die militärische Verwendung freigesetzt wurden. Bei einer strengen Besteuerung wurden schwerwiegende Probleme der Moral befürchtet – eine zu hoch besteuerte Bevölkerung könnte ihre Bereitschaft zum Krieg verlieren. (Im Zweiten Weltkrieg existierte diese Furcht weiterhin; ein Vorschlag Franklin Roosevelts, für die Dauer des Kriegs die Einkommen durch Besteuerung auf maximal 25 000 Dollar pro Jahr zu beschränken – was heute ungefähr 250 000 Dollar entspräche –, wurde verstimmt, sogar empört zurückgewiesen.)

Alle am Ersten Weltkrieg beteiligten Länder erhoben Steuern auf unterschiedliche Dinge, auf Einkommen, Gewinne, übermäßige Gewinne, Konsumgüter – ohne dabei einem schlüssigen Konzept zu folgen. Die Vereinigten Staaten erhoben Steuern auf Toilettenartikel, Kaugummi, Telefongespräche und Telegramme sowie auf Fracht- und Expreßgebühren. Die Einkommensteuer, die dank der Initiative des republikanischen Präsidenten William Howard Taft gerade erst eingeführt worden war, wurde nun für den Krieg genutzt. Die Grundrate wurde von niedrigen 1 Prozent 1913 im Jahr 1918 erhöht auf scheinbar schmerzhafte 6 Prozent für die ersten 4000 Dollar Einkommen und 12 Prozent auf Einkommen, die darüber lagen. Steueraufschläge stiegen von 1 Prozent für Einkommen über 20 000 Dollar und 6 Prozent für Einkommen über 500 000 Dollar 1913, im Jahr 1918 auf hohe 65 Prozent für Einkommen von mehr als eine Million Dollar. Die

Steuer auf Unternehmensgewinne, die 1913 1 Prozent betragen hatte, lag 1918 bei 12 Prozent.[7] Die Gewinne der Munitionsfabrikanten, die sehr hoch waren, zogen eine Sonderabgabe nach sich. Die amerikanischen Ausgaben für den Krieg werden auf knapp 35 Milliarden Dollar geschätzt, inklusive der Kredite an die Verbündeten von etwa 9 Milliarden Dollar. Rund ein Drittel der direkten Ausgaben in Höhe von 26 Milliarden Dollar wurde durch Steuern gedeckt, der Rest durch Anleihen.[8] Die europäischen Kriegsstaaten hatten ähnliche, wenn auch im einzelnen sehr unterschiedliche Verhältnisse zwischen dem, was durch Steuern, und dem, was durch Kredite aufgebracht wurde.

Die Kreditaufnahme war der dritte Weg, den Krieg zu finanzieren, und dieser hatte die nachhaltigste Wirkung. Das war die Inflation – das einfache Eindringen von neu geschaffener Kaufkraft der Regierung in die Wirtschaft für Kriegszwecke. Auf diese Weise wurden Güter und Arbeit der privaten Nutzung entzogen mit dem darauf notwendig folgenden Effekt auf die Preise.

Im amerikanischen Bürgerkrieg reagierte Finanzminister Salmon Portland Chase auf die Bedrängnis der Zeit, indem er einfach anordnete, Geld zu drucken, die unvergänglichen *greenbacks*, um die Versorgung der Unionsarmeen bezahlen zu können. 1914 gab es ein raffinierteres Konzept, obwohl der Hinweis auf das Vorrecht der Regierung zum Gelddrucken bis zum heutigen Tag weit verbreitet ist.

Das neue und verfeinerte Verfahren bestand darin, der Öffentlichkeit Anleihen zu verkaufen in der Hoffnung, daß das so zusammenkommende Geld den privaten Ausgaben entzogen würde. Wurde das verstärkte Sparen auf diese Weise eingeführt, so wuchs der Spielraum der Regierung für Kriegsausgaben, ohne daß die Gesamtnachfrage nach Gütern und Dienstleistungen zunahm. Solche Anstrengungen wurden mit viel patriotischer Leidenschaft, mit Überredung und Beredsamkeit unternommen. Dieses Verhalten spiegelte die tiefe Überzeugung wider, daß auf diese Weise der Krieg ohne größere Wirkungen auf die Wirtschaft finanziert werden könnte. In der Tat kann davon ausgegangen werden, daß das meiste Geld, das für die *Liberty bonds* der Regierung, für Sparmarken und Kriegssparscheine ausgegeben wurde, in jedem Fall gespart worden wäre. Die Anleihen dienten auch als Sicherheit für Kredite und damit zusammenhängende Kosten. So stiegen die Ansprüche an die Wirtschaft in dem Maße, wie Geld aus den Kriegsanleihen ausgegeben wurde. Öffentlicher Schwindel der liebenswürdigeren Art umnebelt regelmäßig den Verstand derjenigen, die ihn begehen.

Wichtiger jedoch war der Verkauf der Anleihen an Banken und, im Fall der Vereinigten Staaten, an die gerade geschaffenen Zentralbanken in den Bundesstaaten. Dies brachte Geld in die Hände der Regierung, mit dem wiederum Kriegszahlungen geleistet werden konnten. Geld, Kaufkraft wurde auf diese Weise ebenso sicher geschaffen wie bei der früheren, unausgegorenen Zuhilfenahme von Salmon Chases Druckmaschinen. Daß ein Bankguthaben der Regierung die gleichen Möglichkeiten einräumt, Kaufkraft zu schaffen, wie gedrucktes Geld, wird nach einigem Nachdenken niemand bezweifeln. Allerdings wurde auch bei diesem Verfahren etwas Geld gedruckt, weil ein Teil der erhöhten Einlagen für direkte Zahlungen in Bargeld umgewandelt wurde. Die Bereitstellung von Währung, um Einlagen in Bargeld umzuwandeln, damit es dann später benutzt werden konnte, blieb eine sogar alltägliche Hilfsfunktion der Regierung. Zu der von der Regierung geschaffenen Kaufkraft in den Vereinigten Staaten kam der massive Zustrom von Gold durch die Käufe der befreundeten europäischen Kriegsstaaten England und Frankreich, die 1917 Verbündete wurden. Dieser Zustrom sollte die Vereinigten Staaten in den folgenden Generationen zum Aufbewahrungsort der Weltgoldreserven machen.

Die schlagartig gesteigerte Kaufkraft der Regierung durch die

Ausgabe von bei den Zentralbanken geliehenem Geld machte Menschen, Betriebe, Material und Waffen für den Krieg nutzbar. Erreicht wurde dies durch steigende Preise, die Leuten mit festem Einkommen oder denen, die von ihrem Ersparten leben mußten, Konsum unerschwinglich machten. Der private Verbrauch wurde durch die hohen Preise wirksam, sogar gnadenlos heruntergedrückt. Die damit einhergehende Entbehrung diente dem Krieg und, nicht geringfügig, denen, deren Verkaufserlöse durch die höheren Preise stiegen.

Schließlich sammelte die Inflation Geld auf Bankkonten und in Sparstrümpfen, das nicht ausgegeben, sondern für die Zukunft aufgehoben wurde. Unglücklicherweise konnte dieses Geld, wenn es dann ausgegeben wurde, dafür sorgen, daß die Inflation nicht mit dem Beginn des Friedens zu Ende war. Es konnte sogar noch schlimmer kommen, und so geschah es auch in allen Ländern 1919 (und in einigen später).

Am Ende des Kriegs hatten sich die Großhandelspreise in den Vereinigten Staaten etwa verdoppelt. In Frankreich war der Anstieg viel höher, in England und Deutschland war er nur unwesentlich geringer.

In den Jahren, die folgten, gab es bedeutende Hinterlassenschaften der Kriegsfinanzierung. Eine, wie erwähnt, bestand in dem Goldstrom in die Vereinigten Staaten. Dieses Gold und die Kredite, die weiter bedient wurden, machten, wie ich gezeigt habe, die Vereinigten Staaten im allgemeinen und New York im besonderen zum Finanzzentrum der Welt. Große und kleine Kreditnehmer, öffentliche und private kamen nun nicht mehr an der Wall Street vorbei. Deutlich wurde dieser Andrang besonders in den zwanziger Jahren.

Die Methode, Kriege zu finanzieren, die Leichtigkeit, mit der Kaufkraft geschaffen wurde, hatte ebenfalls eine Zukunft. In den direkten Nachwehen des Kriegs gab es große Inflationen in

Deutschland und Österreich. Was in Kriegszeiten nützlich war, wurde gründlich ausgenutzt, als der Frieden kam.

Zwar ist Inflation, die durch Kreditaufnahme bei den Banken und durch Ausgaben angeheizt wird, eine unwiderstehliche Alternative zur Besteuerung, aber sie ist langfristig nicht weniger schmerzhaft. Alle, die den Wert ihrer Ersparnisse schwinden sahen, die Geld verliehen hatten, nur um dann weniger zurückzubekommen, die feste Einkommen hatten, erinnern sich an das Leid. In Deutschland und Österreich tun sie es bis heute. Als der Zweite Weltkrieg aufzog, wurde in den Vereinigten Staaten die Furcht vor Inflation und die Notwendigkeit, sie zu verhindern, kaum weniger betont als die Beschaffung von Waffen. Im Zusammenhang mit dieser Furcht übernahm ich 1941 die Preiskontrolle, meine Sicht der Inflation wurde untermauert durch die Forschung, die ich zuvor der finanziellen Unordnung und Verwirrung nach dem Ersten Weltkrieg gewidmet hatte. Nun wende ich mich den wirtschaftlich unberechenbaren Jahren nach dem Ersten Weltkrieg zu.

4

Verschuldung, Inflation und John Maynard Keynes

Wie schon gesagt, meine Studien und die zeitweilige Regierungsverantwortung belehrten mich über die Mobilmachung im Ersten Weltkrieg und ihre Wirkungen. Zwei Bücher brachten mir die großartigen, strahlenden Ereignisse, die folgten, näher. Eines der ersten ernst zu nehmenden Werke über Ökonomie außerhalb der üblichen bestellten und abgenötigten Texte war John Maynard Keynes' »The Economic Consequences of the Peace«[9] – die wirtschaftlichen Folgen des Friedens. Später dann wurde ich stark beeinflußt durch die klassische Studie über die große deutsche Inflation in den frühen zwanziger Jahren[10] und ihren Autor Frank D. Graham, der lange Zeit der führende Kopf an der Fakultät für Volkswirtschaftslehre der Princeton-Universität war. Er war einer meiner engsten und von mir am meisten bewunderten Freunde bis zu jenem traurigen Tag, an dem er, Opfer einer tiefen und vielleicht falsch therapierten Depression, zu einem Footballspiel in Princeton ging und sich nach dessen Ende über die das Stadion umfassende Mauer stürzte.

Wenige Episoden in der Weltgeschichte wurden genauer unter die Lupe genommen als die Versailler Konferenz von 1919, die Rolle jedes einzelnen der verschiedenen Teilnehmer und die Konsequenzen, die sich bis zum Zweiten Weltkrieg erstreckten. Im wesentlichen jedoch hatte die Konferenz vier Hauptanliegen: Da war der machtvolle Ausdruck der alten Sorge um den Besitz und nun den Verlust von Land und damit verbunden von Bevölkerungsteilen. In der Folge trat Deutschland Elsaß und Lothringen wieder an Frankreich ab, weiteres Territorium fiel an Belgien und Dänemark, während das neue Polen im Osten gestaltet wurde. Die deutschen Besitzungen in Übersee, die Kolonialgebiete in Afrika und im Pazifik, wurden natürlich ebenso weggenommen. Es gab eine ähnliche und intensive Sorge darum, das österreichisch-ungarische Reich aufzugliedern und wem die Teile zugeschanzt werden sollten. Das Gefühl, die tiefer sitzende Empfindung, daß Krieg mit dem Besitz von Land zu tun hat, wurde voll befriedigt.

Zweitens gab es die Bestimmung, daß Deutschland nie wiederauferstehen sollte als Militärmacht. Demzufolge wurde die deutsche Kriegsflotte nach England geschickt (wo sie sich selbst versenkte), die künftigen deutschen Landstreitkräfte wurden zahlenmäßig begrenzt, und das Rheinland durfte von deutschen Soldaten nicht betreten werden.

Das dritte und in den Vereinigten Staaten am heftigsten diskutierte Hauptanliegen umfaßte die Gründung einer Organisation, des Völkerbunds, um den Frieden zu überwachen und, so hoffte man, um sich abzusichern gegen erneute Konflikte und Katastrophen.

Viertens schließlich und von erstrangiger Bedeutung für meine Generation von Wirtschaftswissenschaftlern war die Frage des Geldes.

Darüber hatten die Versailler Konferenzteilnehmer und eine spezielle Reparationskommission, eingesetzt, um Beträge und Details zu erarbeiten, eine Vorstellung, die fast grotesk einfach war und vielleicht jenen anstand, die die Sache vorantrieben. Deutschland hatte den Krieg begonnen; es war in Belgien und dann in Frankreich einmarschiert mit schwerer Verwüstung dort und hatte Briten, Amerikaner und Italiener in überaus kostspieliger Weise hineingezogen, alle jene, die nun an der Konferenz teilnahmen. Dafür, ganz klar, mußte Deutschland bezahlen. Für diesen Krieg sollte dem Deutschen Reich die Rechnung präsentiert werden. Die Summe war nicht gering: Die wichtigsten am

Krieg beteiligten Staaten forderten einen Betrag von rund 40 Milliarden Dollar, was 1992 reichlich mehr als 400 Milliarden Dollar entspräche und in keinem vernünftigen Verhältnis zu Nachkriegsdeutschlands Zahlungsfähigkeit stand. Die Kosten der Reparatur von Kriegsschäden – in diesem Fall von der verwüsteten Landschaft in Frankreich bis zur torpedierten »Lusitania« – sind niemals gering. So erschien die Logik zwingend: Die Deutschen hatten angefangen, sie hatten die Schäden angerichtet, sie hatten den Krieg verloren. Nun waren sie voll haftpflichtig.

Es gab dabei einen weiteren, mehr wirtschaftlichen Faktor, der berücksichtigt werden mußte. Um Versorgungsgüter aus Übersee bezahlen zu können, hatte sich Frankreich (ebenso wie Italien und Rußland) hoch bei England verschuldet, und England und Frankreich, besonders England, hatten Milliarden – annähernd 8,7 Milliarden Dollar – von den Vereinigten Staaten geliehen. Sicherlich konnte niemand daran zweifeln, daß es gerecht war, wenn die Deutschen diese Schulden übernahmen. Später, als die Deutschen nicht zahlten und in den Vereinigten Staaten Dringlichkeitsgespräche darüber geführt wurden, die britischen und französischen Schulden – die interalliierten Schulden – zu erlassen, faßte Präsident Calvin Coolidge die damals herrschende ökonomische Meinung prägnant zusammen: »Sie haben das Geld angenommen, oder?«

So wurde es entschieden. Die einzige Frage, die nicht entschieden war, war, wie Deutschland bezahlen würde. Einige Reparationen konnten in Waren beglichen werden, und Frankreich forderte beträchtliche Schiffsladungen Kohle aus den deutschen Minen. Geld aber, hartes Geld, war die handgreiflichste Antwort. Unglücklicherweise konnten Geldzahlungen praktisch nur aus den Überschüssen geleistet werden, die Deutschland im internationalen Zahlungsverkehr erwirtschaftete – ein Überschuß der Einkünfte aus Exporten über die Kosten der Importe, um eine annehmbare Jahresrate zu decken. Solch ein Überschuß wiederum konnte nur erzielt werden, wenn die Deutschen auf Importe verzichteten und aufgrund überlegener Arbeitsproduktivität und niedriger Lohnkosten ihren Waren einen ausreichenden Vorsprung verschafften auf den ausländischen Märkten. Den Verlust des deutschen Markts – von Verkäufen nach Deutschland – müßten all jene Länder hinnehmen, die Reparationen erhielten, und alle anderen auch.

Es gab ein weiteres Problem: Die deutsche Regierung müßte die Überschüsse aus dem internationalen Handel besteuern oder sie auf andere Art einziehen – die Erlöse, die aus Ausfuhren erwuchsen, gingen an Unternehmen und dann an deren Eigentümer, Manager und sogar Arbeiter. Nur wenn das Geld so abgeschöpft würde, könnte es ins Ausland weggegeben werden. Dieses alles sollte in einem Land durchgeführt werden, das nicht nur unter dem Trauma des verlorenen Kriegs litt, sondern auch unter dem Übergang der Regierungsmacht von althergebrachten, traditionellen Herrschern auf ein neues, erklärtermaßen, wenn auch nicht wirklich sozialistisches Regime, das sich notgedrungen mit der alten herrschenden Klasse und den umfassenden Interessen der Kapitalisten um die Vormachtstellung stritt.

Wenig oder gar nichts wurde darüber in Versailles oder später diskutiert, schon gar nicht in formellen Verhandlungen. Um es zu wiederholen: Deutschland hatte Westeuropa überfallen, Deutschland sollte zahlen. Das Problem des Wie war ein Detail. Wahnsinn, beruhend auf scheinbarer Logik, war der Tagesbefehl.

Das Wirtschaftsproblem wäre geblieben, auf künftige harte Erfahrungen und anschließend auf die Historiker wartend, wenn da nicht ein ein junges Mitglied der britischen Friedensdelegation in Paris gewesen wäre: John Maynard Keynes. Von Keynes kam nun das erste der beiden einflußreichsten Werke über die Wirtschaft in der ersten Hälfte des 20. Jahrhunderts: sein Angriff auf den Versailler Vertrag, die bereits erwähnte Arbeit »Wirtschaftliche Folgen des Friedens«. Das zweite Buch von Bedeutung war auch von Keynes, und darauf werde ich näher eingehen.

John Maynard Keynes, bei Kriegsbeginn 31 Jahre alt, erzogen und ausgebildet in Eton und Cambridge, kurz Beamter, dann Dozent in Cambridge, zeichnete sich bereits als junger Mann durch vielfältige Interessen und einen scharfen Verstand aus. (Nachdem er in seiner Prüfung für die Beamtenlaufbahn im Fach Wirtschaft schlecht abgeschnitten hatte, bemerkte er, zweifellos zu Recht, daß seine Prüfer offensichtlich weniger von Wirtschaft verstünden als er.) Den Krieg verbrachte er im britischen Finanzministerium, wo er die verschiedenen Probleme bewältigen mußte, die damit zu tun hatten, ausländische Währungen, hauptsächlich Dollar, zu horten und zuzuweisen für die britischen Käufe in Übersee und über diese Fragen mit den Franzosen zu verhandeln. Seine persönliche Begeisterung für den Krieg war nicht groß; einige seiner engsten Freunde, die Bloomsbury-Gruppe, der er wohl nicht angehörte, waren entschiedene Kriegsgegner. Als er den Einberufungsbescheid bekam, hielt er ihn für einen Irrtum und legte ihn beiseite.

1919 in Versailles wurde Keynes bald ernüchtert über die Verhandlungsführer und ihre Entscheidungen. Am 26. Mai 1919, die Konferenz war noch in vollem Gange, trat er aus der britischen Delegation aus und verlegte sich darauf, seinen Angriff auf das Unglück zu schreiben, der binnen weniger Monate veröffentlicht werden sollte. Das Buch hatte einen direkten, man kann sagen, unglaublichen Einfluß. Die Erinnerung an meinen Eindruck, als ich es nur wenige Jahre später das erste Mal las, begleitet mich heute noch.

Keynes' Anliegen war, ohne einen Hauch von Zurückhaltung vorgetragen, daß der Versailler Vertrag grundsätzlich vorsah, zunächst Deutschland und dessen Zahlungsfähigkeit zu ruinieren und dann Bezahlung zu verlangen. Wegen dieser Mißachtung des gesunden Menschenverstands tadelte er die in Versailles versammelten großen Führer scharf. Er überschritt damit das ungeschriebene Gesetz der theoretischen Abhandlung, ein Gesetz, das bereits erwähnt wurde und das nach wie vor gilt: Man kann Führern falsche Motive anlasten; man kann Fehler beklagen; man darf niemandem pure Dummheit zuschreiben. Das tat Keynes: Woodrow Wilson nannte er »diesen blinden und tauben Don Quichote«[11]. Clemenceau, sagte er, »hatte eine Illusion – Frankreich; und eine Desillusion – die Menschheit«.[12] Lloyd George nannte er in einem früheren Manuskript »diesen ziegenfüßigen Dichter, diesen halb menschlichen Besucher unseres Zeitalters aus den bedrückenden, verhexten Wäldern des keltischen Altertums«[13], aber im letzten Moment ließ er sich überzeugen, oder vielleicht überzeugte er sich auch selbst, diese Charakterisierung durch eine weniger überzeichnete zu ersetzen. Hier ist sein eher düsterer Kommentar des Vertragswerkes und der Vorgehensweisen:

»Der Vertrag trifft keine Vorkehrungen für die wirtschaftliche Erholung Europas – nichts, um aus den geschlagenen Monarchien gute Nachbarn zu machen, nichts, um die neuen Staaten Europas zu stabilisieren, nichts, um Rußland zurückzuführen; genausowenig sorgt er in irgendeiner Weise für eine Übereinkunft über wirtschaftliche Solidarität zwischen den Alliierten selbst; in Paris wurde kein Arrangement gefunden, um die ungeordneten Staatsfinanzen Frankreichs und Italiens wiederherzustellen oder um die Systeme der Alten Welt und die der Neuen Welt zu ordnen.

Der Rat der Vier widmete diesen Themen keine Aufmerksamkeit. (...) Es ist schon eine bemerkenswerte Tatsache, daß die fundamentalen wirtschaftlichen Probleme eines vor ihren Augen sterbenden und auseinanderfallenden Europas als einzige Frage nicht die Aufmerksamkeit der Vier zu erringen vermochten. Ihre Diskussion auf wirtschaftlicher Ebene drehte sich hauptsächlich um die Reparationszahlungen; und diese betrachteten sie aus Sicht der Theologie, der Politik, der Wahlverfahren, eigentlich aus jeder Sicht, nur nicht unter dem Aspekt der ökonomischen Zukunft der Staaten, über deren Schicksal sie gerade verhandelten.«[14]

Der Einfluß der »Wirtschaftlichen Folgen« machte sich prompt und nachdrücklich in allen Ländern bemerkbar, besonders in den Vereinigten Staaten. Einige schrieben dem Buch Wilsons Niederlage im Kongreß in Sachen Völkerbund zu. Es gab auch harte Kritik: Keynes wurde vorgeworfen, von seinem Land und den Alliierten desertiert zu sein und den Frieden Deutschland auszuliefern. Er überstand es glänzend; es gibt keinen Zweifel, daß das Ansehen eines Autors beträchtlich gesteigert wird, wenn sich seine Thesen als richtig erweisen. Keynes' Erfolg erwuchs aus dem Unglück der Welt.

In den folgenden Jahren bemühte sich Deutschland, das den Vertrag akzeptiert hatte, in der Tat ziemlich entschieden, die auferlegten Reparationen zu bezahlen. Das Steuersystem wurde massiv gestärkt; im vorherigen Regierungssystem war es weitgehend den Ländern vorbehalten gewesen, direkte Steuern zu erheben.[15] Die Einkünfte entsprachen jedoch nicht den Erfordernissen, eingeschlossen jenem nach einer stabilen Mark, mit der die Reparationszahlungen geleistet werden sollten. Es gab keine Alternative zur Verschuldung, und im Lauf der Zeit bestritt die Regierung einen immer größeren Teil ihrer Ausgaben auf Kredit. In Folge stiegen die Preise, und die Menschen leerten ihre Bank- und Sparkonten, um ihr Geld gleich auszugeben, damit sie gegen Kaufkraftverluste geschützt waren.

Bargeld oder Sichteinlagen der Industrie und des Handels wurden auf ähnliche Weise in harte Sachvermögenswerte getauscht. Diese Ausgaben verstärkten die Preissteigerung weiter; zudem wurde die Regierung durch diese Entwicklung gezwungen, sich noch mehr zu verschulden, um den eigenen Verpflichtungen nachzukommen. Diese Kredite mußten von der Reichsbank gewährt werden; niemand wollte Staatsanleihen oder ähnliche Wertpapiere mit ihrer rapide schwindenden Kaufkraft behalten. Es sprach alles dafür, seine Steuern verspätet zu bezahlen, weil sich mit steigenden Preisen das Geld vermehrte und an Wert verlor, und so konnte man seine Steuerschulden zum Spottpreis tilgen. Doch stieg die Kreditaufnahme weiter, um Staatsausgaben zu finanzieren. Anfang 1923 besetzten die Franzosen das Ruhrgebiet in der Hoffnung, den Forderungen des Versailler Vertrages Nachdruck zu verleihen. Dies, mit dem damit verbundenen industriellen Zusammenbruch in Deutschland und der Notwendigkeit, Stempelgeld zu bezahlen, mündete nun in einen stärker werdenden Prozeß, der sich selbst antrieb. Die deutsche Inflation, die zur klassischen Inflation der Neuzeit werden sollte, war voll im Gang.

Die Preise stiegen nun täglich, bald stündlich. Der einzige Schutz war, statt Bankguthaben Papiergeld zu besitzen, das schnell ausgegeben werden konnte. Während des ganzen Jahres 1923, so ist erzählt worden, war rund die Hälfte aller Druckereien in Deutschland damit beschäftigt, Geld zu drucken. Jeder, der Mark in fremde Währungen tauschen konnte, war aus offensichtlichen Gründen bestrebt, dies zu tun. In Folge fiel der Wechselkurs der Mark sogar dramatischer, als die Preise stiegen. Im Sommer 1923 gelang es einem amerikanischen Kongreßabgeordneten, eine kleine Fußnote in der Geschichte hervorzubringen, als er für 7 Dollar 4 Milliarden Mark eintauschte, dann 1,5 Milliarden Mark für das Essen in einem Restaurant bezahlte und 400 Millionen Mark Trinkgeld gab.[16]

Im Lauf des Jahres wurde die Lage noch extremer. Die Banknotenemission der Reichsbank hatte im Dezember 1921 113,6 Milliarden Mark betragen. Im Dezember 1923 erreichte sie 496 507 424 800 Milliarden Mark.[17]

Die größere Wirkung der Inflation bestand in der Vernichtung und in einem Verlust von Wohlstand, wie es sonst nur in Rußland geschah. Besitzer von Papieren mit festen oder annähernd festen Zinsen wurden vollständig vernichtet. So erging es allen, die von festen Einkommen abhingen. Die Eigentümer von Immobilien und Industrieanlagen dagegen wurden generell wundersam bereichert. Es gab insgesamt jedoch weit mehr Leid als Freude. In den folgenden Jahrzehnten bis in unsere Zeit sollte die Erinnerung an die große Inflation einen beherrschenden Einfluß auf die deutsche Wirtschaftspolitik haben.

Ende 1923, in einem der bemerkenswerteren Kapitel der Geschichte des Geldes, wurde die Inflation der deutschen Währung beendet. Eine neue Währung wurde geschaffen, die Rentenmark, und sie wurde von einer neuen Bank, der Rentenbank, ausgegeben und gestützt. Diese Währung wurde, und dies war etwas Neues, von den Grund- und Bodenwerten der neuen Republik gedeckt. Jeder, der ihr mißtraute, konnte sie theoretisch in gute und solide Immobilien umtauschen. Praktisch konnte das niemand, die Deckung war rein symbolisch. Aber wo Geld und seine Geheimnisse betroffen sind, kann selbst eine Regierung einen gutartigen Schwindel aufziehen wie in diesem Fall. Da die Regierung ihren Haushalt rigoros ausglich und sich weigerte, bei Banken Kredite aufzunehmen, die die Geldmenge wachsen ließen, war und blieb die neue Währung wundervoll stabil, wie die Preise bewiesen. Ein weiterer Grund, warum so viele Leute dem Geld magische Eigenschaften zuschrieben.

Ein großer Teil der Verdienste für die Operation, es sollte festgehalten werden, hatte Dr. Hjalmar Schacht, der der Reichsbank vorstand und den strengen Sparhaushalt der Regierung tatkräftig unterstützte. Er hatte den langen Weg zur Weltbedeutung eingeschlagen, der mit seinem in der Öffentlichkeit stark übertriebenen wirtschaftlichen Beitrag für Adolf Hitler endete. Als er sich nach dem Ende des Zweiten Weltkriegs in den Nürnberger Prozessen verantworten mußte, wurde seine Rolle im Krieg als weit überzogen bewertet, vielleicht nicht am wenigsten von ihm selbst. Er wurde freigesprochen. Mitglieder meines Stabs, die ihn nach den wirtschaftlichen Wirkungen der Luftangriffe auf Deutschland befragten, beschrieben ihn als eine schlecht informierte, ziemlich pathetische Figur.

Die weitere Geschichte der Reparationen und Schulden der Alliierten untereinander ist schnell erzählt. Nach Art der lateinamerikanischen Schulden unserer Tage wurden sie zum Gegenstand eines kunstvollen Täuschungsmanövers, das hauptsächlich dazu diente, die grundlegende Tatsache zu verschleiern, daß sie nicht bezahlt werden konnten oder würden. Ähnlich wie der Baker-Plan oder der Brady-Plan[18] für die lateinamerikanischen Schulden in den achtziger Jahren waren der Dawes-Plan und der Young-Plan für die deutschen Schulden. Eine weitere Parallele: Der Dawes-Plan sah vor, Deutschland Geld zu leihen, damit es bezahlen konnte; weitere Zahlungen stammten aus einem überraschenden Aufschwung amerikanischer Darlehen für deutsche Städte, Kredite, die dann nicht nur zufällig notleidend wurden. Einige der deutschen Reparationen wurden so von amerikanischen Investoren bezahlt.

Mit der Depression hatte die Scharade dann ein Ende. Im Juni 1931 bot Herbert Hoover ein einjähriges Moratorium für alle Reparationen und interalliierten Schuldenzahlungen an. Im darauffolgenden Jahr verringerte eine Konferenz in Lausanne die Reparationen auf nominal knapp drei Milliarden Mark. Adolf Hitler, der 1933 an die Macht kam, stoppte sämtliche Zahlungen; am Ende des Moratoriums kamen die Engländer und Franzosen ihren finanziellen Verpflichtungen gegenüber Amerika nicht mehr nach, was Finnland, wenn auch nur kurz, den Ruhm ließ, als einziges Land seine Schulden zu bezahlen.

Ebenso wie die anhaltende deutsche Einstellung gegenüber der Inflation sollten auch die Erfahrungen mit Reparationen und Schulden eine dauerhafte Wirkung haben. Im Zweiten Weltkrieg ersetzte das Leih-und-Pacht-System (Lend-lease), eine wirklich abgesicherte Bewilligung von Geld und Material, die internationalen Anleihen. Als eine wichtige Hinterlassenschaft von Keynes wurde Reparationen in Geld mitsamt den sich daran anschließenden Unwägbarkeiten völlig abgeschworen. Reparationen wurden fortan durch Sachleistungen bezahlt, durch Industrieanlagen und auch wieder durch Kohle. So wurden komplizierte Geldprobleme oder Zahlungsbilanzschwierigkeiten vermieden. Fabriken und Maschinen wurden schlicht abmontiert und weggeschafft, um zu ersetzen, was in besetzten Ländern zerstört worden war. Als für diese Fragen hauptverantwortlicher Mitarbeiter im Außenmimisterium mußte ich 1946 entdecken, daß dieses Konzept, wenn es forciert wurde, eine wenigstens ebenso zerstörerische Form von Reparationen sein konnte wie Geldzahlungen.

Nicht nur Deutschland litt nach dem Großen Krieg unter der Inflation, die genauer als Hyperinflation bezeichnet wurde. Auch Österreich erlitt ein extreme Inflation, die 1922 ihren Höhepunkt erreichte. Damit als Finanzminister umgehen mußte der jugendliche Wirtschaftswissenschaftler Joseph Alois Schumpeter, der später mein Lehrer, Kollege und Freund wurde. Auch die österreichischen Erfahrungen blieben nicht ohne gravierende Wirkungen auf die spätere Geschichte; die wirtschaftspolitischen Ansichten, die in dieser Zeit geprägt wurden, hatten einen gewaltigen Einfluß auf Schumpeters ökonomisches Denken und seine Lehre in den folgenden dreißig Jahren und auf ein beträchtliches und empfängliches Publikum, das er erreichte.

Und er war nicht allein. Das Vorkriegs-Wien hatte den mehr als bescheidenen Anspruch, die intellektuelle und kulturelle Hauptstadt des alten Europas zu sein. Das schloß seine Wirtschaftswissenschaftler ein. Die einflußreichsten aus ihren Reihen wurden, wie Schumpeter, in die Ereignisse jener Zeit verstrickt: Zur gleichen Zeit wie die Inflation fand der Kampf statt zwischen den Linkssozialisten und den Sozialdemokraten Wiens, den konservativen Bauern und dem, was von den herrschenden Klassen übriggeblieben war. Fast alle Ökonomen gingen nach Westen, nach Genf, London und weiter in die Vereinigten Staaten. Hier sollten die Neuankömmlinge aus Wien – Ludwig von Mises,

Friedrich von Hayek, Fritz Machlup, Joseph Schumpeter – Einfluß gewinnen, einen größeren vielleicht als den, dessen sie sich im eigenen Land hätten erfreuen können. Ihre Ideen gingen in den großen Strom des wirtschaftswissenschaftlichen Denkens ein, der die Einstellungen der Öffentlichkeit stark geprägt hat und, bis zu einem gewissen Grad, auch die Politik der Vereinigten Staaten in den Jahren nach dem Großen Krieg. Diese prägenden Ideen jener Zeit sind der Gegenstand des nächsten Kapitels.

5

Die Wirtschaftspolitik danach: ein Exkurs

Es war Ende der zwanziger Jahre, als ich zum erstenmal mit den eigentlichen Wirtschaftswissenschaften in Berührung kam, die mein Leben entscheidend beeinflussen sollten. Dies erfolgte durch die Texte von Richard T. Ely, dem damals führenden ökonomischen Kopf in den Vereinigten Staaten. Ely war der Gründer der American Economic Association, dort einer meiner frühen Vorgänger als Präsident, und er galt als Liberaler in seinem Fach. Sein Liberalismus bestand vorrangig in der Ablehnung des Sozialdarwinismus von William Graham Sumner, einer der einflußreichsten gesellschaftlichen Stimmen des späten 19. Jahrhunderts, der in früher Vorwegname von Ronald Reagan vertrat, daß die Wirtschaft völlig zu Recht die Reichen für ihren Beitrag zum allgemeinen Wohlstand belohne und die Armen für ihre Unzulänglichkeit klugerweise bestrafe. Im Gegensatz zur modernen Wiedergeburt dieser These aber glaubte Sumner auch, daß eine Euthanasie der Armen die Rasse verbessere. Ich hatte zweifellos Glück, daß ich nicht unter seinen Einfluß geriet.

Meinen ersten Unterricht in Wirtschaftswissenschaften erhielt ich in Kanada neben meinem Hauptstudium der Landwirtschaft mit all seinen Anforderungen. Ich setzte meine Studien an der Universität von Kalifornien in Berkeley fort, zunächst bei Ewald T. Grether, der stets zu den hervorragenden Mitgliedern der akademischen Gemeinschaft dort gezählt werden wird.

Ich unterbreche hier, um die Brille zu beschreiben, durch die man damals das Wirtschaftssystem betrachtete. Das ist wichtig, wenn man sich einen kompletten oder auch nur unvollständigen Überblick verschaffen will über die Wirtschaftswelt der damaligen Zeit und danach.

In Europa, den Vereinigten Staaten und in einem bedeutenden Ausmaß im Japan des vorigen Jahrhunderts wurde die Wirtschaft zu dem, was sie heute noch ist: ein duales System. Auf der einen Seite, und stark in der Wahrnehmung der Öffentlichkeit, gab es die großen Firmen, die damals weitgehend von den Männern oder Familien geleitet wurden, die sie gegründet hatten. Ihre Namen reichten von Krupp und Thyssen in Deutschland über John Brown und Vickers in England bis hin zu Vanderbilt, Rockefeller, Morgan, Mellon, Harriman, Gary und Duke in den Vereinigten Staaten. Im großen Unternehmen drückte sich noch die Persönlichkeit der beherrschenden Figur aus. Die vom Management geleitete Firma, weniger freundlich industrielle Bürokratie genannt, deren Führungskräfte meistens und manchmal verdientermaßen unbekannt bleiben, lag noch in weiter Ferne.

Als Ergänzung und häufig als Zulieferer der großen Unternehmen existierte die andere Seite des dualen Systems – die Tausenden von kleinen Fabrikanten, Handwerkern, Dienstleistungsbetrieben, Kaufleuten und anderen Unternehmern sowie die Landbevölkerung.

Es gab klare Standpunkte in der Wirtschaftswissenschaft wie auch in den wirtschaftlich – und politisch – herrschenden Kreisen. Dies war, stark dominierend, die herrschende klassische Sichtweise, um bald, geringfügig verändert, zur neoklassischen Sichtweise zu werden, in manchen Äußerungen treffend der klassische Glaube genannt. Dieser konzentrierte sich traditionell in England, besonders an der Universität von Cambridge, wo er, zur Ehrung von Alfred Marshall (1842–1924), seinem berühmten zeitgenössischen Vertreter, auch Marshallsche Ökonomie hieß. Ich las Marshalls »Handbuch der Volkswirtschaftslehre«, nachdem ich 1931 nach Kalifornien gezogen war – ich begriff es bis zu einem bestimmten Maß und teilte die meisten seiner Thesen. Die klassische Sichtweise hatte weit zurückführende Ursprünge in Adam Smith (1723–1790) und David Ricardo (1772–1823) und später in Wien, wo im vorigen Jahrhundert eine bemerkenswerte Ansammlung von Wissenschaftlern weltweites Interesse und Aufmerksamkeit auf sich zog – die österreichische Schule von Friedrich von Wieser (1851–1926) und Eugen von Böhm-Bawerk (1851–1914), zusammen mit einem noch bekannteren Gelehrten, Karl Menger (1840–1921). Ernsthaft interessierte amerikanische Studenten gingen vor dem Krieg nach Wien. In den Vereinigten Staaten war das allgemeine Bekenntnis zur klassischen Sichtweise tiefgehend; in keinem anderen Land wurde sie so vollständig als Leitprinzip angenommen. So war der Stand der Dinge, als ich das erste Mal damit in Berührung kam.

Das klassische ökonomische Denken, ein Gegenstand vielfacher Verfeinerungen, beruhte auf der Annahme, daß wirtschaftliche Aktivität nur den ihr innewohnenden Beschränkungen unterliegt und diese selbstverständlich auch die Politik neutralisieren. Wenn die Wirtschaft von selbst und gut arbeitet, gibt es keinen Grund für Einmischung durch den Staat.

Das erste der klassischen Anliegen war die Bestimmung des Preises. Dieser kommt in dieser Sicht unabhängig vom subjektiven Willen einzelner zustande durch die Anstrengungen des Herstellers im Wettbewerb, um den in seiner Entscheidung souveränen und im Grunde ausschlaggebenden Verbraucher zu versorgen.

Die Produktion des anbietenden Betriebs wird bis zu dem Punkt ausgeweitet, an dem zusätzliche Verkäufe höhere Kosten zu verursachen drohen, als durch den Preis gedeckt werden – im Fachjargon: bis zu dem Punkt, an dem die Mindestkosten so hoch sind wie der Preis. Darüber hinaus führt die zusätzliche Produktion nicht zu höheren Erträgen; eher reduzieren die höheren Kosten bei gleichbleibenden Preisen den Erlös. Wie es einem Hersteller ergeht, so ergeht es auch den übrigen. Daraus ergibt sich ein Gleichgewicht, in das sämtliche Hersteller eingebunden sind. Wenn ein einzelner Hersteller die Preise anhebt, verliert er seinen gesamten Absatz an die Konkurrenten, und die Kosten für Produktion und Lagerung bleiben an ihm hängen. Niedrigere Preise steigern den Absatz, aber mit Kosten, die die Preise übersteigen, und so mit geschmälertem Ertrag.

So, wie sich die Verkaufspreise in diesem vom subjektiven Willen unabhängigen Gleichgewicht einpendeln, verhalten sich die Preise, die die Produktionskosten ausmachen. Die Löhne bewegen sich auf einem Niveau, das auch den letzten zur Verfügung stehenden Arbeiter anlockt, ob ungelernt oder angelernt. Wenn einzeln oder gruppenweise höhere Löhne gefordert werden, finden die Arbeiter oder jene, die sie fordern, keine Beschäftigung. Da sie Arbeit wollen und brauchen, verringern sie ihre Lohnforderung. Löhne können unerträglich niedrig werden. Das ist niemandes Fehler; es ist der Arbeitsmarkt. In dem angenehmeren Fall knapper Arbeitskraft treibt der Wettbewerb die Löhne auf einen neuen Gleichgewichtszustand, und die Verkaufspreise werden zum Ausgleich erhöht.

Gleiches gilt für den Preis von Kapital, den Zinssatz. Dieser wird auch im Wettbewerb bestimmt, wobei seine Höhe vom Angebot der Sparguthaben abhängt. Sind mehr Ersparnisse verfügbar, fällt der Zinssatz, und Investitionen, die bis dahin unrentabel waren, werden nun attraktiv. Ein neues Gleichgewicht stellt sich ein, und dieses vollzieht sich wie immer in der anonymen Bewegungsweise des Markts. Ist der Zinssatz zu hoch, finden Fonds keine Anlagemöglichkeit, und die Zinsen sinken.

Schließlich ist da noch der Gewinn. Ist er hoch, fühlen sich Wettbewerber prompt angezogen. Ist er niedrig, reduzieren oder stornieren große wie kleine Unternehmer ihre Investitionen. So entsteht eine maßgebliche Profitrate. Abgesehen von einigen Unterschieden in Engagement und Intelligenz, liegt es jenseits der Macht irgendeines Unternehmens, sie zu steuern.

Wie berichtet, gab es fast unendlich viele Verfeinerungen dieses Systems. Diese waren es, die die wirtschaftswissenschaftliche Diskussion und die anspruchsvollere Lehre in Gang hielten und den Fachzeitschriften Stoff lieferten. Nicht jeder akzeptierte das ganze System; der christliche Glaube erfordert nicht, daß die Heilige Schrift buchstabengetreu begriffen wird. Ein gewisses Maß an wohlformulierten Vorbehalten und sogar Zweifeln war normal. Jenseits davon war die alles umspinnende Rechtfertigung.

In einer weithin akzeptierten Tendenz entzog dieses System der einzelnen Firma und besonders den Eigentümerinteressen Verfügungsgewalt. Was auch immer er (oder sehr selten sie) anordnen mochte, der Besitzer wurde durch Wettbewerbs- und Marktkräfte davon abgehalten, die Verbraucher, seine Lieferanten und seine Arbeiter zu übervorteilen. Erlitt einer von ihnen Einbußen, lag das an der natürlichen Ordnung der Dinge. Genauso, wurde der Unternehmer reich, sogar protzig reich, dann war es ihm so bestimmt.

Die politische Macht der Eigentümer war ebenfalls begrenzt. Preise, Produktion, Löhne und andere Kosten und Erträge wurden vom Markt festgesetzt, und da sie so kontrolliert wurden, gab es keinen Bedarf für staatliche Intervention. Es gab sonst wenige Dinge, die vom Staat verlangt wurden, abgesehen von der nationalen Verteidigung, einigen Bauvorhaben, der Post, niedrigen Steuern und der Verhütung offenen Betrugs.

Allgemeiner gesagt, es war eine Frage der Motivation. Ein schwarzer Tag erwartete den Geschäftsmann, der seinen Geschäften nicht die notwendige Aufmerksamkeit widmete. Der Großgrundbesitzer hatte die Muße und auch die Pflicht zur umfassenderen Teilnahme an öffentlichen Angelegenheiten gehabt; dies war seine natürliche und ererbte Aufgabe. Für einen Geschäftsmann dagegen galt: Schuster, bleib bei deinen Leisten.

Die bestimmende Rolle der klassischen Ökonomie und des Markts galt in Europa nie ganz so rein, ganz so genau wie in den Vereinigten Staaten. Aber auch in den Vereinigten Staaten gab es immer Zweifel an ihren Segnungen. Bereits 1866 übernahm Massachusetts die Initiative und schützte seine Bürger davor, sich zu rigoros dem Markt aussetzen zu müssen. In jenem Jahr machte der Gesetzgeber in Massachusetts Geschichte, indem er ein Gesetz verabschiedete, das die Arbeit für Kinder *unter 14 Jahren* auf acht Stunden am Tag beschränkte.[19] In Europa waren die gesetzlichen Auflagen erheblich umfassender. In den achtziger Jahren des 19. Jahrhunderts wurde auf Fürst Otto von Bismarcks Initiative in Deutschland ein Gesetzeswerk verabschiedet, das eine Krankenversicherungspflicht vorsah und die Unterstützung von Arbeitern, die durch Unfall, Krankheit, Alter oder andere Behinderungen heimgesucht wurden. Ähnliche Entwicklungen folgten anderswo in Europa und besonders in England, wo unter der Verantwortung von Lloyd George eine Absicherung zunächst gegen Arbeitsunfähigkeit aus Altersgründen eingeführt wurde, dann gegen Arbeitslosigkeit und schließlich gegen Krankheit.

In Deutschland, Frankreich und in geringerem Umfang in England war eine gebildete Arbeiterklasse nicht beeindruckt vom Gleichgewicht der Macht, wie sie die klassische Ökonomie behauptete. In den Augen der Arbeiter lag die Macht weitgehend bei den Eigentümern der Unternehmen – den Kapitalisten. Marx (und die anderen sozialistischen Autoren) wurden gelesen, gelehrt und breit diskutiert. Sogar im Ersten Weltkrieg, als die meisten Arbeiter entweder durch Zwang oder ein starkes Nationalgefühl im Enthusiasmus des Kriegs gefangen waren, gab es weiter Vorbehalte. Lenin, der diese Jahre gelehrig in der Schweiz verbrachte, versammelte Konferenzen – eine 1915 in Zimmerwald bei Bern, eine weitere im darauffolgenden Frühjahr in Kiental –, um den Krieg als einen kapitalistischen Angriff auf die Arbeiterklasse zu verurteilen. Eine zuverlässige und gerechtfertigte Vorsicht war charakteristisch für diese Treffen; das in Zimmerwald war vorgeblich eine Zusammenkunft von Vogelbeobachtern. Weil sie diese Sicht der Arbeiterklasse vom Krieg hatten oder vertraten, wie sie in Kiental hervorgetreten war und ihren Weg in die Schützengräben der Westfront gefunden hatte, wurden zwei deutsche Offiziere und 32 Zivilisten aus disziplinarischen Gründen erschossen.

Bis auf den heutigen Tag gibt es in Europa wie auch in Japan insgeheim die Idee, daß der Staat im Dienst der Wirtschaft steht – im Dienst des kapitalistischen Systems. Nach den Worten von Marx ist er der geschäftsführende Ausschuß der Kapitalistenklasse. Eine der Kuriositäten der zeitgenössischen Wirtschaftsgeschichte ist, daß Länder, in denen Jugendliche Marx lesen, der augenscheinlichste Fall ist Japan, in jüngster Zeit eine größere wirtschaftliche Leistung erbracht haben als jene, die nach wie vor den klassischen Regeln unterworfen sind, die den Staat und die Gewerkschaft von jeder wichtigen Rolle ausschließen, weil die Wirtschaft sich systembedingt selbst reguliere.

Dies greift jedoch meiner Darstellung vor. Die klassischen Ideen, denen man in den zwanziger und dreißiger Jahren dieses Jahrhunderts in den Vereinigten Staaten begegnete, verlangen nach einem anderen Wort.

Während in Europa die Macht der Kapitalisten und die Rolle des Staats in mancher Hinsicht unklar waren, galt das für die Vereinigten Staaten weniger oder gar nicht. Für jene, die es sich wissenschaftlich angeeignet hatten, und für jene, für die es zu den gegebenen politischen Umständen gehörte, herrschte das klassische System. Aber es tat dies mit einer großen, plausiblen Ausnahme.

Diese war, nicht überraschend, der Fall, daß es keine Konkurrenz gibt. Wettbewerb, die vom Einzelwillen unabhängige Bestimmung der Preise durch den Markt, ist der entscheidende Faktor, um das seligmachende Gleichgewicht aufrechtzuerhalten.

Fehlt der Wettbewerb – bei Monopolen –, ist, zurückhaltend gesagt, die gesamte gesellschaftliche Rechtfertigung des Systems in Gefahr. Das führt unweigerlich zu dem weitergehenden Schluß: Wenn es ein Monopol gibt, muß der Staat dessen Macht beschränken – es entweder auflösen oder regulieren. Das klassische System erlaubt staatliche Eingriffe zu diesem Zweck nicht nur, es fordert sie sogar nachdrücklich. Natürliche Monopole wie Schienenverkehr, Elektrizitätsversorgung und Telekommunikation mußten reguliert oder verstaatlicht werden. Andere Monopole wurden verboten oder zerschlagen.

Der Kongreß hatte bereits 1890 mit dem Sherman Act[20] Schritte unternommen, um diese theoretisch unhaltbare Beeinträchtigung des klassischen Systems zu verbieten. 1914 wurde die Rechtsprechung erweitert – durch den Clayton Act und den Federal Trade Commission Act, beide zu Zeiten von Wilsons Präsidentschaft verabschiedet. Obwohl die Gerichte, inklusive des Obersten Gerichtshofs, sie zurückhaltend anwendeten, wurde die antimonopolistische Gesetzgebung zum festen Bestandteil der amerikanischen Wirtschaftsgeschichte. Selbst Konservative konnten das Monopol nicht überzeugend verteidigen. Anti-Trust-Maßnahmen konnten zwar mißbilligt werden, ihr tieferer Sinn aber mußte akzeptiert werden. Die Aversion wurde durch die Tatsache etwas gemildert, daß unerwartet, aber sehr folgerichtig, Gewerkschaften nach den Maßstäben der herrschenden Lehre deutlich sichtbar gegen die Anti-Trust-Gesetze verstießen und die Gerichte dies auch so bewerteten.

Für die Liberalen jener Zeit waren die Anti-Trust-Gesetze eine umfassende wirtschaftliche Therapie. Bei jedem Mißbrauch der Marktmacht oder, weiter gefaßt, bei jeder unzureichenden wirtschaftlichen Entwicklung war die Antwort klar: Verschärft die Anti-Trust-Gesetze! Dieses wurde damals wie später in zahlreichen Fällen zur Standardzuflucht für den begriffsarmen liberalen Geist.

Ein noch wichtigerer Punkt muß unterstrichen werden: Das klassische System war in den Vereinigten Staaten in den zwanziger Jahren und danach die bestimmende Kraft sowohl für Linke als auch für Rechte. So lagen die Dinge bei meiner Einführung in den Gegenstand der Wirtschaftswissenschaften.

Wie ich angedeutet habe, war die Situation in Europa und später in Japan anders. Dort hatte das klassische System, und gewiß seine Anti-Trust-Therapie, keine vergleichbare Kraft. Monopole, eingeschlossen die großen Kartelle, wurden akzeptiert. Eine gegenteilige Gesetzgebung wurde, nicht unberechtigt, als ein Verstoß gegen das System als solches gewertet. Dieses Verhalten stand in scharfem Gegensatz zum amerikanischen Glauben. In den Jahren der amerikanischen Besatzung in Deutschland nach dem Zweiten Weltkrieg war eine der wichtigsten Wirtschaftsreformen, die die Amerikaner dem neuen deutschen Staat aufzwangen, ein Anti-Trust-Gesetz. Zur gleichen Zeit wurden in Japan Schritte eingeleitet (aber bald wieder zurückgenommen), um die großen Industriekomplexe, die *zaibatsu*, aufzubrechen und aufzulösen. Dies, so glaubte man, würde zur Demokratie führen; es würde außerdem wohltuend zum besseren Funktionieren des Wirtschaftsystems in der Zukunft beitragen. Die klassischen Regeln waren keineswegs ein rein amerikanisches Konzept; sie beanspruchten universale Anwendung und Wirkung.

Mit der Zeit sank das Interesse an Monopolen wie auch die Unterstützung der Anti-Trust-Therapie. Beginnend in den dreißiger Jahren, wurde dem klassischen System die Idee des unvollständigen oder oligopolistischen Wettbewerbs aufgezwungen. Nicht eine, aber einige Firmen konnten in stillem Einvernehmen untereinander den gleichen Einfluß auf Preise und Produktion haben wie ein einzelner Produzent. Oligopol statt Monopol. Und vielleicht wegen der Werbung, anderer Public-Relations-Überredungskunst, sogar wegen des Standorts kann der Hersteller sein Produkt so herausstellen, daß er sich eines beträchtlichen und spürbaren Diktats über den Preis erfreut. Monopolistische Konkurrenz. Monopolistische Macht, größer oder geringer, war daher kein Sonderfall, sondern die Regel, und es erschien nicht durchsetzbar, das ganze oder fast das ganze Industriesystem zu verbieten. Außerdem kam die internationale Konkurrenz auf. Niemand mußte sich ernsthaft Sorgen machen um Monopole im amerikanischen Markt, wenn vergleichbare japanische Produkte mit Leichtigkeit erhältlich waren.

Allmählich wurde ersichtlich, daß mehr zu befürchten war wegen der Inkompetenz als wegen der Marktmacht der großen, oft bürokratischen Unternehmen.

Schließlich wurde in jüngster Zeit die Rolle des Staats scharf begrenzt. In den achtziger Jahren ging das so weit, daß auch die Anti-Trust-Gesetze davon berührt wurden. Diese wurden nicht zurückgenommen; sie wurden schlicht nicht durchgesetzt. Das war, dank der daran beteiligten Anwälte, eine der weniger beachteten Entwicklungen der Reagan-Jahre. Darauf werde ich später noch zurückkommen. In den zwanziger und dreißiger Jahren lag dies alles noch vor uns. Ich wurde, um es zu wiederholen, eingeführt in die Wirtschaftswissenschaften als ein System, in dem Wettbewerb als seligmachende und nahezu universale Kraft und Regulativ galt.

Und noch etwas. In den Vereinigten Staaten und anderswo befaßte sich in den zwanziger Jahren die Lehre an den Universitäten mit Geld und Bankwesen sowie mit der Konjunktur. Der Goldstandard wurde als normal betrachtet; unterschiedliche Währungen wurden untereinander und gegen Gold zu festen Kursen gewechselt. Das war wenigstens die Hoffnung. Tatsächlich wurde in den Industriestaaten die Annäherung an eine einzige Währung als selbstverständlich vorausgesetzt, worum die europäischen Staaten heute, in den neunziger Jahren, ringen. Eine erstrangige Funktion der Zentralbanken und der Finanz-, Steuer- und Haushaltspolitik war es, die Stabilität im internationalen

Währungsgefüge zu erhalten, eine Frage, auf die wir zurückkommen werden.

Fluktuationen im Geschäftsverlauf, Konjunkturzyklen, gehörten ebenfalls zum Lehrstoff an den Universitäten. Sie wurden unterschiedlich erklärt. Bis kurz zuvor hatten angesehene Beobachter Konjunkturzyklen auf Sonnenflecken zurückgeführt, verursacht durch Ernteschwankungen oder noch exotischere Einflüsse. Joseph Schumpeter sprach vom »immerwährenden Sturm der schöpferischen Zerstörung«, durch den das Bestehende und Überkommene weggefegt und der Weg frei werde für künftige neue und größere Erfolge. Orgien der wissenschaftlichen und politischen Spekulation befaßten sich mit diesem Phänomen. Und so wirkten auch der Krieg und seine Nachwehen. Überall aber blieb die klassische Verpflichtung zur Vollbeschäftigung erhalten, der Normalzustand, zu dem das System durch grundlegende wirtschaftliche Kräfte zurückkehre. Nun wende ich mich dem Anschlag auf dieses System zu, den weniger die Wissenschaft als die Ereignisse führten.

6

Vorzeichen

Verglichen mit dem, was vorausging oder danach kommen sollte, gelten die zwanziger Jahre bei den Historikern als Zeit der Ruhe in den Vereinigten Staaten. Die meisten dieser Jahre war Calvin Coolidge im Weißen Haus; nur wenigen Präsidenten war weniger Anlaß gegeben für beunruhigende Initiativen. Nach den üblichen Maßstäben war das Wirtschaftsleben gut; in weiter Voraussicht auf die achtziger Jahre senkte Finanzminister Andrew Mellon, ein wohlhabender Mann und daher ein bedeutender Begünstigter der eigenen Maßnahme, die Steuern. Es wurde damals nicht für notwendig gehalten, eine ernsthafte wirtschaftliche Rechtfertigung anzubieten (oder, um genau zu sein: zu erfinden). Es reichte, niedrigere Steuern zu haben.

Obwohl ich Ende der zwanziger Jahre in die Wirtschaftswissenschaften eingeführt wurde, habe ich über die damalige Situation nicht viel nachgedacht. Die Dinge schienen mir völlig normal oder des Interesses eines Jugendlichen unwert. Aber schließlich wurde meine Aufmerksamkeit doch stark auf diese Dekade gelenkt, und ein Vierteljahrhundert später kam ich dazu, eine Geschichte des großen Börsenkrachs von 1929 zu schreiben.[21] Ich nahm besonders die zwanziger Jahren in den Vereinigten Staaten unter die Lupe, so, wie etwas vorausgehende Forschungsarbeiten mir die Ereignisse in England im selben Jahrzehnt nahegebracht hatten. Bei dieser Gelegenheit führe ich wieder ein, was ich früher gesagt habe. Zu den Ereignissen in England komme ich gleich, zuvor ein Wort zur allgemeinen wirtschaftlichen Lage.

Die zwanziger Jahre waren durchaus keine Zeit allgemeinen Wohlstands. In Deutschland und den Überresten des alten österreichisch-ungarischen Kaiserreichs herrschte die bereits beschriebene unbegrenzte Inflation. Ihr folgten Rezession und Depression, bis die Staatsausgaben auf die Höhe der Einnahmen zurückgeführt wurden und die damit einhergehende Bankverschuldung und Geldschöpfung ein Ende fand. In Deutschland reichte diese Festlegung auf eine rigoros orthodoxe Finanzpolitik bis in die dreißiger Jahre unter Kanzler Heinrich Brüning, und sie machte die Große Depression noch schmerzvoller, als sie ohnehin schon war. (Brüning wurde bald darauf Mitglied der Fakultät für Verwaltungswissenschaften der Harvard-Universität. Einige Studenten und junge Mitglieder des Fachbereichs, zu denen auch ich gehörte, fanden, daß es eine aufregendere Variante gewesen wäre, König Zog von Albanien da zu haben, der kurz zuvor aus seinem Land vertrieben worden war.)

Die Demokratie wurde in Deutschland zunehmend als Mutter der Entbehrung gesehen, wie es schon in Italien geschehen war. Daraus sollte die Achse der Diktaturen erwachsen in beiden Ländern und die Akzeptanz einer Unterdrückerregierung, wenigstens teilweise als scheinbarer Preis für ein vertretbares Niveau wirtschaftlichen Wohlstands.

Auch für England waren die zwanziger Jahre keine gute Zeit. 1920 und 1921, als die durch den Krieg verursachten Mangelerscheinungen behoben waren und der Haushalt wieder ins Gleichgewicht gebracht worden war, verringerte sich die Inflation der Kriegszeit allmählich. Darauf folgte der vielleicht einzigartige, vernichtendste Irrtum in der modernen Wirtschafts- und Finanzpolitik – ein harter Wettlauf, der da gewonnen werden sollte. Der britische Schatzkanzler entschied, das Land zum Goldstandard zurückzuführen, zum alten Goldwert des britischen Pfund, 123,27 Grän Feingold, und zum alten Wechselkurs von 4,87 Dollar pro Pfund. Das bedeutete eine wunderbar prompte Aufwertung des Pfund gegenüber Gold und Dollar. Es wurde erwartet, daß Menschen, die dem nicht trauten, ihre Pfund Sterling in die plötzlich weniger teuren Dollar oder Gold umtauschen würden, und um für diese Möglichkeit gewappnet zu sein, richtete die Bank von England Unterstützungsfonds ein, die von der Zentralbank in New York und von J. P. Morgan gefüllt wurden – 200 Millionen beziehungsweise 100 Millionen Dollar.

Der Schatzkanzler war Winston Churchill, dessen politische Karriere nun wieder nach oben ging. In einer Rede vor dem Unterhaus sagte er am 28. April 1925 in der ihm eigenen metaphorischen Sprache, daß fürderhin die Länder des britischen Commonwealth und die gesamte Welt durch den Goldstandard geeint seien und »sich gemeinsam bewegen würden wie Schiffe im Hafen, deren Gangways zusammengebunden sind und die mit den Gezeiten steigen oder fallen«. Das Presseecho hätte er sich besser nicht wünschen können. Die »New York Times« schrieb am nächsten Tag, daß »der in der Lobby geäußerten Meinung zufolge« die Rede als eine der »besten in einer langen Reihe« gelte; die Überschrift der »Times« lautete, Churchills Ankündigungen hätten das »Parlament und die Nation in enthusiastische Höhen«[22] gehoben. Die nüchterne Realität war eine wesentliche soziale und politische Katastrophe.

Die katastrophale Wahrheit war, daß, sogar die Preissteigerungen im Krieg hinter sich lassend, britische Ausfuhren bei weitem zu teuer waren in Dollar, Gold oder anderen Währungen, die nun benötigt wurden, um englische Pfund zu kaufen und ebenso die Waren. Woanders ausgegeben, konnte der gleiche Dollar oder das gleiche Gold mehr Kohle und Industriegüter kaufen. Die einzige Lösung, da England auf die Exporte angewiesen (und Importe davon bezahlt wurden) war, die englischen Preise zu senken – und zu diesem Zweck auch die Löhne, die, wie im Fall des Kohlebergbaus, einen großen Bestandteil dieser Preise ausmachten. Um sich gegen die Lohnsenkung zu wehren, gab es einen Streik in den Kohleminen, Arbeiterunruhen in verschiedenen Orten und dann einen wütenden Generalstreik. Dem folgte eine Periode wirtschaftlicher Stagnation und Arbeitslosigkeit, die sich über das Jahrzehnt erstreckte. Selten, um es noch einmal zu sagen, hatte eine einzige wirtschaftspolitische Entscheidung eine derart verheerende Wirkung.

Zehn Jahre zuvor hatte Churchill, wie schon berichtet, die Militäraktion auf den Dardanellen initiiert; der spektakulärste militärische Fehler im Ersten Weltkrieg. Nun hatte er sich auf wirtschafts- und finanzpolitischer Ebene in gleicher Weise ausgezeichnet. Später rehabilitierte er sich auf brillante Weise. Kein Politiker in moderner Zeit hat es aufnehmen können mit Churchills Fähigkeit, sich zwischen verheerendem Fehler und entscheidendem Erfolg hin und her zu bewegen.

In diesem Fall fand er in gewisser Hinsicht Unterstützung bei John Maynard Keynes, dem, um es noch einmal zu sagen, die Wirtschaftswissenschaftler wegen seinem klaren Blick viel schulden. Den Fehler, erklärte Keynes, hätten die hohen und mutmaßlich informierten Beamten des Finanzministeriums und im weiteren die große Finanzgemeinde in der City gemacht. Nichts konnte ihrer Meinung nach wichtiger sein, als die Unversehrtheit und die Überlegenheit wiederherzustellen, die das Pfund im 19. Jahrhundert gehabt hatte. Auf Churchill eingehend, sagte Keynes zurückhaltend, er habe keine »instinktive Urteilskraft, die ihn davor bewahrt, solche Fehler zu machen«, und deshalb habe er sich von »den lautstarken Stimmen der konventionellen Finanzleute taub reden lassen«.[23] In England war die Große Depression eine schwerwiegende und schmerzhafte Angelegenheit. Im Gegensatz zur Depression in den Vereinigten Staaten folgte sie auf dürre Jahre wirtschaftlicher Stagnation, von Arbeitslosigkeit und Unruhen.

Der Unterschied zwischen England und den Vereinigten Staaten konnte in den zwanziger Jahren tatsächlich nicht größer sein: Zwischen 1914 und 1920 waren die Goldreserven der Vereinigten Staaten von 1,8 auf 2,8 Millionen Dollar angewachsen. Die annähernde Verdoppelung der Preise in den Kriegsjahren hinterließ im Land wie anderswo auch die bereits beschriebene Erinnerung an die Inflation – eine Erinnerung, die zwanzig Jahre später starken Einfluß gewann, als der Zweite Weltkrieg nahte. 1920 jedoch blieben die Preise stabil. Es gab eine leichte Depression – immer nur in mildester Form. Die Wirtschaft erholte sich wieder und kam voran. Ein starker Zustrom von Kapital belebte das Kreditgeschäft und die Investitionen. Dies setzte sich während des gesamten Jahrzehnts auf hohem Niveau fort, wie die Wirtschaftsaktivität insgesamt. Zwischen 1925 und 1929 stieg die Zahl der Betriebsgründungen von 183 877 auf 206 663; der Wert ihres Produktionsausstoßes wuchs von 60 809 225 000 Dollar auf 67 994 041 000 Dollar.[24] »Der Federal Reserve Index der Industrieproduktion, der 1921 durchschnittlich bei 67 lag (1923–25 = 100) war im Juli 1928 auf 110 gestiegen, und er hatte 126 erreicht im Juni 1929. 1926 wurden 4 301 000 Autos hergestellt. Drei Jahre später, 1929, hatte sich die Produktion um mehr als eine Million auf 5 358 000 erhöht.«[25] Die Einkommen stiegen rasch; wer im Geschäft war, hatte eine gute Zeit.

Geld war für weit mehr vorhanden als für den Kauf eines Autos. Es stand ebenso wundervoll zur Verfügung, um die Hoffnung zu finanzieren, mehr Geld zu machen – für Spekulationen.

Spekulation beginnt, wenn ein Preis steigt und die mutmaßlichen Experten einen weitere Erhöhung erwarten. Sie kaufen und verursachen so den erneuten Anstieg. Es wird mehr gekauft, und mehr und noch mehr werden dazu verlockt. Jeder Preisanstieg bestätigt die gute Nase jener, die schon gekauft haben. Jene, die daran zweifeln, werden ob ihrer mangelnden Vorstellungskraft geschmäht. Das Kaufen und die es unterstützende Stimmung halten an, bis das verfügbare Angebot von psychisch zugänglichen, wirtschaftlich lebensfähigen Käufern erschöpft ist. Dann kommt eine andere Einschätzung der künftigen Aussichten auf, die Eile auszusteigen, und der Druck der Gläubiger, die fordern, die Kredite zurückzuzahlen, mit denen die Nachfrage finanziert worden war, beschleunigt den Verkauf. Kurzum, der Zusammenbruch.

Weitere Merkmale sind gleichgeblieben und waren es über Jahrhunderte seit der großen Tulpenspekulation in Holland im 17. Jahrhundert. Eines ist das scheinbare Wunder der Hebelwirkung, des sogenannten Leverage-Effekts. Wird Geld zu einem festen Zinssatz geliehen, um es zu investieren, wächst der gesamte Gewinn aus dem gestiegenen Preis dem Schuldner zu, und zwar in mehrfacher Hinsicht.

Allgemein wird geglaubt, daß diejenigen, die durch die Hebelwirkung vom Boom getragen werden, von der Natur mit einem überragenden Verstand ausgestattet sind. Sie und ihr Scharfsinn in Finanzdingen sind die Wunder der Zeit. Nach dem Krach kommt die traurige Wahrheit zum Vorschein: Sie sind verletzbare Individuen, Gefangene der eigenen Phantasie. Nicht selten wird entdeckt, daß diese Phantasie sie hat Gesetze überschreiten lassen. Das letzte Kapitel im Leben des Finanzgenies berichtet von großer öffentlicher Mißbilligung und oft von seinem aufgenötigten Exil oder einem längeren Zeitraum in einem zwar vergleichsweise bequemen, aber ganz und gar nicht angenehmen Gefängnis.

Schließlich gibt es dann die Suche, an der sich Wirtschaftswissenschaftler bekanntermaßen kooperativ beteiligen, um äußere Gründe zu finden, die die Blase der Spekulation platzen ließen. Kaum einer geht davon aus, daß in einer rationalen Welt die Spekulation die Saat der Selbstzerstörung in sich trägt; etwas anderes, eine außerhalb ihrer selbst liegende Entwicklung oder ein äußeres Ereignis müssen das Ende verursacht haben.

In den Vereinigten Staaten zeigte sich in den zwanziger Jahren die spekulative Stimmung, die dieses Jahrzehnt stark charakterisierte, zuerst in dem geographisch ziemlich deutlich auf Florida begrenzten Landboom.

Aufgrund der unzweifelhaften Tatsache, daß das Winterklima in Florida besser ist als in Minneapolis oder gar in New York, entstand zu Beginn des Jahrzehnts die Vision vom unermeßlichen Reichtum durch Landbesitz unter der milden Wintersonne. Also wurden Straßen gebaut und das angrenzende, oft unerschlossene Land in Bauplätze aufgeteilt. Mit großer Phantasie wurde Grundstücken eine Lage am Meer angedichtet, wenn sie nur zehn oder fünfzehn Meilen vom nächsten Salzwasser entfernt lagen. Das machte nichts, weil die meisten Käufer gar nicht vorhatten, selbst dorthin zu ziehen. Nachdem sie eine zehnprozentige Abschlagszahlung geleistet hatten, warteten sie auf die immer willkommene Wirkung des Hebels, die sich beim Wiederverkauf einstellen und so ungefähr eine bescheidene Verdoppelung des vorherigen Preises erreichen würde. Nachdem die Schulden bezahlt waren, gab es einen Gewinn, der die ursprüngliche Investition um mehr oder weniger das Zehnfache überstieg. Eine Welle von Profitsuchenden aus allen Teilen des Landes überschwemmte Florida, einige kamen mit dem Zug, andere mit dem Auto. Der Verkehr wurde so dicht, daß die Eisenbahnen manchmal gezwungen waren, jede nicht lebensnotwendige Beförderung von Fracht, wozu auch Baumaterial gehörte, zu verweigern. (Letzteres war, wie man annehmen kann, für die Erschließung der Grundstücke nicht unbedeutend.) In Miami standen die Verkäufer auf der Straße, um Neuankömmlinge zu begrüßen und ihnen vom Fleck weg Grundstücke anzubieten. Warum nicht jetzt kaufen; schon wenige Wochen später würde es viel mehr wert sein. Die Frage wurde nicht gestellt, warum die Verkäufer Land und Gewinn nicht für sich behielten.

Der Boom weitete sich nach Norden aus. Als er Jacksonville erreicht hatte, zog er die Aufmerksamkeit von niemand Geringerem als Charles Ponzi auf sich. Nur wenige Jahre zuvor hatte er Boston aus seiner vornehmen Trägheit geweckt durch eine Investmentfirma mit höchst unklaren Zielen, die den ersten Investoren hohe Gewinne bescherte aus Kapital, das Tölpel später hineinsteckten. Seitdem ist dies als Ponzi-Schema bekannt. Ponzis Firmenfiliale »nahe Jacksonville« hatte einen auf besondere Weise betrügerischen Zwecken dienenden Grundbesitz. Er lag in Wahrheit ungefähr 65 Meilen von der Stadt entfernt. Aber kein Krümel Erde wurde vergeudet, aus jedem Morgen Land entstanden drei Baugrundstücke. Sein Genie bestand darin, daß er erkannt hatte, daß Leute, die sich für auserlesen hielten, reich zu werden, immer zu haben waren für finanziellen Selbstmord, obwohl seine Unvermeidlichkeit offensichtlich war.

Bald kam das Ende, so wie es immer kommt. 1926 gab es keine weiteren Käufer mehr. Der Boom lief aus, die Grundstückspreise stabilisierten sich und fielen. Dann traten die Ereignisse ein, die in den Augen mancher dem Zusammenbruch Rationalität verliehen. In jenem Herbst zogen zwei Wirbelstürme vom warmen Meer in den Süden. Die Preise brachen zusammen. Die Stürme wurden für etwas verantwortlich gemacht, was in jedem Fall eingetreten wäre. Etliche Grundstücke, die durch die Hände eines halben Dutzend Spekulanten gegangen waren, von denen jeder die Gewinne der Hebelwirkung eingestrichen hatte, wurden wegen fortschreitendem Zahlungsverzug an die ursprünglichen Eigentümer zurückgegeben. Nun gab es dort Bürgersteige, Straßenlampen und eine Steuer, die den aktuellen Wert der Grundstücke um ein Mehrfaches übertraf. 1925 umfaßte der Verrechnungsverkehr der Banken 1 066 528 000 Dollar. 1928 war dieser Betrag auf gerade mal 143 364 000 Dollar gesunken.[26]

Der Boom in Florida war nur ein kleines Beispiel für das spekulative Klima jener Zeit. Die zwanziger Jahre waren die frühe Bestätigung, daß dies wahrlich das amerikanische Jahrhundert war.

Diese alles andere überlagernde nationale Stimmung wurde vielfach kundgetan, und nicht nur von Politikern. Es gab jedoch keinen treffenderen politischen Ausdruck dessen, als Präsident Calvin Coolidges letzte Botschaft an den Kongreß am 4. Dezember 1928: »Kein Kongreß der Vereinigten Staaten, der jemals zusammentrat, um den Zustand der Union zu betrachten, sah sich günstigeren Aussichten gegenüber als die, die sich uns heute bieten. Im Land herrschen Ruhe und Zufriedenheit (...) und die bisher längste Zeit des Wohlstands.« Nachdem er festgestellt hatte, daß im Ausland Frieden herrsche und »der gute Willen, der aus dem gegenseitigen Verständnis herrührt«, sagte er seinen Zuhörern, daß sie und das Land »die Gegenwart zufrieden betrachten und der Zukunft mit Optimismus entgegensehen« könnten.[27]

Der Präsident gab hier zwei Tendenzen wieder, die in der politischen Diskussion bei uns immer aufs neue auftauchen. Die eine besteht darin, alles, was gut ist, als dauerhaft zu betrachten, eine der politischen Ordnung in den USA völlig angemessene Eigenschaft. Und er sagte es ausdrücklich: »Der Hauptgrund für diese beispiellosen Segnungen liegt in der Rechtschaffenheit und dem Charakter des amerikanischen Volks.«[28]

Die zweite Tendenz besteht darin zu behaupten – und dies häufiger, als selbst daran zu glauben –, daß alles, was für die Glücklicheren in der Bevölkerung gut ist, per se gut für alle ist. Coolidge bezog sich in seiner beredten Erklärung ausschließlich auf die finanziell Gutgestellten, eine kleine Minderheit der Bevölkerung jener Tage. Gewöhnliche Arbeiter schufteten damals lange Stunden für geringe Löhne, und den meisten wurde jeder Schutz durch Gewerkschaften verweigert. Es wurde als ihr Glück betrachtet, daß sie einen sehr begrenzten Wohlstand genossen, der vom Wohlwollen jener herrührte, die ein Stahlmagnat einer nur wenig früheren Generation »die wertvollen Menschen, denen Gott in seiner Weisheit das industrielle Leben des Landes anvertraut hat«, genannt hatte.

Minderheiten, besonders Schwarze, waren selbstverständlich von einer wirksamen Teilnahme am nationalen Wohlstand ausgeschlossen; sie plagten sich auf den Plantagen im Süden unter Bedingungen, die sich nicht wesentlich von jenen unterschieden, die in den Tagen vor dem Bürgerkrieg geherrscht hatten. Die feudalen Strukturen waren geblieben. Frauen und Kinder waren schutzlos gegenüber gröbster Ausbeutung.

In der Landwirtschaft, nach wie vor ein Bereich von zentraler Bedeutung für die Ökonomie, herrschte besonders viel Unzufriedenheit. Indem sie mit ununterscheidbaren Waren auf einem Markt in Reinform miteinander konkurrierten, bei Kosten und Preisen, die niemand überwachte, repräsentierten sie die weitestgehende Annäherung an das klassische Ideal des ökonomischen Systems. Sie lagen von allen Produzenten auch am meisten über Kreuz mit dem System. In den folgenden Jahren investierte die Regierung unter Herbert Hoover Millionen von Dollar über den Federal Farm Board in einer nutzlosen, aber nicht gänzlich unverständlichen Anstrengung, um den Bauern durch die Bildung von Genossenschaften etwas von der Marktmacht zu geben, deren sich jene erfreuten, die ihnen Maschinen, Dünger und andere Versorgungsgegenstände verkauften oder ihr Getreide und Vieh kauften.

Nichts davon war von Belang in den offiziellen und angesehenen Wirtschaftswissenschaften jener Zeit. Aufgrund meines landwirtschaftlichen Hintergrundes und meiner Forschung über landwirtschaftliche Fragen im allgemeinen und die Nationalökonomie der Landwirtschaft im besonderen sollte dies aber bald meine Gedanken beschäftigen. Für jene Wirtschaftswissenschaftler aber, die sich dem beschriebenen klassischen Konzept verpflichtet fühlten, war die Landwirtschaft ein Spezialfall weit außerhalb ihres Fachs. Es war eben »das Bauernproblem«. Daß das klassische System in seiner nahezu vollendeten Form mit schwerer Unzufriedenheit und Elend in Zusammenhang gebracht werden konnte, wurde weitgehend ignoriert.

Im allgemeinen ebensowenig bemerkt wurde in den zwanziger Jahren das trübe, klägliche oder einkommenslose Leben, das viele lebten. Diejenigen, denen es gutging, nahmen an, alle lebten so wie sie. Und diese Ansicht kleidete Calvin Coolidge für sie in Worte. Wie bei Ronald Reagan ein halbes Jahrhundert später, entschuldigte Arglosigkeit alle Fehler.

Sogar während Coolidge sich an den Kongreß wandte, waren die wirtschaftlichen Faktoren, die seinen Worten die Glaubwürdigkeit rauben und sie wahrlich in einen Witz der Geschichte verwandeln würden, schon weit fortgeschritten. Die große Wall-Street-Spekulation war längst im Gange.

7

Der Börsenkrach

Der Wall-Street-Boom der zwanziger Jahre, das wirtschaftliche Symbol und Herzstück jenes Jahrzehnts und unzweifelhaft Quelle von vielen Sorgen und Nöten in der Folge, trat nicht plötzlich ein. Er begann verhalten 1924, setzte sich 1925 fort, erlitt 1926 einen leichten Rückschlag, vielleicht als Fernwirkung des Immobilienkrachs in Florida, und fing dann ernsthaft 1927 an. 1928 setzte er sich verstärkt fort, und, nach einem kurzen Einbruch im März 1929, darüber später ein Wort, erreichte er den Gipfelpunkt in den Sommermonaten jenes Jahres. Im September war ein starker Einbruch, und in den folgenden Wochen gab es eine Stimmung der Unsicherheit – Tagen voller Optimismus folgten Tage des Zweifels. Dann, am Donnerstag, dem 24. Oktober, und machtvoll am darauffolgenden Dienstag, kam der Börsenkrach.

Darüber habe ich, wie gesagt, vor rund vierzig Jahren geschrieben, dabei Erlebnisse aus meiner Jugend verwertet und bei dieser Gelegenheit festgestellt, wie unvollständig meine frühere Wahrnehmung war. Von den verschiedenen Wirtschaftsfragen, die im Lauf der Jahre mein Interesse angezogen haben oder es forderten, war keines unwiderstehlicher als der Krach und die ihm vorausgehende Spekulation. Es war eine großartige Episode in ihrem Delirium, aber nicht weniger in ihrer Dramatik und Tragik. Und Tragik kann, wie ich woanders beobachtet habe, still genossen werden, wie es für den Krieg nicht zutrifft, wenn nichts weiter verloren wird außer Geld. Ich erinnere mich an die Forschung und an das Verfassen des »großen Crash« als eine Zeit fast ungetrübter Freude.

Nicht weniger erfreut war ich von seinem, wenn auch nur kurzen Auftauchen in den Bestsellerlisten, mein Eintritt in jene anständig verdienende und, so meine Hoffnung, vornehme Gesellschaft. Später folgende Episoden der Spekulation und der Katastrophe, große und kleine, haben, wie ich andeutete, dafür gesorgt, daß das Buch seitdem in all den Jahren nachgedruckt wurde. Autoren sollten ihre Themen mit Vorsicht und Sorgfalt wählen, mit besonderer Beachtung jener Kapitel der Geschichte, die sich wiederholen werden.

Beim Schreiben an diesem Buch lernte ich, wie ich oft gesagt habe, den Titel mit Vorsicht auszusuchen, selbst wenn die Wahl eindeutig und überzeugend erscheint. Einige Zeit, nachdem der Band Mitte der fünfziger Jahre veröffentlicht worden war, kam ich während einem meiner häufigen Besuche in New York am frühen Abend an einem kleinen Buchladen im alten Flughafen La Guardia vorbei. Ich blieb wie immer stehen, um nachzusehen, ob das Buch im Schaufenster war. Da stand es nicht, und da ich noch Zeit hatte, betrat ich wie zufällig den Laden, offenbar um in Büchern zu blättern. Die Frau hinter dem Ladentisch jedoch sprach mich an und fragte, ob ich nach etwas Bestimmtem suchte. Verlegen murmelte ich den Namen des Autors »Galbraith oder so ähnlich«, und dann nannte ich lauter den Titel »Der große Crash«.

»Das ist kein Buch, das man in einem Flughafen verkaufen könnte«, sagte sie mit fester Stimme.

Vielleicht war daraus eine tiefere Lehre zu ziehen durch die Beobachtung, wie der Boom, der dem Krach vorausging, die Stimmung jener Zeit widerspiegelte und wie eng der Krach sich hier einfügte und die Regeln dramatisierte, die in solchen Episoden herrschen.

Ging es nach der nationalen Stimmung, so entstand ein Bild großen, andauernden und verdienten Wohlstands, wie es Präsident Coolidge so bewunderswert dargestellt hatte. Unterstützt wurde es durch die Vision einer neuen Welt der Industrie und Technologie, beherrscht von der Automobilindustrie mit ihren immer noch bewunderten Montagebändern und, vor allem, von der neuen Kommunikationswelt des Radios. Beliebtestes Spekulationsobjekt jener Jahre war RCA, die Radio Corporation of America. Wahrlich, sie hatte ihre Zukunft noch vor sich; RCA hat niemals eine Dividende ausgeschüttet.

Im Zusammenhang mit dieser Stimmung und durch sie unterstützt, gab es, wie immer, die sich selbst stärkende Kraft des Spekulationsbooms. Wie das Land in Florida, zogen die steigenden Aktienpreise die Käufer an, die kauften und dadurch die Preise noch höher trieben, um so in einer völlig überzeugenden Art und Weise die vorausgegangene Kaufentscheidung zu rechtfertigen.

Diese Tendenz wurde Ende der zwanziger Jahre durch zahlreiche Aktienkünstler verstärkt, die den Prozeß umfassend begriffen hatten und die sich zusammentaten, um den Preis für eine bestimmte Aktie hochzutreiben, und durch gemeinsames Kaufen und Verkaufen die Aufmerksamkeit auf diese Aktie lenkten. Hatten sie auf diese Weise das Interesse von Unschuldigen, Gierigen und Leichtgläubigen geweckt, verkauften sie ihre Aktien zu dem beträchtlich höheren Preis. Das war der Spekulationspool. Ungewöhnlich geschickt bei diesem Manöver und berühmt dafür war wegen seiner späteren eigenen Strafanzeige Joseph P. Kennedy, Vater eines künftigen Präsidenten und Begründer und Geldgeber von dem, was die berühmteste Familie der Nation im zwanzigsten Jahrhundert werden würde. Im Gegensatz zu anderen zog er sich rechtzeitig zurück und wurde nicht, wie es gewöhnlich passierte, das Opfer des eigenen angeblichen finanziellen Scharfsinns.

Wie nie zuvor und niemals später wieder zeigte sich die Hebelwirkung. In einfacher Form wirkte sie beim Aktienkauf auf Marge – gegen eine Abschlagszahlung, wobei der Restbetrag vom

Broker geliehen wird, der sich das Geld wiederum bei Banken leiht. Der gesamte Wertgewinn wächst dabei dem verschuldeten Aktieninhaber zu. Es gab allerdings ein paar Vorsichtsmaßnahmen; die meisten Gläubiger mußten zwischen 45 und 50 Prozent des Kaufpreises anzahlen.

Am Ende stellte sich heraus, daß das nicht einmal annähernd genug war. Als der Krach losging, wurde von Kunden, die kein Bargeld herausrückten, gefordert, die Mindestdeckung zu erhöhen. Die sich daraus ergebenden Verkäufe verstärkten den Druck, der den Absturz verursachte, dramatisch und, unnötig zu sagen, erzeugten schwere Not bei weiteren Spekulanten, Hebelwirkung hin oder her.

Es gab jedoch eine verfeinerte Form des Leverage-Effekts – genauer, der doppelten, dreifachen und vierfachen Hebelwirkung und sogar noch mehr. Ihren am meisten bewunderten Ausdruck fand sie in den geschlossenen Investmentfonds; Unternehmen, die einzig und allein zu dem Zweck gegründet wurden, Wertpapiere zu kaufen, zu halten und mit ihnen zu handeln. Am Ende, in den berühmten zwanziger Jahren, gaben diese Gesellschaften Aktien aus, Anleihen und Vorzugsaktien. Die Anleihen und Vorzugsaktien mit festen Zinsen stiegen mit dem Preis des erworbenen Aktienkapitals nicht mit. Sämtliche Gewinne daraus erhöhten den Wert des Aktienkapitals des kaufenden Fonds. Dies war die erste Hebelwirkung. Der nächste Schritt bestand darin, daß das so geschaffene Unternehmen noch ein weiteres Unternehmen gründete, das Aktien kaufte. Anleihen, Vorzugsaktien und Stammaktien wurden von diesem neuen Unternehmen ausgegeben. Die Gewinne durch den gestiegenenen Wert des Stammkapitals des so lancierten Unternehmens flossen ausschließlich dem Stammkapital jener Gesellschaft zu, die dieses Unternehmen gegründet hatte. Jene Aktien in ihrem wundersam vermehrten Wert erhöhten den Wert der Stammaktien der Muttergesellschaft fortlaufend. Diese Konstruktionen waren mitunter etliche Etagen hoch.

Das berühmteste Beispiel eines derartigen Leverage-Effekts schufen Goldman, Sachs and Company, die Ende des Jahres 1928 die Goldman Sachs Trading Corporation gründeten. Deren einziger Existenzgrund bestand darin, Aktienanteile anderer Unternehmen zu halten; zu diesem Zweck gab sie Papiere im Wert von 100 Millionen Dollar aus, etwa eine Milliarde Dollar in heutigen Preisen. Es gab weder Anleihen noch Vorzugsaktien, die Hebelwirkung war noch nicht einbezogen. Dieses Versehen wurde jedoch schnell behoben. Die Trading Corporation schuf die Shenandoah Corporation mit Stammaktien und Vorzugsaktien, letzte wurden fest verzinst. Der Ausgabekurs war 102,5 Millionen Dollar und soll um mehr als das Siebenfache überzeichnet gewesen sein.

Die Kontrolle übten die Goldman Sachs Trading Corporation und deren Muttergesellschaft Goldman, Sachs aus, wie es sich auch verhielt im Fall eines sogar noch größeren Unternehmens, der Blue Ridge Corporation, die wiederum von Shenandoah mit einem Kapital von 142 Millionen Dollar gesponsert wurde. Die riesigen Aktiengewinne der Blue Ridge, die mit dem Boom ihrer Holdings entstanden, vereinten sich mit denen von Shenandoah und gingen, um ein Vielfaches höher, weiter an die Trading Corporation. Die Finanzwelt staunte. Ebenso dürfte zweifelsohne einer der Direktoren gestaunt haben, der später zu Ruhm gelangte, John Foster Dulles. Es fehlte einzig die noch zu entdeckende Tatsache, das der Leverage-Effekt teuflischerweise auch in die andere Richtung wirken kann.

Darüber gibt es eine entlarvende Fußnote einige Jahre später in Washington. Sie ergab sich bei einer Anhörung vor dem Kongreß über die unglückseligen Folgen des Krachs und die Umkehrung der Kraft der Hebelwirkung:

Senator Couzens (ein liberaler Republikaner aus Michigan): Haben Goldman, Sachs und Company die Goldman Sachs Trading Corporation organisiert?

Herr Sachs: Yes, Sir!

Senator Couzens: Und sie verkaufte ihre Aktien an die Öffentlichkeit?

Herr Sachs: Einen Teil davon. Die Trusts investierten bei sich selbst ursprünglich zehn Prozent der Gesamtausgabe von zehn Millionen.

Senator Couzens: Und die anderen 90 Prozent wurden also an die Öffentlichkeit verkauft?

Herr Sachs: Yes, Sir!

Senator Couzens: Zu welchem Preis?

Herr Sachs: Zu 104, das sind die alten Aktien. Die Aktien wurden später geteilt, zwei zu eins.

Senator Couzens: Und welchen Wert haben die Aktien heute?

Herr Sachs: Ungefähr 1¾ Dollar.[29]

So funktionierte der Leverage-Effekt andersherum. Es gab eine Reihe weiterer Beispiele von geschlossenen Investmentfonds, einige von ihnen waren sogar noch umfassender in Größe und Einbildung. Alle brachen zusammen, beschleunigt durch die Hebelwirkung in umgekehrter Richtung.

Der Leverage-Effekt wurde auch benutzt, um Eisenbahnen und Dienstleistungsbetriebe zu kaufen. Das Konzept war im Prinzip das gleiche. Von Cleveland aus dirigierten die Van-Sweringen-Brüder ein riesiges Eisenbahnimperium mit verschwindend geringen Investitionen. Von Chicago aus herrschte Samuel Insull über einen großen Dienstleistungskonzern im Mittleren Westen, dessen Strukturen er, wie ich woanders gesagt habe, möglicherweise gar nicht verstanden haben konnte. Es gab zahlreiche weitere solche Abenteuer. Auf alle wartete der umgekehrte Leverage-Effekt.

Es fiele in der Tat schwer, ein schrecklicher verwundbares Konzept zu finden oder eines, das besser darauf angelegt war, die Panik noch anzuheizen, als sie aufkam. Die Welt der Hochfinanz kann man nur verstehen, wenn man erkennt, daß die größte Bewunderung denjenigen gilt, die der größten Katastrophe den Weg bereiten.

Es erhebt sich die Frage, warum nichts dagegen unternommen wurde. War denn jedermann darauf hereingefallen? Hätte nicht der Federal Reserve Board, der Bundesbankrat, das Kreditvolumen, aus dem die Aktienkäufe so generös finanziert wurden, herunterzwingen müssen? Der Gedanke tauchte auf. Im März 1929 hielten sich hartnäckig Gerüchte, daß der Federal Reserve Board, der damals kaum älter als fünfzehn Jahre war und Inkompetenz mit Inkonsequenz vereinigte, Maßnahmen ergreifen würde, um das Kreditangebot zu begrenzen, das zum Kauf von Wertpapieren verfügbar war, obwohl niemandem klar war, wie das bewerkstelligt werden sollte. Der Markt zeigte Schwäche, festigte sich aber schnell wieder, als Charles E. Mitchell, Vorstand der National City Bank, wie sie damals hieß, mit unglaublicher Arroganz versprach, daß seine Bank jede regulierende Maßnahme des Federal Reserve Board mit zusätzlichen Krediten konterkarieren würde. Es gab aber keine regulierenden Maßnahmen, und der Markt belebte sich.

Die Gefahr durch das Klima der Spekulation und deren möglicher Zusammenbruch, dies sollte festgehalten werden, unterstrich Paul M. Warburg, einer der Gründer des Federal Reserve System und, wie sich später zeigte, der intelligenteste Wall-Street-Mensch seiner Zeit. Er nannte die laufende Orgie eine »ungehemmte Spekulation« und sagte, daß es, wenn sie nicht beendet werde, einen verheerenden Zusammenbruch gebe, der »eine allgemeine Depression nach sich zieht, die das ganz Land betrifft«.[30] Sofort wurde er beschuldigt, den »amerikanischen Wohlstand zu untergraben«. Einige verdächtigten ihn persönlicher Motive.[31] Dicht unter der Obefläche war der Antisemitismus zu spüren. Ich zitiere die Vorhersage Warburgs mit einiger Freude, weil ich 35

Jahre lang als Professor und Emeritus in Harvard den nach ihm benannten Lehrstuhl innehatte.

Ein umgekehrter Leverage-Effekt in persönlicher Form traf unangenehmerweise diejenigen, die während des Booms am meisten gefeiert worden waren. Der gerade erwähnte Samuel Insull ging nach Griechenland, als sein Dienstleistungskonzern zusammenbrach, aber er kehrte rechtzeitig zurück, um wegen angeblicher Managementfehler vor Gericht gestellt zu werden. Nach seinem Freispruch hörte man nur noch wenig von ihm. Ivar Kreuger, der berühmteste der internationalen Spekulanten, ein Vertreter der gefälschten Wertpapiere ebenso wie von dem, was später Junk bond genannt wurde, ging eines Abends in Paris los, kaufte ein Gewehr, kehrte in seine Unterkunft zurück, wo er sich am nächsten Morgen erschoß. Um eine nachteilige Wirkung auf die ohnehin schwachen Märkte zu verhindern, wurde die Nachricht von seinem Tod so lange zurückgehalten, bis die Börse an diesem Tag schloß.

Ähnliche Reaktionen auf das Unglück waren nicht ungewöhnlich, obwohl Presse und schwarzer Humor fast immer die Folgen übertrieben. Hotelangestellte fragten ankommende Gäste nicht, ob sie das Zimmer zum Schlafen oder zum Springen brauchten; die häufig erzählte Geschichte, daß zwei Börsenagenten Hand in Hand aus dem Fenster gesprungen seien, weil sie ein gemeinsames Konto hatten, ist bestimmt nicht wahr. Es gab jedoch für viele dunkle Wolken der Sorgen und des Ruins.

Streß und Verzweiflung jener Tage erfaßten auch die Banker. Am Schwarzen Donnerstag (dem 24. Oktober 1929), dem ersten Tag der Katastrophe, trafen sich die Vorstände der Chase, National City, Bankers Trust und Guaranty Trust im Sitz von J. P. Morgan, um zu beratschlagen, was getan werden könnte. Zuvor, als der Markt schwächer wurde, hatte es die Versicherung gegeben, daß die Banker eingreifen würden, sollten sich die Dinge ungünstig entwickeln; in der Sprache jener Tage: Es würde eine organisierte Unterstützung geben. Nun war es soweit. Richard Whitney, Vizepräsident der New Yorker Aktienbörse und Bruder eines führenden Morgan-Partners, erschien höchstpersönlich auf dem Börsenparkett und tätigte eine Reihe ostentativer Käufe. Dieses und die Berichte eines vorausgegangenen Treffens – die Banker waren dabei beobachtet worden, wie sie sich zusammensetzten – änderten die Stimmung dramatisch. Der Fall der Kurse war gestoppt; die Lieblingspapiere der Spekulanten zogen wieder an. Allein, es dauerte nicht lange. Am darauffolgenden Dienstag, einem Tag der völligen Verzweiflung, gab es das Gerücht, daß die Banker die Papiere abstießen, die sie zur Stützung des Markts gekauft hatten. Ob das wahr war oder nicht, das Ansehen der Banker als tragende Kraft litt. Der Markt ging weiter nach unten.

Andere hatten weniger Glück. Richard Whitney wurde, nachdem es ihm gelungen war, die willkommene Umkehr des Markts am Schwarzen Donnerstag zu bewerkstelligen, in den folgenden Monaten mit der Präsidentschaft der Börse belohnt. Dann wurde er eines Tages urplötzlich verhaftet und ins Gefängnis gesteckt, weil er Geld vom Konto eines Kunden und solches, das ihm von der Börse anvertraut war, gestohlen hatte.

Die Köpfe der beiden größten amerikanischen Banken, National City und Chase, wurden ebenfalls von dieser Woge weggeschwemmt. Charles Mitchell von der National City, der in früheren Tagen den Markt gegen die wahrscheinlich gar nicht bestehende Drohung von Maßnahmen der Federal Reserve verteidigt hatte, steckte tief in der Klemme. Auf der Suche nach einem Verlust, den er in der Einkommensteuererklärung deklarieren wollte (wie er zugab), verkaufte er nach dem Krach Aktien an seine unwissende und wahrscheinlich nichtsahnende Frau. Monate mit unerfreulichen Prozessen folgten. Obwohl er letztendlich für unschuldig gehalten wurde, waren seine großen Tage vorüber.

Albert H. Wiggin, Vorstand der Chase, war zur Zeit des Krachs mit Leerverkäufen von Aktien der eigenen Bank beschäftigt und glaubte, clever wie er war, auf die Chance setzen zu können, daß es bergab ging, was dann auch geschah. Dieses Verhalten wurde nicht als konstruktives Bestreben eines Mannes gewertet, der wechselweise Präsident, Vorsitzender des Vorstands und des Aufsichtsrats dieser Einrichtung war. Dessen ungeachtet erklärte Wiggin, daß seine Leerverkäufe sein leidenschaftliches persönliches Interesse an den Angelegenheiten seines Arbeitgebers zeigten. Er wurde in den Ruhestand geschickt mit einem Jahresgehalt auf Lebenszeit von 100000 Dollar, rund einer Million Dollar heute, was sich bei einer Untersuchung als rücksichtsvolles Geschenk von ihm an sich selbst entpuppte.

Ein großer Schwarm kleiner Figuren – Bernard E. (»verkauf sie, Ben«) Smith; M. J. Meehan, ein besonders bewunderter Aktienhändler; Arthur W. Cutten, ein Kanadier, der mit dem großen Durchblick in die Wall-Street-Welt kam; Harry F. Sinclair, der allseits bekannte Ölmanager, und andere – wurden vor den Kongreß zitiert, um ihre Operationen zu erklären und ganz besonders ihre unterschiedlichen Bemühungen, den Markt zu manipulieren. Sie stellten sich als wenig einnehmender Haufen heraus. Meehan verschwand völlig geistesabwesend nach Übersee, als er nach Washington beordert wurde, kehrte aber später zurück und entschuldigte sich für seine Sorglosigkeit. Cutten litt wie einige andere unter starkem Gedächtnisschwund. Sinclair hatte bereits vorher wegen schuldhafter Vernachlässigung des Teapot Dome im Gefängnis gesessen, obwohl dieses anscheinend nichts mit den Operationen am Aktienmarkt zu tun hatte. Es war schwer zu glauben, daß derart durchschnittliche Männer die Helden ihrer Zeit gewesen waren. Ein ähnliches Staunen über ähnliche Finanzmenschen wird Ende der achtziger Jahre aufkommen.

Es gibt immer Freude über den Fall des großen und des großartigen Betrügers. Sein Sturz beweist, daß es eine systemimmanente Gerechtigkeit gibt. Je spektakulärer die vorherigen Irrwege und gesellschaftlichen Schäden waren, desto spektakulärer ist nun der Fall; dies kann man mit einer gewiß kleinlichen Genugtuung sehen. Aber es gibt eine wichtigere Tatsache, wie schon erwähnt. Viele Menschen, die in bescheidenen Verhältnissen leben, haben eine großartige Vorstellung von der Intelligenz derjenigen, die täglich wie selbstverständlich mit großen Geldsummen umgehen. Wenn sie soviel Geld haben, müssen sie einfach etwas Außergewöhnliches sein. Wenn sie es mit der gedankenlosen Leichtigkeit von Spekulanten und einigen großen Bankern einsetzen, müssen sie, wer könnte anderes glauben, ein spezielles Talent haben, ein tieferes Verständnis davon, wie die Welt der Wirtschaft funktioniert. Dieses ist ein ungewöhnlich irriger Glaube, wie die Schlußabrechnung so zuverlässig beweist. In Wahrheit sind sie nicht das Instrument ihrer Intelligenz, sondern ihrer Illusionen.

Nun komme ich zu den Folgen des Krachs, zu den wirtschaftlichen Verhaltensweisen, die sich daraus ergaben und bis heute aktuell sind, und zu den Lektionen, die aus dem Krach gelernt wurden, und jenen, die beklagenswerterweise nicht gelernt wurden.

8

Die Große Depression

Den Wirtschaftswissenschaften als Lehrstoff mangelt es normalerweise an Dramen; die Veränderung zum Guten oder zum Schlechten vollzieht sich meist langsam und wird wissenschaftlich häufig erst entdeckt, wenn sie bereits stattgefunden hat. Es ist das Herausfinden dieses graduellen Prozesses, seines Ursprungs und Verlaufs, das den Wirtschaftswissenschaftlern einen Großteil ihres fachlichen Ansehens eingetragen hat. Das Jahr 1929 und die Ereignisse jenes unglückseligen Oktobers standen in starkem Kontrast zu dieser ordentlichen, sogar gemäßigten Tendenz; dem Zusammenbruch des Aktienmarkts folgte die Große Depression. Diese dauerte volle zehn Jahre und weitete sich auf die gesamte industrialisierte Welt aus. Erleichtert wurde sie durch die staatliche Politik, davon später mehr, aber sie wurde erst durch das ganz andere Drama des Zweiten Weltkriegs beendet. Krieg, nicht etwa ökonomische Weisheit, beendete die Depression.

Für die Wirtschaftswissenschaften gibt es nicht nur kein großes Theater, sondern wenn das Theater da ist, neigen Wirtschaftswissenschaftler dazu, seine Bedeutung zu übersehen. Das war lange Zeit die Reaktion in Fachkreisen. Es hieß, das Theater sei die Folge einer tieferen wirtschaftlichen Kraft. In den dem Krach vorausgegangenen Sommermonaten habe es eine leichte, weitgehend unbemerkte Schwäche der wirtschaftlichen Leistungskraft auf dem Markt für Industriegüter gegeben. Darauf habe der Aktienmarkt, mit dem Spürsinn, dessen Märkte gerühmt werden, reagiert, wenn auch ziemlich spät und sehr heftig. In den folgenden Monaten hätten der Wirtschaft immanente Kräfte, möglicherweise verstärkt durch schlechte Politik, die Depression ausgelöst. Der Börsenkrach sei nichts weiter gewesen als ein Unfall.

Das ist oder war wirklichkeitsverleugnender Unsinn. Der Börsenkrach oder, um genauer zu sein, die Spekulation, die ihn unvermeidlich machte, war ein wirtschaftliches Ereignis von erstrangiger Bedeutung. Wie ein Windstoß, der Glas zerbricht, entfaltete der Krach seine Wirkung in einem völlig ungeschützten Umfeld; die Bedeutung des Windstoßes darf aus diesem Grund keinesfalls verharmlost werden.

In den Wochen, die direkt auf den Oktober 1929 folgten, gab es einen deutlichen Absatzeinbruch bei langlebigen Konsumgütern, von denen Radios und Autos die bekannten Beispiele sind. Dies war die normale Konsequenz der potentiellen Käufer, die vom Markt überrascht wurden und sich jenen anschlossen, die zumindest spürten, daß irgend etwas völlig schieflief. Der Index der Industrieproduktion (1928 = 100), der, saisonal bereinigt, im Oktober bei 111 stand, fiel auf 106 im November und auf 101 im Dezember, der schnellste Fall seit 1920. Der führende Historiker der Depression, Charles B. Kindleberger, hat eine, wenn auch vorsichtig formulierte, von der allgemeinen Sicht abweichende Meinung: »Angesichts des plötzlichen Zusammenbruchs der Geschäfte, Rohstoffpreise und Importe Ende 1929 fällt es schwer, die Ansicht aufrechtzuerhalten, daß der Aktienmarkt ein oberflächliches Phänomen war, ein Signal oder Auslöser; vielmehr scheint er Teil des Deflationsmechanismus gewesen zu sein.«[32]

Der Krach und die ihn verursachende Spekulation waren, um es zu wiederholen, keine passiven Reflexionen tieferer Trends in der Wirtschaft. Und sie hatten, wie die große Spekulationswelle in den achtziger Jahren, handfeste Konsequenzen in den folgenden Jahren. Die Stimmung der zwanziger Jahre, die den Markt und die Wirtschaft getragen hatte, war unwiderruflich dahin. Der Weg war frei für etwas in der Volkswirtschaft, das bis zu jenem

Zeitpunkt unerkannt war und bis heute nur widerwillig eingestanden wird. Das ist die Möglichkeit eines wirtschaftlichen Gleichgewichts mit stillstehenden Fabriken und dauerhafter Arbeitslosigkeit – kurz, Depression oder Rezession nicht als Episode, sondern als wirtschaftlicher Alltag. Dieses verlangt nach näherer Betrachtung.

Im klassischen System, wie bereits aufgezeigt, konnten nicht ausgelastete Kapazitäten und Arbeitslosigkeit nicht dauerhaft sein. Wurden Arbeiter arbeitslos, boten sie ihre Arbeitskraft zu einem niedrigeren Lohn an, der es rentabel machte, sie zu beschäftigen. Genauso, wenn es ungenutzte Industrie- und andere Produktionskapazitäten gab; die Preise wurden gesenkt, um Kunden anzuziehen. Jedes Widerstreben würde sich dem Wettbewerb beugen. Dieser würde die Preise nach unten zwingen und Absatz und Produktion nach oben.

Immer gab es einen Fluß von Kaufkraft, der ausreichte, die Waren abzusetzen zu den Preisen, die sich so herausgebildet hatten. Dies war der günstige Effekt von dem, was als Saysches Theorem bekannt ist, nach J. B. Say (1767–1832), dem großen französischen Interpreten, Organisator und Vertreter der scharfsinnig, aber manchmal etwas ungeordnet dargebrachten Ideen von Adam Smith. Das Saysche Theorem war wunderbar einfach: Aus dem Verkauf jeder Ware stammt das Geld, sie auf dem Markt zu kaufen. In den Preis gehen absolut unvermeidlich Lohn- und Zinskosten, Mieten und Gewinne (oder Verluste) ein, alle zusammen addieren sich exakt zu dem Betrag, der benötigt wird, um die Ware zu erwerben. Der Rückfluß von Einkommen aus dem Preis stellt genau die Kaufkraft dar, die erforderlich ist, um das Produkt zu kaufen. Nach den Regeln der Arithmetik konnte es keine Nachfragelücke geben. Für die zeitgenössische Wirtschaftswissenschaft erwies sich diese Überlegung als zutreffend, und das galt in den einschlägigen Kreisen auch für die Zeit danach. Das Saysche Theorem in Frage zu stellen hieß, sich der Anschuldigung auszusetzen, wenn nicht ein Spinner zu sein, so doch zumindest massive Lücken in der wirtschaftswissenschaftlichen Ausbildung aufzuweisen.

Seit langem war bekannt, daß die Wirtschaft sich in Wellen bewegte – es gab gute und weniger gute Zeiten. Wie schon erwähnt, konnte man wertvolle Bücher kaufen und Universitätskurse belegen über den Konjunkturzyklus. Letzterer aber führte ein völlig eigenständiges Leben. Jeder Abschwung, wie auch immer er erklärt wurde, war befristet, eine unstete Abweichung vom Vollbeschäftigungs-Gleichgewicht.

Die traurige, aber unausweichliche Lektion der dreißiger Jahre war, wie ich sagte, daß es andauernde Arbeitslosigkeit und allgemeine Depression geben konnte. Der Grund dafür ist keinesfalls spitzfindig: Das Saysche Theorem ist nicht unangreifbar. Einkommen muß nicht notwendigerweise ausgegeben oder investiert werden; in Zeiten der Unsicherheit und Zweifel an der Zukunft wird es bar oder bei Banken gehortet, und die Banken können aus Angst oder wegen notleidender Kredite übervorsichtig sein und kein Geld verleihen. Oder es mangelt an hinreichend solventen Kreditnehmern. Auch die Preise passen sich nicht notwendig an die gesunkene Nachfrage an. Unter modernen wirtschaftlichen Bedingungen sind die Preise nur begrenzt elastisch oder stabil, gleiches gilt für die Löhne. Dementsprechend sinkt mit rückläufiger Nachfrage die Produktion, und Arbeiter werden entlassen. Ihr geringeres oder nicht mehr vorhandenes Einkommen verstärkt den depressiven Effekt. Ist das persönliche Einkommen ungleich verteilt, wie es dies damals war (und heute noch ist), kann das Saysche Theorem weiter unter Druck geraten durch starke ungenutzte Kaufkraft, die den glücklichen Menschen zuwächst, die nicht darauf angewiesen sind, Geld auszugeben oder zu investieren. Für Menschen mit kleinem oder bescheidenem Einkommen trifft das nicht zu. Eine der am wenigsten bekannten und für wirklich Wohlhabende am wenigsten anziehende ökonomische Wahrheit ist, daß eine vernünftig gleiche Verteilung des Einkommens innerhalb der Gesellschaft von Vorteil wäre.

Schließlich jedoch, wenn die Wirtschaft schrumpft, gibt es eine Stabilisierung auf ein neues Gleichgewicht, eines mit niedriger Produktion und erheblicher Arbeitslosigkeit. Ausgaben tätigen jene, die vom Sturz nicht oder kaum mitgerissen wurden oder auf Rücklagen zurückgreifen können, und die Konsumtion setzt sich fort. Sie stützt die Wirtschaft, aber auf einem niedrigeren Niveau. Und es gibt keinen wesentlichen Grund, warum dieses neue Gleichgewicht sich nicht behaupten sollte. Der Glaube, daß es eine automatische Rückkehr zu hoher oder völliger Kapazitätsauslastung und Vollbeschäftigung gibt, hängt an Wunschdenken, Hoffnungen und Beteuerungen der Politik, nicht an der Wirtschaftswirklichkeit. Die dreißiger Jahren waren ein jahrzehntelanger Beweis für das Unterbeschäftigungs-Gleichgewicht. Es ist eine der nützlichen Seiten der Geschichte, daß sie uns an das erinnert, was sich wiederholen kann.

Als die Dekade der Depression vorüberging, gab es weitere Faktoren, die zum Unterbeschäftigungs-Gleichgewicht beitrugen, es manchmal tiefer sinken ließen und es andererseits stützten. Bei weitem der wichtigste war die Bankenkrise – genauer gesagt, die institutionelle Verwundbarkeit des amerikanischen Bankensystems. Dieses war, und ist es weitgehend geblieben, stark dezentralisiert; eine Reflexion auf das weitverbreitete unterschwellige Mißtrauen gegenüber der Macht des Geldes und jeder übertriebenen Konzentration finanzieller Ressourcen in den großen Finanzzentren, vor allem in der Wall Street. Schon vor dem Krach machten jeden Tag ungefähr zwei Banken zu, und das seit sechs Jahren.[33] In den folgenden Jahren stieg die Zahl der Pleiten beträchtlich. Anfang 1933 erreichten die Anstürme auf die Banken epidemische Ausmaße. Im Februar schickten Michigan, Maryland und Ohio ihre Geldinstitute in die Bankferien, und andere Staaten folgten bald. Im März weitete der gerade vereidigte Präsident Franklin Roosevelt die Bankferien auf das gesamte Land aus. Daß diese Maßnahme panische Reaktionen auslöste und eine nachteilige Wirkung auf Konsumausgaben und Investitionen ausübte, kann niemand bezweifeln.

Der andere Faktor, der für ein andauerndes Depressions-Gleichgewicht sorgte, erwuchs aus der Landwirtschaft, dem, wie vorne bereits bemerkt, damals noch dominierenden Sektor der Wirtschaft. In den zwanziger Jahren hatte es ein Nebeneinander von hohen Schulden und niedrigen Preisen gegeben. Dann, in den Jahren der Depression, fielen die Preise für landwirtschaftliche Produkte in bis dahin unvorstellbare Tiefen. In der Zeit von 1909 bis 1914 galt für die Quote zwischen landwirtschaftlichen Preisen und Kosten der Basiswert von 100. Das war das berühmte Paritätspreisverhältnis, das den Bauern und ihren Organisationen allmählich so vorkam, als hätte es einen natürlichen, fast theologischen Ursprung. »Der Landwirt hat einen Anspruch auf den Paritätspreis.« 1918 erreichte die Quote 200; die landwirtschaftlichen Preise waren in ihrem Paritätsverhältnis zu den Kosten doppelt so hoch. 1929 verschlechterte sich die Quote auf 138, und 1932 lag sie bei elenden, sogar mörderischen 57.[34]

Dann gab es die erwähnte (und immer noch vorhandene) Neigung der Landwirtschaft, mehr zu produzieren, als zu vernünftigen Preisen verkauft werden konnte. Die großen Automobilkonzerne, abgesehen von gelegentlichen und irrtümlichen Ausnahmen, produzieren keine Autos, um sie in den Markt zu drücken, gleich, welcher Preis erzielt wird. Die landwirtschaftliche Produktion, verteilt auf Tausende und Zehntausende von Produzenten, unterliegt in dieser Hinsicht keiner Beschränkung. Sich selbst überlassen, ist dieser Wirtschaftszweig mehr als gelinde selbstzerstörerisch hinsichtlich Produktion und Preisen. Ein Ergebnis dessen ist, daß es in fast allen Ländern mit einer Landwirtschaft einen staatlichen Mechanismus für die Preis- und Angebotsregulierung der bäuerlichen Produktion gibt. Bis auf den heutigen Tag wird dies als politische Abweichung betrachtet, als eine Reaktion auf die überall starke Lobby der Landwirte. Das ist sie nicht. Man vermerkt wieder einmal, daß der Wirtschaftszweig, der am meisten übereinstimmt mit dem Wettbewerbsideal – dem reinsten des reinen Wettbewerbs –, am wenigsten befähigt ist, dessen Ergebnisse zu ertragen, und deshalb in höchstem Maß unter der staatlichen Aufsicht über Preise und Produktion lebt.

In den Vereinigten Staaten, wie in anderen Industriestaaten auch, wurde in den ersten Jahren der Depression diese Kontrolle nicht sofort eingeführt. Eine Zeitlang trugen die niedrigen landwirtschaftlichen Preise und Einkommen, das Ergebnis von dem, was nur als eine auf einen Wirtschaftszweig begrenzte Überproduktion erscheinen konnte, beträchtlich bei zur allgemeinen Depression – und damit zu Dauerhaftigkeit und Tiefe des Unterbeschäftigungs-Gleichgewichts. 1929 betrug das Einkommen der Landwirte insgesamt 9,76 Milliarden Dollar. 1933 war es auf 4,66 Milliarden Dollar gesunken. Daraus ergab sich wiederum ein geringerer Einkommensfluß zu jenen, von denen die Bauern Gerätschaften, Saatgut und Lebensmittel kauften.

Nun wurde dieses Unglück nicht stillschweigend erduldet. Edward O'Neal, Chef der Farm Bureau Federation, der mächtigsten und konservativsten der Bauernorganisationen (und in späteren Jahren für kurze Zeit mein Arbeitgeber), trug einem Ausschuß des Senats vor, daß, »wenn nicht etwas für amerikanische Bauern getan wird, wir in weniger als zwölf Monaten eine Revolution auf dem Lande haben werden«.[35] Diese Drohung war zweifellos übertrieben, aber sie gab vortrefflich die Stimmung jener Zeit wider.

Die gerade beschriebenen Probleme und die der Depression im allgemeinen machten von 1931 an einen großen Teil meines Lebens aus. Es gab einen wichtigen persönlichen Einschnitt: Im

Frühjahr 1931 verließ ich mit meinem Examen in der Tasche das College ohne Aussicht auf eine Anstellung, aber mit der Möglichkeit, ein Forschungsstipendium im Fach Wirtschaftswissenschaften an der Universität von Kalifornien in Berkeley anzuschließen. Diese Chance erhielt ich aufgrund meiner Forschung und vor allem meiner Diplomarbeit über Pachtbetriebe in Ontario und ihre wahrhaft tristen wirtschaftlichen Aspekte. Das Stipendium sollte die Forschung über die Ökonomie der Landwirtschaft voranbringen. Einen Teil meines Stipendiums verdiente ich mir als Forschungsassistent in der damals neu gegründeten Giannini Foundation of Agricultural Economics. Meine eigentliche Forschungsarbeit war ziemlich speziell; mir wurde die Aufgabe zugeteilt, die Produktion und die Vermarktung kalifornischen Honigs zu untersuchen. Die Imkerei war auch in einer schlechten Verfassung.

In jenen Tagen war die Diskussion über die Depression und ihre Ursachen Teil der täglichen, fast stündlichen Routine. Einige meiner Kollegen waren Anhänger der klassischen Orthodoxie. Andere bezweifelten, ob eine Wirtschaftsform, deren Leistungsfähigkeit so offensichtlich erlahmt war, überleben könne oder solle. Relativ selten wurde diskutiert über sofortige Anstrengungen, um die Lage zu verbessern.

Ständig hörten wir aus Washington Beteuerungen, daß alles bald besser sein werde. Sie waren extrem hartnäckig und wurden ihrem Inhalt nach dauernd wiederholt. »Die Wirtschaft ist im Kern gesund« oder, kurz und knapp: »Die Fundamente sind fest.« (Es sollte ein Echo dieser Worte geben, als sich sechzig Jahre später die Rezession vertiefte und verstetigte.) Ebenfalls weit verbreitet waren die Vorhersagen einer umgehenden Erholung; sie kamen in einem ununterbrochenen Fluß von Herbert Hoover und dem Weißen Haus. Einmal lehnte er brüsk den Appell ab, Maßnahmen gegen die Depression zu ergreifen, indem er erklärte, daß die Bitte schlicht zu spät komme, die Depression sei schon seit einigen Monaten vorbei. Er unternahm nur einen positiven Schritt, der sich später auswirkte: Er verringerte die Einkommensteuer. Als stimulierender Faktor jedoch litten Steuersenkungen unter dem Umstand, daß die Steuern ohnehin schon fast unbedeutend waren. Ein Steuerzahler mit einem Einkommen von 5000 Dollar, einem sehr komfortablen Einkommen damals, zahlte nun zwei Drittel weniger Steuern. Sie ermäßigten sich von 16,88 Dollar auf 5,63 Dollar. Jemand mit 10000 Dollar Einkommen, was heute ungefähr 100000 Dollar entspräche, zahlte anstatt 120 nun nur noch 65 Dollar.

Nichtsdestotrotz wurde die Steuererleichterung als kühner und konstruktiver Schritt bejubelt. Wieder würde es später ein fernes Echo geben; nichts hält sich in einer Depression oder Rezession hartnäckiger als der Glaube, daß mehr Geld für die Reichen, einen selbst nicht ausgeschlossen, Wunder wirken bei der Erholung der Wirtschaft. In unserem Fall setzte sich die Depression unverändert fort.

Eine frühe Begegnung mit der vorherrschenden Orthodoxie hatte ich in den entscheidenden Tagen der Präsidentschaftswahl 1932. Hoover war im Zuge seiner Kampagne nach Kalifornien gekommen, und ich ging zusammen mit einem jungen Kollegen zum Güterbahnhof von Oakland, um ihn reden zu hören. Der Bahnhof grenzte direkt an ein großes Stück Land, das mit Rohren für ein geplantes, aber noch nicht gebautes Abwassersystem vollgepackt war. Jedes Rohr war mit Brettern vernagelt und in einen Unterschlupf umfunktioniert worden; das Gebiet zählte zu den einwohnerreichsten der örtlichen Hoovervilles. Die Bewohner waren mehr als hinlänglich verfügbare Zuhörer des Präsidenten; sie hatten nichts anderes zu tun; sie waren bereit, und sie warteten. Gute Republikaner, die gekommen waren, um ihren Kandidaten zu hören, wurden durch die schon versammelte Menschenmenge auf Distanz gehalten. Hoover erzählte vom Ende der Depression und von den guten Zeiten, die schon angebrochen seien. Er wurde begrüßt durch laute, rauhe Beifallsrufe, deren Natur er möglicherweise gar nicht begreifen konnte.

1932 lag der Index der Industrieproduktion bei 63,4, wohin er vom Ausgangsjahr 1929 (= 100) gefallen war. Schätzungsweise 12,8 Millionen Menschen waren arbeitslos, fast 25 Prozent aller Arbeitskräfte. Dessen ungeachtet herrschte die feste und einflußreiche Meinung, die Depression werde sich selbst korrigieren und hohe oder sogar Vollbeschäftigung sei normal. In den Diskussionen über die Wirtschaft wurde ständig betont, wie notwendig es sei, das Vertrauen in die Konjunktur zu erhalten und zu erneuern. Zu diesem Zweck sollte die Rolle des Staats begrenzt werden. Eine erlaubte Ausnahme war die Einrichtung der Reconstruction Finance Corporation im Dezember 1931, deren vorrangiges Ziel es war, gefährlich geschwächten Banken und anderen Geldinstituten aus der Patsche zu helfen. Damals wie heute waren Eingriffe zur Unterstützung solcher Institutionen eine weithin akzeptierte Regierungspolitik. Anders als die Wohlfahrtsunterstützung für die Armen wurden sie nicht als Last empfunden.

In den Jahren unter Hoover wurde auch etwas dafür getan, die Ausgaben für staatliche Bauvorhaben zu erhöhen; sie wurden fast auf Rekordhöhe getrieben. Das Ergebnis war ein bedeutender Anstieg der Staatsausgaben und das Haushaltsdefizit. Dieses allerdings wurde kritisiert; es wurde gesehen als unglückselige Abweichung vom bewährten Kanon der konservativen Finanzpolitik. Auf keinen Fall sollte die Regierung Geld ausgeben in der Absicht, die Wirtschaft zu stimulieren; das würde das Vertrauen in die Wirtschaft zerstören und so ziemlich wahrscheinlich die Depression verschlimmern.

In der Wahlkampagne 1932 sah Roosevelt das nicht viel anders. Er versprach ebenfalls eine verantwortungsbewußte Finanzpolitik und entschiedene Schritte hin zu einem ausgeglichenen Haushalt. Als er später, 1936, Samuel Rosenman, seinen überaus fähigen Assistenten, fragte, wie er die Ausgaben und das Defizit der ersten vier Jahre seiner Amtsperiode in Einklang bringen könne mit dem Versprechen einer unerschütterlichen finanzpolitischen Rechtschaffenheit, das er 1932 in seiner Rede in Pittsburgh gegeben hatte, wurde ihm als einziger Weg geraten, so berichtet die Legende, zu leugnen, diese Rede jemals gehalten zu haben.

In den Monaten zwischen seiner Wahl und der Amtseinführung wurde Roosevelt von Herbert Hoover gebeten, dazu beizutragen, das Vertrauen in die Wirtschaft wiederherzustellen durch eine entschiedene Stellungnahme für den wirtschaftspolitischen Konservatismus. Im Februar 1933 wandte sich Hoover an seinen Nachfolger mit dem Vorschlag, gemeinsam die verbindliche und vorherrschende Sichtweise zu unterstützen:

»Es würde das Land stark beruhigen, wenn wir umgehend versichern, daß es keine Einmischung oder Währungsinflation geben wird; daß der Staatshaushalt ohne Frage ausgeglichen sein wird, selbst wenn zusätzliche Steuern notwendig sein sollten; daß die Glaubwürdigkeit der Regierung erhalten bleibt durch die Weigerung, sie durch die Ausgabe von Wertpapieren zu beschädigen.«[36]

Roosevelt antwortete nicht wie erwartet, aber nichts in seiner Wahlkampagne hatte eine bemerkenswert andere Ansicht erkennen lassen.

Es gibt hier einen wichtigeren Punkt: Präsident Hoover schätzte eine Depression oder Rezession ebensowenig wie sechzig Jahre später Präsident Bush. Aber beide hatten eine Wählerschaft, in der viele die wirtschaftlichen Bedingungen der Rezession Gegenmaßnahmen vorzogen. Arbeitslosigkeit berührte sie in keiner Weise. Vielleicht erleichterte sie die Arbeitsverhältnisse und veranlaßte die Arbeiter, die die Unternehmer beschäftigten, sich um ihren Arbeitsplatz zu sorgen und gegenüber den Anforderungen des Unternehmens und der Arbeitsdisziplin zugänglicher zu werden. Andere, die sichere berufliche Positionen einnahmen oder finanziell abgesichert waren, konnten den Schauplatz Wirtschaft ebenfalls mit persönlichem Abstand betrachten. Für viele, und besonders für viele mit Geld und Einfluß sind Depression oder Rezession weit davon entfernt, schmerzhaft zu sein. Das darf niemand offen bekennen; in manchen Dingen muß man diskret sein, sogar bei der Selbstdarstellung.

Die Depression weitete sich von den Vereinigten Staaten auf alle anderen Industriestaaten aus. In England verstärkte sie den Niedergang, der bereits aufgrund der Überbewertung des Pfund Sterling eingesetzt hatte. In Deutschland wuchs der Druck auf die ohnehin zerbrechliche politische Struktur der Weimarer Republik. In den ersten Depressionsjahren wurden von Deutschland immer noch Reparationen verlangt (wie ich weiter vorne anmerkte, stellte schließlich Hitler 1933 die Zahlungen ein), und es litt unter der katastrophalen Finanz-, Wirtschafts- und Sozialpolitik von Kanzler Brüning. Diese umfaßte einen direkten Druck auf Löhne, Zinsen und die Preise der weitgehend zu Kartellen zusammengeschlossenen Industrien; am 8. Dezember 1931 wurden sämtliche Löhne und Gehälter auf das Niveau vom 10. Januar 1927 gesenkt. Rigoros verweigert wurde eine Erhöhung der Ausgaben für staatliche Bauvorhaben oder um die Wirtschaft zu stützen. Im Winter 1931/32 lag die Arbeitslosenquote in Deutschland bei mehr als vierzig Prozent. Ein kluger zeitgenössischer Beobachter sagte, Brünings »selbstmörderische Politik entstammte seiner allgemeinen Philosophie. Er fürchtete das Phantom einer galoppierenden Inflation; er hielt nichts von der Idee, Arbeitslose zu verhätscheln, indem Arbeitsplätze geschaffen wurden.«[37] Unvermeidlich wurde so der Weg für Adolf Hitler bereitet.

Die Depression führte zu Aktionen der Zentralbanken der Industriestaaten, inklusive der Federal Reserve. (Darüber berichte ich später.) Sie führte zu Schritten, um die heimische Industrie und die Arbeitsplätze durch Kürzung der Importe zu schützen. Hierin übernahmen die Vereinigten Staaten eine maßgebliche

Rolle. Bereits im Juni 1930 und gegen die heftige Opposition von immerhin tausend Wirtschaftswissenschaftlern, hatte der Kongreß die Smoot-Hawley tariff bill verabschiedet, die ein weites Spektrum von Industrieprodukten schützte und besonders die Landwirtschaft berücksichtigte.

Vom Rest der industrialisierten Welt kamen zahlreiche Reaktionen: Italien, Frankreich, Kanada, Kuba, Mexiko, Australien und Neuseeland unternahmen ähnliche Schritte oder griffen zu Vergeltungsmaßnahmen. Selbst die Schweizer fühlten sich aufgerufen, Begrenzungen amerikanischer Importe zu verlangen als Antwort auf höhere Zölle für Schweizer Uhren. Es macht immer Freude, zu sehen, in welchem Umfang sich Regierungen auf gemeinsame Maßnahmen verständigen können, wenn sie die Lösung für ein gemeinsames Problem suchen. Anders sieht die Lage aus, wie es in diesem Fall geschah, wenn das Ergebnis die Situation jedes einzelnen Landes verschlechtert.

9

Der New Deal

Bislang entstammte dieser Bericht den Bemühungen eines jungen Wissenschaftlers, die Welt der Wirtschaft zu begreifen, wie er sie in seiner Jugend erlebt hat, und das zu verstehen, was unmittelbar davor verschwunden war. Die Darstellung hat einige persönliche Beobachtungen mit der Ausbeute späterer, ernsthafter Forschung verbunden. 1934 kam ich dann in Berührung mit dem Wirtschaftsprogramm des New Deal. Im Frühling jenes Jahres begann ich für die Agricultural Adjustment Administration – »das dreifache A« – zu arbeiten mit dem Titel eines assoziierten Volkswirts. Ich war abgestellt, um die Möglichkeit der Bundesregierung zu prüfen, Grundstücke, deren Besitzer keine Steuern für sie bezahlen wollten oder konnten, und heimgefallenes Land lokaler Behörden zu übernehmen und daraus einen neuen öffentlichen Sektor zu bilden. Er wäre riesengroß geworden. Ich drängte sehr darauf, aber ohne Erfolg. Später reiste ich von Harvard, wo ich angefangen hatte, zu unterrichten, häufig in verschiedenen Missionen nach Washington. Mehr oder weniger war ich zum Mitwirkenden in Dingen der Nationalökonomie geworden. Deshalb ändert sich meine Schilderung hier ein wenig. Zweifellos gibt es eine Gefahr, wenn man von Ereignissen berichtet, in die man persönlich verwickelt war; man ist immer geneigt, den Dingen höchste Bedeutung beizumessen, an denen man selbst mitgewirkt hat.

Als ich im angebrochenen zweiten Jahr der Roosevelt-Regierung in Washington ankam, nahm ich als beherrschenden Eindruck freudige Erregung wahr, eine tiefe Überzeugung, daß etwas getan werden mußte, und beträchtliche Unsicherheit darüber, was getan werden sollte. Die Unsicherheit trug zur Erregung bei; das bedeutete, daß fast jeder über den notwendigen Kurs redete und manchmal sogar jemand zuhörte. Ein weiterer Vorteil war, daß so viele von uns so jung waren. Ich spreche von den Hunderten, die die neuen Aufgaben und die Arbeit für den New Deal nach Washington gebracht oder gezogen hatten. Niemandem wurde geboten, zu schweigen, weil es ihm (Frauen waren rar in unseren Reihen) an Alter oder Erfahrung mangele; beides zu haben konnten nur wenige für sich beanspruchen.

Eine kleine, aber stark vernehmliche und sogar einigermaßen disziplinierte Gruppe, wie früher in Berkeley, war sich einig über die Notwendigkeit, das System komplett abzuschaffen – zu akzeptieren, daß der Kapitalismus eine Fehlentwicklung war. Die offensichtliche Alternative war der Kommunismus, die kommunistische Partei das offensichtliche Instrument. Später dann wurde die Rolle derjenigen, die in den Jahren des New Deal diese Überzeugung geteilt haben, sowohl heruntergespielt als auch maßlos übertrieben. In der Tat waren die jungen Kommunisten und ihre Anhänger ein kleiner, wenn auch lautstarker Teil der New-Deal-Gemeinde. Sie zogen ein Publikum an und gewannen an Ansehen wegen der überschwenglichen Unerschütterlichkeit, mit der sie an ihren Ansichten festhielten und sie verkündeten. Es wäre überraschend gewesen, hätte eine solche Meinung damals in Washington gefehlt. Niemand mit nur ein wenig Sensibilität konnte den Kapitalismus jener Jahre als Erfolg betrachten. Es gab entsprechend die Wahl zwischen Reparatur und Revolte. Wie im vorigen Kapitel berichtet, sprachen sogar verantwortungsbewußte und tief konservative Führer, inklusive jener der Bauernlobby, offen von der Möglichkeit der Revolte.

Jene, die eine Reparatur anstrebten aufgrund einer rationalen Entscheidung, eines Instinkts oder des Wunsches, sich an einen weithin gültigen politischen Maßstab anzulehnen, besaßen den dominierenden Einfluß, und mit ihnen fühlte ich mich verbunden. Da es kein übergeordnetes Konzept gab, war ihre Antwort – unsere Antwort – eine Art aktivistischer Pragmatismus. Man forderte eindringlich, was in einem ganz speziellen Fall zu helfen schien. Die meisten dieser Aktionen standen, in unterschiedlichem Ausmaß, im Widerspruch mit der etablierten ökonomischen Orthodoxie. Wir lagen über Kreuz mit dem nicht länger sehr glaubwürdigen Heil des Markts oder, wenn es öffentliche Ausgaben betraf, den kanonischen Gesängen über gesunde Finanzen und einen ausgeglichenen Haushalt. Oder, in Geldfragen, mit dem alles andere als sakrosankten Goldstandard. In der Stimmung des damaligen Washington gab es ein ausgeprägtes Vergnügen daran, die herrschenden Ansichten in Frage zu stellen, und nicht minder an der so ausgeführten Greueltat.

Die stärkste Kollision zwischen den orthodoxen Vorschriften und dem anscheinend pragmatischen Kurs war das Gesetz zur nationalen Erholung, der National Recovery Act (NRA). Dieses Gesetz war, im Gegensatz fast zur gesamten trüben Geschichte, ziemlich plausibel. Überall im Kernland der Industriewirtschaft mußten Firmen ihre Preise senken, weil die Nachfrage zusammengeschmolzen war. Dazu gezwungen, kürzten sie die Löhne und entließen sie Arbeiter. Die Preissenkungen führten zu Lohnkürzungen und Arbeitslosigkeit, und diese wiederum beschränkte die gesamtwirtschaftliche Nachfrage und verstärkte die Depression.

Das Heilmittel schien offensichtlich: Erlaubt den Firmen, miteinander zu vereinbaren, daß die Preissenkungen gestoppt werden und damit auch die Lohnsenkungen und Entlassungen. Dieses war das Wesentliche des Industriekodexes, der das Herzstück der Politik darstellte. Als eine Konzession wurde es auch den Arbeitern erlaubt, sich zusammenzutun in Gewerkschaften – der gefeierte Paragraph 7A des National Recovery Act –, um sich zu schützen und ihr gemeinsames Interesse zu bezeugen. Und seht zu, daß all dies gefeiert wird in einer Galavorstellung mit Öffentlichkeit und Parade; laßt den blauen Adler, das Symbol der gemeinsamen Anstrengungen, überall aufsteigen, um die öffentliche und die Geschäftsmoral zu verbessern. Nichts wurde, damals wie heute, von den Wirtschaftsleuten mehr betont als die Bedeutung der eigenen Stimmung.

Obwohl sie folgerichtig war, fiel es schwer, sich eine Politik vorzustellen, die in einem heftigeren Abnutzungsstreit mit der konventionellen Wirtschaftstheorie stand. Weg war der Markt mit seinen Konkurrenten; weg war der Wettbewerb, volkstümlich freier Wettbewerb genannt, der stärkste Achsnagel des klassischen Systems. Es war, wie ich berichtet habe, die zentrale Aussage der liberalen Theologie seit dem 19. Jahrhundert, daß mehr Wettbewerb dem Gemeinwohl diene und nicht weniger Wettbewerb. Es war das, zu dessen Sicherstellung die Anti-Trust-Gesetze, vor allen Dingen eine Maßgabe der Liberalen, gedacht waren. In der New-Deal-Gemeinde sah eine große, sogar dominierende Gruppe in der Monopolisierung, im unvollkommenen Wettbewerb und seinen nachteiligen Wirkungen auf den Produktionsausstoß, eine grundlegende Ursache des Unterbeschäftigungs-Gleichgewichts. Dies war weitestgehend die These meines ersten Buches »Modern Competition and Business Policy«, das ich gemeinsam mit dem erwähnten liberalen Industriellen Henry S. Dennison schrieb.[38] Sein Erscheinungstermin traf fast genau zusammen mit dem Zeitpunkt, an dem in mir Zweifel an der Glaubwürdigkeit seiner Argumente erwachten, und in den folgenden Jahren ließ ich es von der Liste meiner Veröffentlichungen streichen.

Die Entscheidung des Obersten Bundesgerichts am 27. Mai 1935 im Fall der Schecter Poultry Corporation, den NRA zu streichen, wurde nicht groß bedauert, nicht einmal von der New-Deal-

Gemeinde. Bis auf den heutigen Tag haben sich nur wenige Wirtschaftswissenschaftler und Historiker zu seinen Gunsten ausgesprochen.

Obgleich in Deutschland und Japan das Industriekartell lange Zeit als verträglich angesehen wurde mit wirtschaftlichem Wohlstand und Wachstum, trifft dies für die Vereinigten Staaten nicht zu. Vielleicht war die in jenen Jahren so mächtig angestachelte Verringerung der Preise und Löhne tatsächlich eine depressive Kraft. Der NRA hätte gut eine pragmatischere Anpassung sein können an die damaligen Bedingungen, als es damals oder seitdem unterstellt wurde. Nichtsdestoweniger *requiescat.*

Auch das Bauernprogramm stand in krassem Widerspruch zum orthodoxen Weltbild. Die Landwirtschaft war, wie ich umfassend geschildert habe, gekennzeichnet durch die klassische Wettbewerbsstruktur: Viele Hersteller verkaufen völlig gleichartige Produkte unter den Bedingungen vollkommener Konkurrenz. Die Käufer dieser Erzeugnisse – Getreide- und Baumwollhändler, Konserven-, Verpackungs- und Weiterverarbeitungsbetriebe, Tabakfirmen – waren nicht annähernd so zahlreich und standen untereinander ebensowenig in einem vollkommenen Wettbewerb. Doch war dies schwerlich der Grund für eine Politik, die den landwirtschaftlichen Produktionsausstoß verringerte und kontrollierte. Niedrige Preise trugen nach klassischer Ansicht in sich selbst das Gegenmittel, sie beschnitten die Produktion, woraufhin sich die Preise wieder stabilisierten oder verbesserten. Ein in riesigem Umfang mit öffentlichen Mitteln gefördertes Landwirtschaftskartell war sicher nicht die Alternative; auf keinen Fall konnte es in Einklang gebracht werden mit der Orthodoxie des freien Markts.

Im ganzen aber rief die Kontrolle von Produktion und Preisen in der Landwirtschaft weniger Opposition hervor als der NRA. Das lag daran, daß die Landwirtschaft, wie es auch heute noch der

Fall ist, außerhalb des Hauptstroms des wirtschaftswissenschaftlichen Denkens stand. Es war besonders wichtig, daß sie 1933 (und später) eine eigene Wirtschaftswissenschaft und eigene Wirtschaftswissenschaftler hatte – die Landwirtschaftslehre und die Landwirtschaftsökonomen waren auf sich selbst gestellt. Es waren die Agrarwissenschaftler, die, unter dem anerkannten Landwirtschaftsminister Henry Agard Wallace, das Bauernprogramm entwarfen und durchführten. Diejenigen unter uns, die sich daran beteiligten, wurden von der größeren Welt der Volkswirte für leicht exzentrische Vertreter einer ganz speziellen Art gehalten.

Das Oberste Bundesgericht, damals der getreue Verteidiger orthodoxen Verhaltens, kassierte viel von der ursprünglichen Landwirtschaftsgesetzgebung mit der Begründung, daß die Steuergewalt mißbraucht und staatliche Rechte verletzt würden. Ersatzgesetze waren jedoch schnell ausgedacht, und die Preisgarantien und Produktionskontrollen lebten weiter, bis zum heutigen Tag.

Die dritte Neuerung im Rahmen des New Deal betraf das Geld. Wenige Dinge wurden intensiver erforscht mit geringerer Eindeutigkeit der Ergebnisse als die Rolle der Geldpolitik in den Jahren der Depression. Diese Politik hatte sowohl eine orthodoxe als auch eine höchst unorthodoxe Ausprägung, beide hatten eines gemeinsam: Sie schienen großartige Aussichten zu versprechen, waren im Ergebnis aber tief enttäuschend.

Die orthodoxe Linie der Geldpolitik forderte vom Federal Reserve System niedrigere Zinsen und, wie es damals und auch später hieß, Offenmarktgeschäfte. Letztere, der Kauf öffentlicher Anleihen durch die Federal Reserve, waren dazu gedacht, die Geschäftsbanken reichlich und überreichlich mit Geld zur Kreditvergabe zu versorgen. Dieses würden sie dann, so hoffte man, weitergeben an eine Armee williger Kreditnehmer, die von beidem angezogen würden: von dem verfügbaren Geld und den niedrigen Zinsen.

Diese Politik ging auf die Hoover-Jahre zurück. Zentralbanken und Geld haben einen eigenen Zauber und für Konservative mehr noch als für Liberale. In der Tat wurden die Zinssätze im Rahmen des New Deal gesenkt; die Banken sammelten Reserven für Kreditvergaben in wundersamen Mengen. Die Summe der Überschußreserven – die Mindestreserve der Banken übersteigende Mittel – wurde schließlich zur überall zitierten tagtäglichen Statistik.[39] Tja, aber die Kreditnehmer blieben aus oder, wenn sie kamen, beurteilten die Banken ihre Aussichten unter den gegebenen wirtschaftlichen Bedingungen als übermäßig und gefährlich trübe. Nicht zum ersten-, ganz bestimmt auch nicht zum letztenmal, erwies sich die Politik der Federal Reserve zur Expansion der Wirtschaft als eine tiefe Enttäuschung. Einen Strick kann man ziehen, aber nicht schieben.

Es gab einen weiteren, exotischeren und unorthodoxen Ansatz. Das war das Gold-Ankauf-Programm von Roosevelt 1933, eines der spektakulärsten Unternehmen in der bewegten Geschichte der Geldpolitik.

Die Ursprünge dieses Plans lagen, eigenartig genug, in der Landwirtschaft: Zwei Agrarökonomen der Cornell-Universität, George F. Warren und Frank A. Pearson, hatten eine jahrhundertealte Verbindung entdeckt und publik gemacht zwischen dem Goldpreis und dem allgemeinen Preisniveau, eingeschlossen speziell die Preise für landwirtschaftliche Erzeugnisse, der entscheidende Faktor der Depression auf dem Land. Dieser Zusammenhang war nicht überraschend. Goldpreise neigten offensichtlich dazu, in Zeiten inflationärer Preise zu steigen, zum Beispiel während des Bürgerkriegs, als die Leute Zuflucht im harten, vertrauenswürdigen Gold suchten. In Zeiten depressiver Preise war der Goldwert stabil, oder er gab nach; die Leute hielten ihn nicht mehr für eine geeignete Zuflucht. Die beiden Gelehrten witterten hier eine Chance. Hob man den Goldpreis an, würden auch alle anderen Preise steigen wie in der Vergangenheit. Roosevelt und einige andere ließen sich überreden. Es war eine besonders für die Landwirtschaft attraktive Politik, wo die Preise, die die Bauern seit den Tagen von William Jennings Bryan mit der schicksalhaften Rolle des Goldes verbunden hatten, sehr schlecht aussahen.

Im Oktober 1933 trafen sich, nachdem sie bereits zuvor verlangt hatten, alles Gold aus Privatbesitz dem Staat zu verkaufen – die Gewinne ohne eigenes Zutun wären sonst einfach zu wunderbar gewesen –, der Präsident, Finanzminister Henry Morgenthau und Jesse Jones, Chef der Reconstruction Finance Corporation, der als Käufer fungierte, jeden Morgen, um einen neuen und höheren Preis für Gold festzusetzen, das frisch aus den Minen kam. Später wurde der Kauf ausländischen Goldes ausgeschrieben. Der Dollar fiel an den internationalen Börsen und wäre weiter gefallen, hätten nicht England und Frankreich eine Politik mit ähnlicher Wirkung verfolgt. England zum Beispiel hatte die feste Parität zwischen Pfund, Dollar und Gold aufgehoben, die Keynes so sprachgewaltig verdammt und die im Land eine soziale Verwüstung angerichtet hatte.

Die Goldkäufe gingen weiter. In gewisser Weise profitierten die Exportgüter davon; im ganzen aber war der Erfolg tief enttäuschend. In den letzten Wochen des Jahres 1933 fielen die Preisindizes sogar noch weiter. Die Politik des Goldkaufs wurde beendet, und am 1. Februar 1934 stabilisierte sich der Preis für Gold bei 35 Dollar pro Unze, einem Preis, der lange Jahre konstant bleiben würde.

Es ist absolut möglich, daß ohne die Goldkäufe, die höheren Goldpreise und die den Wert senkende bzw. stabilisierende Wirkung auf den Dollar an ausländischen Börsen die Inlandspreise, besonders die für landwirtschaftliche Produkte, sogar noch schlechter gewesen wären. Wir hätten allein dagestanden, während andere Länder ihre Währungen hätten sinken und ihre Exporte billiger werden lassen, um so ihre Importe aus den Vereinigten Staaten erheblich teurer zu machen. Diese Möglichkeit wurde damals kaum und später auch nur selten erwähnt.

In jenen Tagen war das Goldkaufexperiment eine der am meisten kritisierten Maßnahmen des New Deal, und die wenigsten verteidigten es; das tat praktisch niemand. Die prominenteren Verfechter des New Deal kritisierten den Goldkauf entweder inoffiziell, oder sie zogen sich zurück. Zwei hochrangige Mitarbeiter des Finanzministeriums, Dean Acheson und James Warburg, der hervorragende Sohn von Paul M. Warburg, gaben unter Protest auf, obwohl Warburg, ein getreuer Liberaler, seine Entscheidung später bedauerte. Vierzig Wirtschaftswissenschaftler versammelten sich unter Führung von E. W. Kemmerer von der Prince-Universität, in den dreißiger Jahren die herausragende Autorität in Geldfragen, um das Economists' National Committee on Monetary Policy zu gründen. Sein Ziel, sein einziges Ziel, bestand darin, den Goldkaufwahn zu bekämpfen. Von der New Yorker Finanzwelt kam eine sogar noch strengere Verurteilung: Während der ernstesten Depression und dem schmerzhaftesten Preisverfall in der modernen Geschichte gab es dringende Warnungen vor der drohenden Gefahr der Inflation. Da war er wieder, der vom Geld vernebelte Verstand.

Als junger Wissenschaftler, der das Goldkaufprogramm überblickte und übrigens darüber 1933/34 auch in seiner ersten Anstellung als Dozent an der Universität von Kalifornien unterrichtete, hatte ich mich in einem diffizilen Konflikt verheddert. Einerseits war da das Gewicht einer respektablen Position, die ich damals teilte. Andererseits war da meine alles andere als automatische Unterstützung von F. D. R., wie der Präsidentenname – Franklin Delano Roosevelt – gerne abgekürzt wurde. Ich löste das Problem schließlich für mich, indem ich die gesamte Goldkaufepisode aus meinen Gedanken verdrängte. Dieses war in großem Umfang ohnehin ihr historisches Schicksal.

Es blieb die vierte und bei weitem wichtigste Säule der New-Deal-Politik: die direkte Beschäftigung von Arbeitslosen durch die gezielte Schaffung von Arbeitsplätzen. Dieses war Aufgabe der PWA, der Public Works Administration, und der WPA, der Works Progress Administration. Die PWA erhielt ihre Existenzberechtigung durch die Dinge, die sie bauen ließ: Bürogebäude, Brücken und anderes für die Infrastruktur. Die WPA erhielt ihre Existenzberechtigung durch die Arbeitsplätze, die sie schuf. Ihr Erfolgsmaßstab war nicht, was gebaut worden war, sondern wie viele Menschen dabei beschäftigt worden waren. Auf diesen Sachverhalt stürzten sich, wie vorherzusehen war, die Konservativen – abträgliche Bemerkungen über Arbeitsbeschaffungsmaßnahmen und Geldverschwendung waren damals in aller Munde. Tatsächlich aber wurde in großem Umfang bis hin zu Theatern und Kunsthallen eine außerordentlich sinnvolle Arbeit geleistet.

Daß diese Programme Kernstücke des New Deal waren, zeigte sich an ihrer Leitung. Harold L. Ickes, Chef der PWA, und Harry Hoppkins, Chef der WPA, waren Leutnants von Oberbefehlshaber Roosevelt. Für jene unter uns, die jung und neu in Washington waren, verkörperten sie, zusammen mit Minister Henry A. Wallace, das pulsierende Herz des Roosevelt-Programms.

Arbeitsplätze, um es zu wiederholen, standen im Brennpunkt der Bemühungen, und zwar aus einem ganz einfachen Grund: Das beherrschende Merkmal des Unterbeschäftigungs-Gleichgewichts ist die Arbeitslosigkeit. Die eindeutige Notwendigkeit, jenseits jeder Interventionstheorie, bestand darin, Arbeit zu beschaffen.[40]

Es waren diese beiden Programme – die PWA und die WPA –, um die sich die meisten Gedanken des New Deal drehten. Sie waren seine feste Grundlage. Aber hier gab es einmal mehr das gleiche Problem: ein klarer und tödlicher Konflikt zwischen der traditionellen, etablierten Wirtschaftsdoktrin und der Wirtschaftspraxis. Beide, die Doktrin wie die Praxis, betonten die finanzpolitische Verantwortung des Staats, was bedeutet, daß der Staat Einkünfte erzielen muß, um seine Ausgaben zu decken. Unter dem Druck eines Kriegs konnten Abweichungen von diesem Grundsatz erlaubt sein, sogar so starke, daß sie später bedauert würden. In Friedenszeiten war dies undenkbar. Und Steuern in einer Depression zu erheben, um arbeitsplatzschaffende Ausgaben zu finanzieren, war völlig indiskutabel; ein tieferer Instinkt warnte, daß dies deflatorisch wirken könne.

Für die Beschäftigungsprogramme wurde Geld gebraucht; das war eine einfache Rechnung. Die allseits akzeptierte Orthodoxie, eingeschlossen Roosevelts eigene Wahlversprechen, verweigerte das Geld. Wie konnte man nun das offensichtliche Heilmittel gegen Arbeitslosigkeit in Einklang bringen mit der strengen Ablehnung dessen, was erkennbar wichtig war?

Für diejenigen unter uns, die die Entwicklung beobachteten oder an ihr beteiligt waren, schien das Problem ausweglos. Zwei Wirklichkeiten prallten aufeinander. Vielleicht sollte man anderswo nach Mängeln und Heilmitteln suchen – vielleicht, wie schon bemerkt, bei den Monopolen und ihrer Angebotskontrolle. Das aber schloß das NRA aus. Irgendwo mußte es eine Antwort geben. Völlig klar war die Tatsache, daß die Schaffung von Arbeitsplätzen über Kredite finanziert werden mußte; die Kreditaufnahme aber stand in striktem Gegensatz zur allgemein akzeptierten Orthodoxie.

Oder nicht? Mitte der dreißiger Jahre wurde das Problem wundervoll gelöst, als die einflußreichste Stimme der Wirtschaftswissenschaften sich zur Rettung meldete. Ihre Lösung des Konflikts zwischen der finanzpolitischen Orthodoxie und der wirtschaftlichen Notwendigkeit ist auch heute noch gültig, und nicht am wenigsten in der konservativen Finanzpolitik jüngster Zeit. Dazu, zur Welt von John Maynard Keynes, komme ich im nächsten Kapitel. Zunächst aber muß eine weitere abweichende und überaus wichtige Initiative des New Deal erwähnt werden: soziale Sicherheit.

Der Social Security Act, der 1935 verabschiedet wurde, bot, wenn auch auf sehr bescheidenem, sogar primitivem Niveau, Altersrenten und Arbeitslosenunterstützung. Der Antrag wurde von einem jungen Rechtsanwalt, Thomas H. Eliot, durch den Kongreß gebracht, dessen erfreuliche Beiträge zur Geschichte von Gesetzgebung und Politik nachgelesen werden können in dem Buch »Recollections of the New Deal: When the People Mattered«[41], das kurz nach seinem Tod 1991 erschien. Im weltweiten Umfeld wirtschaftlicher Ereignisse war die amerikanische Sozialgesetzgebung kein besonders innovativer Schritt. Die Notwendigkeit, Alte und Arbeitslose zu schützen, ist unausweichlich verbunden mit der industriellen Entwicklung und war längst erkannt worden. Eine durch die Landwirtschaft geprägte Gesellschaft hat ein eigenes, ihr innewohnendes System der sozialen Sicherheit. Die Bauernhöfe und Ländereien wurden an die Nachkommen vererbt, und diese kümmerten sich um die Älteren, häufig unter dem rigorosen Druck des Brauchtums. Ein Hauptgrund dafür, daß die Landbevölkerung in großen Teilen der Welt wächst, ist die Notwendigkeit, gesichert zu sein durch Söhne, die die Feldarbeit erledigen und im Alter für ihre Eltern sorgen. Was das Arbeitslosengeld betrifft, so gibt es die Tatsache, daß es keine wirkliche Arbeitslosigkeit auf dem Bauernhof gibt. Durch eine Senkung der Realeinkommen, etwas oder viel von ihnen können als Naturalien verdient werden, kann die Beschäftigung ein wenig erhöht oder verringert werden.

Erst mit der Industrialisierung und der Verstädterung wurde beides, die Altersversorgung und die Arbeitslosenunterstützung, gesellschaftlich bedeutsam. Erst die Auflockerung der Familienverbände nahm den Alten die Versorgung und den Arbeitslosen die Unterstützung.

Diesen harten, unausweichlichen Fakten im modernen Leben hatten sich die älteren Industriestaaten längst angepaßt – wie erwähnt, in Deutschland unter Bismarck in den achtziger Jahren des

19. Jahrhunderts, in England unter Lloyd George in den ersten Jahrzehnten des 20. Jahrhunderts und in anderen europäischen Staaten zu unterschiedlichen Zeiten. In jedem Fall wurde dieser Schritt von Kontroversen und Widerspruch begleitet. In England bewirkte die Verabschiedung der Sozialgesetzgebung, auch im Oberhaus, eine tiefe Verfassungskrise. Die Opposition in den Vereinigten Staaten kämpfte nicht weniger erbittert.

Ein konservatives Kongreßmitglied, das nicht gerade zur Untertreibung neigte, sagte: »Niemals in der Weltgeschichte wurde ein derartiger Vorschlag eingebracht, der so hinterhältig dazu erdacht ist, die wirtschaftliche Erholung zu verhindern, die Arbeiter zu versklaven und dem Arbeitgeber jede Möglichkeit zu nehmen, den Menschen Arbeit zu geben.« Ein anderer bemerkte kurz und bündig, aber noch dramatischer: »Sie werden die Peitsche des Diktators spüren.« Ein Vertreter der Handelskammer in Ohio mit einem starken Hang zur Geschichte fand, daß ähnliche Maßnahmen den Niedergang des Römischen Reiches verursacht hätten.[42]

In Wahrheit aber dürfte es schwerfallen, eine Maßnahme zu nennen, die mehr dazu beigetragen hat, die Zukunft des Kapitalismus zu sichern. Einerseits lindert soziale Sicherheit die beiden aggressivsten Grausamkeiten des Industriesystems – Verarmung wegen Arbeitslosigkeit, Verarmung aus Altersgründen – und besänftigt so den damit einhergehenden Zorn. Und andererseits sorgt sie für einen verläßlichen Einkommenszufluß und trägt zur Gesamtnachfrage oder -kaufkraft bei, die völlig rezessionsfest ist und die in weniger guten Zeiten dabei hilft, die Wirtschaft wenigstens ein bißchen sicherer zu machen.

Nichts davon überzeugte die Opposition. Jene, die sich eines stattlichen Vermögens erfreuten, bescheinigten sich selbst, wie schon seit jeher bis heute, und dem bestehenden System Tugendhaftigkeit. Keine Anklagen dürften erhoben werden wegen privaten Wohlstands und möglicher privater Opfer; es wäre zu unreif. Statt dessen wurde behauptet, die Reinheit und Funktionsfähigkeit des Systems müßten geschützt und erweitert werden. Manches ändert sich nicht. Diejenigen, denen es gutgeht, haben, wie wir sehen werden, ähnliches etwa sechzig Jahre später behauptet.

Die soziale Sicherheit setzte sich durch; die notwendigen Gesetze wurden, wie bereits erwähnt, 1935 verabschiedet. Sie waren damit dem weltweit größten Angriff auf das orthodoxe ökonomische Denken jener Zeit, in Wahrheit des gesamten Jahrhunderts, um ein Jahr voraus. Weder die Wirtschaftspolitik noch die Volkswirtschaftslehre würde jemals wieder die gleiche sein wie vorher. Niemand, der diesen Umschwung gesehen und erlebt hat, hat jemals dieses Leuchten vergessen. Wir haben der Schöpfung beigewohnt.

10

John Maynard Keynes' Revolution

Über staatliche Bauvorhaben und Arbeiterunterstützung hinaus gab es viel, wofür der New Deal Geld brauchte. Für weitere Notprogramme – die Federal Emergency Relief Administration, die die Lage von Verarmten auf direktem Weg linderte und zum Teil von Präsident Hoover geerbt worden war; die Bauernprogramme; die Tennessee Valley Authority; die Elektrifizierung auf dem Land und, besonders wichtig, das Civilian Conservation Corps, das junge Männer von der Straße in die Wälder holte (Camp David, der Feriensitz des Präsidenten in den Hügeln von Maryland, ist ein früheres CCC-Camp): all dies erforderte Geld. Es kam zu den sonstigen Ausgaben der Nation hinzu, und die Staatseinnahmen für die üblichen Regierungsaufgaben in den dreißiger Jahren widerspiegelten den damals katastrophalen Zustand der Wirtschaft. 1929 lagen die Staatsausgaben bei 3,1 Milliarden Dollar, bei Einnahmen von 3,9 Milliarden Dollar. 1933 betrugen die Ausgaben 4,6 Milliarden, die Einnahmen 1,99 Milliarden Dollar.

Der Konflikt mit dem Kanon der orthodoxen Finanzpolitik ist ausreichend unterstrichen worden. Sorge machte sich unter den Wirtschaftswissenschaftlern breit ebenso wie in der New-Deal-Gemeinde. Niemand, zumindest nicht viele, konnten sich erlauben zu glauben oder sogar zu sagen, daß diese Defizite annehmbar seien. Niemand konnte darin einen Nutzen entdecken, geschweige denn einen Vorzug.

Als sich die Depression verstärkte und der Glaube in die Selbstheilungskräfte der Konjunktur schwächer wurde, begann die Suche nach dem Riß in der Wirtschaft und dem Klebemittel dafür. Die mögliche Rolle der Monopole oder, allgemeiner, des unvollständigen Wettbewerbs, habe ich bereits erwähnt. Daß der Aufschwung durch höhere Staatsausgaben, ein wachsendes Haushaltsloch ausgelöst werden könnte, diese Idee lag weit außerhalb der Gedankenwelt der Verantwortlichen. Ein Defizit war denkbar als Ergebnis bitterer Notwendigkeit. Ganz sicher hatte es keinen positiven Wert. So oder ähnlich sah es aus, bis anbrach, was bald das Keynessche Zeitalter genannt werden sollte.

1933 gehörte die Stimme von John Maynard Keynes bereits zu jenen, mit denen man rechnen mußte. Seine Kritik am Versailler Vertrag hatte Aufmerksamkeit erregt, ebenso sein atemberaubender Angriff auf Winston Churchill und den inzwischen als solchen anerkannten Fehler der Briten im Jahr 1925, zum Goldstandard zurückzukehren. Er hatte die Hohenpriester der gelobten politischen und finanzpolitischen Religion kritisiert, und er hatte recht behalten. Nun nahm er sich des unbedingten, fast heiligen Glaubens der gesamten wirtschaftswissenschaftlichen Welt an. Er sagte, das Staatsdefizit sei von wirtschaftlichem Vorteil, und es solle vergrößert werden. Es zu vergrößern war der Weg, tatsächlich der einzige Weg, zum Aufschwung. Der Schock, den die Anhänger der konventionellen Lehre erlitten, kann schwerlich übertrieben werden.

In der steifen Regierung in Westminster wurde Keynes als zweifellos brillant, aber lästig betrachtet, vielleicht sogar als exzentrisch. Als niemand jedenfalls, dem man ganz trauen konnte. Sein erster Vorstoß richtete sich entsprechend an die, wie er fand, ökonomisch entscheidungsfreudigere und offenere amerikanische Regierungsform und Politik. Er unternahm ihn am 31. Dezember 1933, dem letzten Tag des zehnten Monats des New Deal. Er schrieb einen offenen Brief an Präsident Roosevelt, den er, nicht ganz zutreffend als nachträglichen Einfall, in der »New

York Times« publizierte. Die Botschaft war einfach; sie betonte seinen Glauben, daß die Regierung in Washington »besonderen Wert auf den Anstieg der gesamtwirtschaftlichen Nachfrage« legen solle, die »aus den staatlichen, kreditfinanzierten Ausgaben resultiert«[43].

Der Brief und seine anschließenden Besuche bei F. D. R. waren weit entfernt davon, übersehen zu werden in der Geschichte des New Deal. Zu jener Zeit aber hatten sie in Wahrheit nur eine geringe Wirkung. Die herrschende Meinung konnte durch einen einzigen Brief kaum beeinflußt werden. Der entscheidende Einschnitt kam zwei Jahre später. Seit den Ideen von Adam Smith und Karl Marx hatte nichts so starke Wirkungen gehabt auf das Denken und Tun von Politik und Öffentlichkeit wie die Rolle, die Keynes spielte und die er keineswegs herunterzuspielen gedachte.

Die Idee hatte zwei Aspekte. Beide wurden in seiner »Allgemeinen Theorie der Beschäftigung, des Zinses und des Geldes« weiterentwickelt. Dies ist ein komplexes, schlecht strukturiertes, mitunter obskures Buch, das einen großen Teil seines Einflusses der Vermittlungsrolle von Wirtschaftswissenschaftlern verdankt, meistens jüngeren Fachkräften, die es lasen und die zentralen Themen einer breiteren Öffentlichkeit und der wichtigen Welt der Politik verständlich machten.

Der erste und grundlegende Gedanke in diesem Buch ist, wie bereits erwähnt, daß eine Depression von Natur aus kein zeitlich befristetes Ereignis sei, kein sich selbst korrigierender Ausdruck der Konjunktur. Ebensowenig sei sie eine kurze Abweichung vom normalen oder Vollbeschäftigungs-Gleichgewicht. Keynes vertrat die Ansicht, die im Lauf der andauernden Depression zur traurigen Gewißheit wurde, daß die Wirtschaft ihr Gleichgewicht auch bei Unterbeschäftigung und Nichtauslastung von Kapazitäten finden könne. Ein Teil des Einkommens, das über Löhne, Zinsen, Renten und Gewinne zurückfließt und dem Verkaufspreis eines Produktes entspricht, werde möglicherweise tatsächlich nicht ausgegeben oder investiert.

Im Zusammenhang mit der Depression könne es, in Keynes' Worten, eine Liquiditätspräferenz geben – einen starken Wunsch, auf Bargeld zu sitzen oder es, nicht ausgegeben und beliehen, auf der Bank zu horten. Die Produktion würde dann spiralförmig abnehmen und auf einem Niveau verharren, wo der Mangel Konsum- und Investitionsausgaben erzwinge.

Lohnkürzungen – der traditionelle Weg, Arbeitsplätze zu erhalten – könnten statt dessen zur Arbeitslosigkeit beitragen. Im klassischen Konzept hielt man es für vorteilhaft, Arbeiter einzustellen, wenn die Löhne sanken; die Produktion steige, und es könne bei geringeren Kosten und geringeren Preisen mehr verkauft werden. Nun war der einleuchtende Effekt der Lohnkürzungen, die Einkommen und Ausgaben der Arbeiter zu senken, und wenn die Nachfrage abnahm, sanken die Absätze und stieg die Arbeitslosigkeit. Aufmerksamkeit mußte einer Sache gewidmet werden, die bald zum Gegenstand allgemeiner Sorge wurde: die Wirkung einer jeden wirtschaftlichen Entwicklung oder staatlichen Aktivität auf den großen Fluß der Kaufkraft – auf, wie es genannt wurde, die gesamtwirtschaftliche Nachfrage. Die Wirtschaftswissenschaften hatten sich immer mit der Mikroökonomie des Markts beschäftigt – der Anpassung von Löhnen und Kosten an die Preise und vice versa. Nun kam die Makroökonomie hinzu, der allgemeine Fluß der Kaufkraft im System als Ganzes.

Der zweite der Keynesschen Beiträge leitete sich zwingend aus dem ersten ab: Um das Unterbeschäftigungs-Gleichgewicht zu verlassen und den Produktionsausstoß und die Beschäftigung zu erhöhen, muß man die gesamtwirtschaftliche Nachfrage oder Kaufkraft stärken. Der einzige sichere Weg, dieses zu tun, besteht darin, daß die Regierung die nicht ausgegebenen Mittel als Kredit aufnimmt oder, um genauer zu sein, ihr Äquivalent und sie ausgibt, um die gesamtwirtschaftliche Nachfrage und die Beschäftigung zu erhöhen. So lautete die ungeheuerliche Rechtfertigung dessen, was harte Bedingungen bereits in einem gewissen Ausmaß erfordert hatten.

Die Wirtschaftswissenschaftler, die Keynes' Sicht annahmen, interpretierten und anwendeten, gehörten mit Hilfe der herrschenden Begleitumstände zu den einflußreichsten ihrer Generation. Von der Universität von Cambridge und aus Cambridge in England gelangte die Botschaft an die Harvard-Universität und nach Cambridge in Massachusetts. Und im wesentlichen von dort führte der Weg weiter nach Washington, D. C. Nicht oft ist eine Universität so aktiv an einer Revolution beteiligt gewesen.[44]

Wie immer muß man vorsichtig dabei sein, jemandem einen bestimmten Platz in der Geschichte zuzuweisen; es gibt nichts, was die Kritiker lieber korrigieren. Aber ich war ein deutlich wahrnehmbares Mitglied der keynesianischen Gemeinde in Harvard. Nachdem ich 1936 die »Allgemeine Theorie« gelesen hatte, ging ich im folgenden Jahr nach Cambridge, England, in der Absicht, einige Semester direkt beim Meister zu studieren. Es war die Zeit von Keynes' erstem Herzinfarkt; er erschien in jenem akademischen Jahr nicht an der Universität. Unter seinen jüngeren Gefolgsleuten – R. F. Kahn, später Lord Kahn; Joan Robinson, mit der ich lebenslang befreundet blieb; Piero Sraffa, der brillante italienische Ökonom, der im Trinity College wohnte, und der außergewöhnlich innovative polnische Wirtschaftswissenschaftler Michal Kalecki – wurde Tag und Nacht über die Thesen von Keynes und ihre politische Bedeutung diskutiert, und ich beteiligte mich daran. Die Diskussion trug nichts Bedeutendes zu den zentralen Ideen von Keynes bei; sie bestätigte nachhaltig die von ihm enthüllte Wahrheit.

Ich reiste nach Deutschland und Schweden, um die parallelen Existenzformen der keynesianischen Politik dort zu studieren. Darauf werde ich später zurückkommen.

Im Herbst 1938 kehrte ich nach Harvard zurück und stellte fest, daß dort die Diskussion um die keynesianische Politik sogar noch intensiver geführt wurde. Viel lief unter der Ägide von Professor Alvin Harvey Hansen, der, zunächst ein Kritiker von Keynes, nun sein vehementester amerikanischer Befürworter geworden war. Nun war nicht mehr nur das Publikum von Harvard beteiligt: Aus Washington kamen Regierungsvertreter, um an Hansens Seminaren teilzunehmen, und der Nachtzug brachte meine Akademikerkollegen nach Washington, um sympathisierende oder zumindest zugängliche Offizielle zu beraten. 1939 verbrachte auch ich, wie schon gesagt, viel Zeit in Washington, wo ich eine wichtige Auswertungsstudie über Erfahrungen der staatlichen Bau- und Beschäftigungsmaßnahmen leitete. Nicht überraschend, obwohl nicht ohne kontroverse Diskussion (sie war in der Tat heftig), bestätigte mein Bericht vollkommen und übertrieben optimistisch die keynesianische Interpretation dieser Erfahrungen. »Die Meinung, daß Depressionen sich selbst korrigieren würden, ist keineswegs gestorben, aber es gibt starke Zweifel daran, ob es wahrscheinlich ist, daß sie wieder zur Grundlage der Staatspolitik wird.«[45]

Im Vorfeld der Veröffentlichung der »Allgemeinen Theorie« hatte es eine Bewegung in diese Richtung gegeben. Marriner Eccles, der Vorsitzende des Federal Reserve Board, und Lauchlin Currie, sein einflußreichster Mitarbeiter, hatten ähnliches gedacht und gelegentlich auch gesagt. Sie akzeptierten die mehr als deutlichen Grenzen der Geldpolitik – billige Mittel, die niemand als Kredit haben wollte – und drängten auf eine direkte steuerliche Stimulierung und darauf, daß die Regierung die Kaufkraft stützte. Man hörte ihnen zwar zu, hielt sie aber für leicht exzentrisch; das waren bizarre Ideen, die ausgerechnet aus einer Zentralbank kamen! Dann, mit der großen Autorität von Keynes im Rücken, taten sich die Keynesianer mit denen zusammen, die der Druck der Erfahrung dazu gebracht hatte, die praktische Politik, wie Keynes sie vorschlug, anzunehmen. Currie, der als erster Berater in Wirtschaftsfragen ins Weiße Haus einzog, nutzte sein Amt und sein Ansehen dazu, zuverlässige Keynesianer in verschiedenen Behörden in wirtschaftliche Schlüsselpositionen zu bringen. Auf diesem Weg wurde ich später mit der Preiskontrolle befaßt.

Es gab zwar einige marxistische Kabalen im New Deal, aber sonst hatte der Marxismus, wie ich schon sagte, nur geringe Bedeutung. Der keynesianische Kreis *war* eine Tatsache: Es gab keine formale, aber enge Verbindung zwischen denen, die die Keynessche Sicht akzeptierten und sie massiv verfochten. Wäre der Einfluß dieses Kreises richtig eingeschätzt worden, wären die Keynesianer für nicht weniger gefährlich gehalten worden als die Anhänger von Karl Marx. Und in dem Umfang, in dem die Ideen von Keynes bekannt wurden und sich seine Gefolgschaft vergrößerte, steigerte sich die Paranoia der Orthodoxie. Keynesianer galten als gefährliche Leute; anständige, respektable Wissenschaftler und solche, die eine gewisse Vorsicht walten ließen, hielten sich von ihnen fern.

Als Roosevelts erste Amtsperiode sich dem Ende zuneigte, ging es mit der Wirtschaft aufwärts – ganz allmählich. Die Preise für landwirtschaftliche Erzeugnisse und die Einkommen erholten sich etwas wie auch die Wirtschaftsaktivität insgesamt. 1936 lag das Sozialprodukt, die Summe aller wirtschaftlichen Leistungen, wieder auf dem Niveau von 1929, obwohl die wirtschaftliche Leistung sich bemerkenswert unausgewogen darstellte. Die wirtschaftspolitischen Maßnahmen des New Deal hatten gewirkt; ebenso, so angenehm wie ungeplant, eine Aktion, die den wichtigsten keynesianischen Diskussionen vorausgegangen war. Das war, daß die Zahlung von fast zwei Milliarden Dollar der gerade gebilligten Prämie für die Veteranen des Ersten Weltkriegs in Staatsanleihen erfolgte.

Diese Zahlungen verabschiedete der Kongreß 1936 gegen das Veto des Präsidenten. Präsident Roosevelt, der immer noch auf die Stimmen der konservativen Finanzleute hörte, appellierte nach der Verabschiedung des Gesetzes an die Veteranen, die Anleihen nicht in Geld umzuwandeln und es auszugeben; ein Ratschlag, dem glücklicherweise nur eine verschwindend kleine Zahl folgte.

In den folgenden Monaten erreichte die Vorstellung, daß ein Boom – ungeachtet der Arbeitslosigkeit und anderer depressiver Faktoren – außer Kontrolle geraten könnte, die höchsten Spitzen der Regierung. Es gab einen starken Drang, alle Ausgaben zu beschränken. Im Kalenderjahr 1937 war das Haushaltsdefizit weitgehend verringert, und die Wirtschaft erlebte einen neuen Sturz. Dieses war die erste als solche bezeichnete Rezession in der Geschichte; in ihrer ursprünglichen Definition ist sie eine unglückliche Gegenbewegung der Wirtschaft, während diese aus einer Depression herauskommt. Angesichts der Geschichte – Erholung der Wirtschaft mit starker Unterstützung des Staats, dann ein tiefer Sturz, als diese Unterstützung zurückgenommen wurde – konnte man sich kaum eine zwingendere Bestätigung des keynesianischen Konzepts vorstellen. Doch damit nicht genug.

Das Unterbeschäftigungs-Gleichgewicht wurde mit dem aufziehenden Krieg und durch die ihm folgenden massiven Staatsausgaben beendet. In späteren Jahren würde ein republikanischer Präsident, Richard Nixon, proklamieren: »Wir sind nun alle Keynesianer«, und ein anderer, Ronald Reagan, obwohl von seiner Vorbildung her liebenswürdig unwissend, würde den keynesianischen Ansatz der finanzpolitischen Unterstützung der Wirtschaft durch den Staat bis zum zerstörerischen Extrem vorantreiben. Alles hatte in den dreißiger Jahren begonnen. Nicht oft in der Geschichte verbinden sich Theorie und Praxis miteinander, um so entscheidend zu überzeugen.

Das keynesianische System sorgte auch für ein wesentliches Gegenstück zu den Heilmitteln gegen die Depression: für eine Politik in guten Zeiten. Dann, wenn die Steuereinnahmen steigen und die Sozialausgaben sinken, muß das Haushaltsdefizit verringert werden. Es gab ein finanzpolitisches Heilmittel gegen die Depression und sein Gegenstück für die Zeit, in der die Wirtschaft stark war.

Diese Notwendigkeit einer Kursänderung würde sich schließlich als die Kehrseite der keynesianischen Finanzpolitik oder makroökonomischen Politik, wie sie fortan genannt wurde, herausstellen. Denn sosehr sich Anhänger der orthodoxen Meinung gegen staatliche Defizite wehrten, so war dieser Widerstand doch leicht im Vergleich mit den politischen Problemen, die sich ergaben, als das Haushaltsdefizit in guten Zeiten verringert werden sollte. Beides, die notwendige Steuererhöhung wie die Ausgabenkürzung, wurde heftig und manchmal erbittert bekämpft. Dieser Punkt sollte häufiger erwähnt werden: Keynes war ein weitaus besserer Prophet für Rezession und Depression als für eine blühende Wirtschaft und den damit oft verbundenen banalen Optimismus. Sowohl in Zeiten einer Depression als auch in Zeiten einer blühenden Wirtschaft würde das einzigartige Merkmal der keynesianischen Finanzpolitik in der politischen Macht und der geistigen Rigidität der Kräfte bestehen, die sie zu bezwingen hatte.

John Maynard Keynes war, worin alle übereinstimmen würden, im Grunde seines Wesens Engländer. Doch, wie wir gesehen haben und wie er später selbst sagte, fand er die stärkste Unterstützung und die meisten Anhänger in den Vereinigten Staaten. Hier wurde keynesianische Geschichte gemacht. Die dreißiger Jahre waren auch in anderen Ländern fruchtbare Jahre – in Schweden, Kanada, Großbritannien, Deutschland und anderswo. Ich hatte das Glück, in allen diesen Ländern, außer in Japan, die Entwicklung aus der Nähe beobachten zu können.

11

Der Schauplatz Welt

Im Juni 1933, drei Monate und wenige Tage nach der Amtseinführung von Roosevelt, versammelten sich die Führer (oder ihre hervorragendsten Abgesandten) der wichtigsten Industriestaaten jener Zeit zusammen mit etlichen anderen in London, um zu überlegen, was mit Hilfe gemeinsamer oder verabredeter Maßnahmen getan werden konnte, um das zu lindern, was sich inzwischen als weltweite Krise erwiesen hatte.

Die Konferenz, die nun folgte, war Auslöser einer außerordentlichen Verwirrung. Eine Generation lang oder noch länger bemühten sich Wirtschaftswissenschaftler und Wirtschaftshistoriker, einen Sinn in dem zu entdecken, was beabsichtigt war, empfohlen oder einfach nur gesagt wurde. Ein müßiges Unterfangen. Tatsächlich gab es nur zwei konkrete Themen, beide handgreiflich und banal.

Seit Beginn der Depression hatten die Regierungen danach getrachtet, die Exporte ihrer Länder zu verstärken und die Importe zu beschränken, indem sie den Goldstandard abschafften und es zuließen, daß ihre Währungen auf den internationalen Börsen abgewertet wurden. Ihr Plan bestand darin, die Ausfuhren zu verbilligen und die Einfuhren zu verteuern, um so eine verallgemeinerte Form von Protektion einzurichten; aber, unnötig zu betonen, dieses zog Gegenmaßnahmen anderer Staaten nach sich. Die Briten hatten den alten Goldwert des Pfund und dessen Wechselparität mit dem Dollar aufgehoben, die Keynes kritisiert hatte, und die Vereinigten Staaten waren gerade dabei, ihr Goldkaufprogramm zu starten. In der einen oder anderen Weise werteten andere Länder ihre Währung ebenfalls ab, um ihre wirtschaftliche Situation zu verbessern, was wiederum die anderen schädigte.

Der zweite Gegenstand der Konferenz war der offene Protektionismus. Länder, die mitten in der Depression steckten, hatten Schritte unternommen, um die heimische Industrie und die Arbeitsplätze zu schützen, indem sie Zölle erhoben oder erhöhten. Die Vereinigten Staaten hatten dies unter den bereits erwähnten Smoot-Hawley-Gesetzen getan, und 1932 verabschiedeten sich die Briten von einem knappen Jahrhundert des Bekenntnisses zum Freihandel und zogen einen Zollzaun um alles, was nach wie vor und in jeder Hinsicht das britische Weltreich war.

Das Ziel der Londoner Wirtschaftskonferenz, wie sie genannt wurde, war, im weitesten Sinne zu entscheiden, ob die beteiligten Länder einen Alleingang machten bei Zöllen, Währungen und in ihrer Wirtschaftspolitik insgesamt oder ob sie übereinstimmten in der Verpflichtung zur Stabilisierung der Währung und Beschränkung der Zölle und sich bis zu einem bestimmten Grad der Gnade der unsteten Winde auf dem Weltmarkt aussetzten.

Es waren Roosevelt und die Vereinigten Staaten, die die Sache entschieden. Nationen, und besonders die Vereinigten Staaten, seien selbst für ihre Zukunft verantwortlich; sie würden davon durch internationale Vereinbarungen oder Absprachen nicht zurückgehalten. »Das gesunde innere Wirtschaftssystem einer Nation ist ein wichtigerer Faktor für sein Wohlergehen als der Preis seiner Währung.« Es sollte keine Zugeständnisse an die »alten Fetische der sogenannten internationalen Banker«[46] geben. Dies war Präsident Roosevelts Botschaft an die Konferenz, und sie ist vielleicht die deutlichste politische Erklärung gewesen, die jemals ein Staatsoberhaupt bei einer solchen Gelegenheit abgegeben hat. Es war nicht unbedingt seine beste; er beendete die Konferenz praktisch, bevor sie richtig begonnen hatte.

Der moderne Industriekapitalismus ist, wie später dargestellt wird, im Kern ein internationales System, aber die dreißiger Jahre waren Zeuge einer Rückkehr zum älteren, gewalttätigeren Nationalismus. Ein Modell der Politik setzte sich durch oder, genauer, wurde bejaht, dem die Vereinigten Staaten folgen mußten, noch stärker allerdings die Welt insgesamt. Es war nicht international, sondern auf Autarkie eingestimmt. Was zählte, war nicht, was man in Ausübung gemeinschaftlicher Verantwortung, sondern, was jedes Land für sich selbst tun konnte.

Wenn man durch Europa reiste, wie ich es später, 1937 und 1938, tat – durch Frankreich, Deutschland, Italien, Österreich, die Tschechoslowakei, Polen, Skandinavien –, mühte man sich durch einen Irrgarten von Währungsbeschränkungen, Zollinspektionen und Ausnahmeregelungen für Touristen beim Geldumtausch und Kauf von Benzin, all das ein kleiner Hinweis darauf, mit was man es in größerem Maßstab im internationalen Handel zu tun bekam. Diese Maßnahmen wirkten gar nicht einmal in rein wirtschaftlicher Hinsicht zerstörerisch. Es war der politische Extremismus, der heftige und sogar wahnsinnige Nationalismus, der auf diese Weise kultiviert wurde und der die Bühne bereitete für den Abstieg in den militärischen Konflikt der kommenden Jahre.

1932 zeigte die britische Wirtschaft Zeichen der Erholung. Beschäftigung und Industrieproduktion waren in etwa wieder zurück auf dem Niveau von 1929. Die Investitionen im Land, besonders in den Hausbau, hatten zugenommen. Hier vielleicht hatte die Geldpolitik eine positive Wirkung. Die Bank von England verringerte ihre Zinssätze auf sehr moderate zwei Prozent, und die Zinsen für öffentliche und private Kredite fielen auf nominell fast die gleiche Höhe. Es gab ein leichtes Wachstum der Staatsausgaben, wenn auch nicht in der Absicht, auf diese Weise Produktion und Beschäftigung anzuregen.

Sogar angesichts der protektionistischen Maßnahmen, die es ergriff, war Großbritannien noch ein relativ offenes Handelsland.

Das bedeutete, daß ein Teil, vielleicht sogar ein beträchtlicher, der finanzpolitischen Stimulation an Ausländer verlorenging, da die Nachfrage nach Importgütern stieg. Auf jeden Fall ließ sich die Regierung davon nicht beeindrucken. Wie gesagt, die Stimme von Lord Keynes wurde in Westminster weit undeutlicher gehört als in Washington.

Obwohl immerhin das Niveau des Jahres 1929 wieder erreicht worden war, war dieses doch das schlechteste der vorausgegangenen Dekade gewesen. Die Verbesserung ergab sich allein aus dem Vergleich zur Depression. In den verbleibenden Jahren bis 1939 stellte sich die britische Wirtschaft alles andere als brillant dar; für viele Arbeiter blieb das Stempelgeld Lebensgrundlage. Die Arbeitslosigkeit nahm nur langsam ab, von 17,6 Prozent 1932 auf 12 bis 13 Prozent 1935. Für jeden, der damals (oder später) in England lebte, und sicher für einen Studenten der Wirtschaftswissenschaften wie mich, war die Depression das dringlichste Thema. Die gesamte Volkswirtschaftslehre wurde reduziert auf die Diskussion über Gründe der Depression und Heilmittel dagegen. Wie in den Vereinigten Staaten erwartete die Wirtschaft den wirklichen Aufschwung durch die Ausgaben für Waffen, Mobilmachung und Krieg.

Von allen größeren europäischen Ländern war Frankreich am wenigsten von der Depression betroffen, und es war am zurückhaltendsten in seiner Reaktion. Die Gründe dafür liegen im sozialen Charakter Frankreichs und in der französischen Regierungsform, und von ihnen wurde bis zum heutigen Tag nur unzureichend Notiz genommen.

In den meisten Ländern, und besonders in den Vereinigten Staaten, stehen die Wirtschaftswissenschaften und die Wirtschaft im Mittelpunkt des gesellschaftlichen Lebens und, unnötig zu betonen, von Regierung und Politik. In Frankreich ist dies nicht so. Wirtschaftsfragen rangieren erst hinter sozialen und kulturellen

Belangen und besonders, wenn diese auf Staatsangelegenheiten einwirken. Aufregung über Wirtschaftspolitik gibt es nur gedämpft. In seiner weniger wichtigen Rolle besitzt das Wirtschaftsleben Frankreichs ein ihm eigene Stabilität, ein Glück, das kein anderes wichtiges Land genießt. Das eröffnet die Chance für einfache, klare Korrekturen und für einen beherrschten Pragmatismus.

Noch offenkundiger ist die französische Gelassenheit gegenüber wirtschaftlichen Aussichten und ökonomischem Wandel. Die Spekulationsstimmung, wie sie in den Vereinigten Staaten, Großbritannien und Japan zu Hause ist, ist in Frankreich seltener anzutreffen. Kein Teil von Paris wird mit Geld, Hochfinanz und wiederkehrenden Exzessen gleichgesetzt wie die Wall Street und die City von London. 1719 hatte John Law das Fieber der Spekulation in die Rue Quincampoix gebracht und später zur Place Vendôme, wohin, wie berichtet wurde, Frauen kamen, die ihre Unschuld gegen Aktien der Mississippi Company verkauften, der Wächterin über die riesigen Goldvorkommen in Louisiana, die bis heute unentdeckt blieben. Die Franzosen lernten ihre Lektion aus der Geschichte gut; seit 1719 brechen Finanzeuphorien nur noch in anderen Ländern aus. Aus diesen Gründen blieb den Franzosen die Katastrophe von 1929 erspart.

In den späteren Depressionsjahren stiegen in Frankreich Regierungen auf und fielen, der Franc wurde schließlich unwillig abgewertet, es gab zahlreiche Verordnungen hinsichtlich Löhnen und Beschäftigung – allgemein wurde für gut gehalten, die Löhne zu erhöhen, um die Kaufkraft zu stärken –, und die staatlichen Bauaufträge und schließlich die Wiederaufrüstung stützten die Wirtschaft einigermaßen. Genaugenommen war dies keine glückliche Zeit für Frankreich; nichtsdestoweniger empfand kein anderes wichtiges Land die Depression als so wenig niederdrückend. Nicht verpflichtet auf irgendeine Sparpolitik und mit einer Wirtschaft von ganz eigener Stabilität, überstanden die Franzosen die Krise viel besser als ihre Nachbarn.

Demgegenüber war Deutschland das Land mit der bestürzendsten Wirtschaftslage in den frühen Depressionsjahren; es war auch der deutlichste Fall staatlicher Intervention, um die wirtschaftliche Erholung zu fördern. Daß dieses unter einer Regierung gelang, die für Unterdrückung, Völkermord und schließlich militärischen Wahn stand, hat die wirtschaftlichen Erfolge häufig aus dem Blick geraten lassen. Adolf Hitler konnte nichts Konstruktives zugeschrieben werden. Tatsächlich aber erholte sich die deutsche Wirtschaft erstaunlich in den Depressionsjahren – die Depression in Deutschland war 1936 vorbei –, und diese Tatsache bleibt bis zum heutigen Tag weitgehend außerhalb der allgemeinen historischen Betrachtung.

Als Hitler 1933 wenige Wochen vor Roosevelt an die Macht kam, war die deutsche Wirtschaft in einer beeindruckend schlechten Verfassung. Die Politik Brünings war, wie schon erwähnt, auf Erholung durch Entbehrung und Deflation ausgerichtet. Die Wirtschaft wurde nicht den Kräften des Markts überlassen; es gab die bereits erwähnte Verordnung, die die Senkung aller Löhne, der Preise der Industriekartelle und auch der Zinsen regelte. Im Sinne der klassischen Theorie wurde erwartet, daß so die Beschäftigung angekurbelt würde, aber die Maßnahmen hatten die gegenteilige Wirkung. Die Zahl der Arbeitslosen sank kurzfristig leicht und stieg dann wieder steil an. In den ersten Monaten des Jahres 1930 übersprang die Zahl der Arbeitslosen die Sechs-Millionen-Marke.

Die anderen Bereiche der Wirtschaft – Kleinbetriebe und besonders die Landwirtschaft – waren in ähnlich katastrophaler Verfassung. Es gibt wirtschaftliche Belastungen, die die Demokratie nicht überstehen kann; die zerbrechliche Struktur der Weimarer Republik war, wie gemeinhin zugestanden wird, tief verletzlich. Brüning wurde kurzfristig durch noch trostlosere Figuren ersetzt. Für eine verzweifelte Nation erschienen Hitler und der Nationalsozialismus bald als die einzige Antwort und, in engen ökonomischen Grenzen gedacht, waren sie es auch.

Ihre Lösung war, die Grenzen für Einfuhren zu schließen und durch strenge Devisenkontrolle jede Flucht aus der Mark zu verhindern und damit jegliche Einbuße des Expansionseffekts auf ausländische Käufer deutscher Ausfuhren. Dann wurden im Inland die Staatsausgaben erhöht und Männern Arbeit gegeben. (Die Betonung liegt auf Männern; von den Frauen wurde erwartet, daß sie zu Hause blieben und sich mit Kirche, Kindern und Kochen beschäftigten.) Die Staatsausgaben nahmen verschiedene Formen an; alle hatten mit Krediten zu tun, die prinzipiell bei den Banken aufgenommen wurden. Anfangs floß das Geld reichlich in zivile staatliche Bauprojekte, die sichtbarsten waren die Autobahnen. 1936, im Jahr von Roosevelts Wiederwahl, war die Depression in Deutschland, wie berichtet, vorüber.

Die Arbeitslosigkeit war nominal gering. Bereits 1933 hatte man einen Schritt unternommen, um einer kostentreibenden Inflation entgegenzuwirken: Die Gewerkschaften waren schlicht verboten worden. Der nächste Schritt wurde nun getan, indem eine Höchstgrenze für alle Preise festgeschrieben wurde. Unternehmen, die auf mehr Profit aus waren, konnten ihre Produktion ausweiten; ihre Preise durften sie nicht erhöhen.

Ich war 1938 in Deutschland, um den Kurs der deutschen Wirtschaftspolitik aus erster Hand kennenzulernen. Ich sah die Braunhemden bei ihren Paraden und meine Zeitgenossen in Militäruniformen. Ich hörte den allgegenwärtigen Gruß: Heil Hitler! Und ich hörte auch Professoren und sogar einen Regierungsbeamten, die ihre streng private Abneigung gegenüber dem Nationalsozialismus und den Nazis ausdrückten. Nichtsdestoweniger erlebte ich ein Wirtschaftssystem, in dem die Depression abgeschlossene Vergangenheit war. Es gab einen starken Unterton der Sorge über die Art und Weise, wie die Erholung gelungen war, speziell über Staatskredite und -ausgaben, von denen sie so klar ersichtlich abhing. Aber das war zweitrangig gegenüber der allgemeinen Zufriedenheit, daß das Land dem wirtschaftlichen Elend früherer Jahre entronnen war.

Die ausländische Kritik an Deutschland in den Zentren der orthodoxen Finanzpolitik und besonders in den Vereinigten Staaten war deutlicher. Die Erholung der deutschen Wirtschaft, so schrieben die angesehenen Kommentatoren, sei nichts weiter als das Vorspiel zu einem katastrophalen Finanzkollaps. Hitler habe das Dritte Reich auf einen Weg gebracht, der ihn und die deutsche Wirtschaft zerstören werde. Die Katastrophe nahte in der Tat, wenn auch nicht aufgrund der Wirtschaftspolitik.

Am Ende wurde ein ungünstiger wirtschaftlicher Aspekt der Politik des Nationalsozialismus offenbar. Die Vereinigten Staaten und Großbritannien traten in den Zweiten Weltkrieg mit großen Reserven an Arbeitskräften und Produktionskapazitäten ein, wohingegen Deutschland nicht über brachliegende Arbeitskraft und nicht ausgelastete Kapazitäten verfügen konnte und seine Wirtschaft sich auf dem höchsten Niveau der Zivilproduktion befand. Für die Vereinigten Staaten und Großbritannien ebenso wie für Kanada und die anderen Staaten des Britischen Commonwealth bedeutete der Krieg bessere Kapazitätsauslastung und höhere Beschäftigung. Für Deutschland bedeutete er Entbehrung und einen ökonomisch weitgehend ineffizienten Rückgriff auf Fremd- und Sklavenarbeit. Das Reservoir an Arbeitslosen und ungenutzten Ressourcen, die die Depression geschaffen hatte, erwies sich für die westlichen Alliierten als eine Hauptquelle der Stärke während des Kriegs. Darauf werde ich noch zurückkommen.

Zwei weitere Länder, die damals beide nur eine kleine Rolle spielten, verdienen es, erwähnt zu werden wegen der Art und Weise, wie sie mit der Depression umgingen. Japan litt zwischen 1930 und 1932 sehr; die weltweite Depression hatte mit Macht die japanischen Inseln erreicht und besonders die japanische Landwirtschaft. Eine Folge waren auffällige politische Unruhen in diesem typischerweise wohlgeordneten Land und einige Gewalttätigkeiten. Mitte der dreißiger Jahre war die Erholung aber bereits gut fortgeschritten, und im Jahr 1936 herrschte, sehr wichtig, wieder Vollbeschäftigung. Die Abwertung des Yen trug dazu bei, die japanischen Exporte auf den Weltmärkten billig zu halten. Wichtiger noch war die staatliche Unterstützung der Wirtschaft, nämlich durch rückläufige Staatsausgaben für Rüstung und Krieg. Hinzu kamen die Besetzung der Mandschurei 1931, drei Jahre später ihre teure Einrichtung zum nominell unabhängigen Staat Manchukuo und danach der Krieg mit China. Aufgrund der guten Beziehungen zwischen der japanischen Regierung und der Industrie wurde die Expansion der japanischen Industrie auch staatlich gefördert. Es gab einen Rückzug aus der einst dominierenden Textilbranche, dem umfangreiche Investitionen in anderen Industriezweigen folgten. Auch im Fall Japan führte der Weg aus der Krise über staatliche Maßnahmen.

Einen kleineren und politisch und sozial weit günstigeren Angriff auf die Depression unternahm Schweden. Dieses erfuhr ich gleichfalls aus erster Hand, als ich eine bemerkenswerte Gruppe schwedischer Wirtschaftswissenschaftler kennenlernte – Gunnar Myrdal, Bertil G. Ohlin, Erik R. Lindahl, Erik Lundberg und Dag Hammarskjöld –, die mit einer früheren konservativen Tradition aufgeräumt hatte und zu dem Schluß gekommen war, daß die Linderung der durch die Depression verursachten Entbehrungen und der Arbeitslosigkeit nur durch entschiedene staatliche Maßnahmen zu erreichen sei.

Was sie vorschlugen, waren, zusammen mit einer beträchtlichen Geldabwertung, Regierungsanleihen und Beschäftigungsprogramme, verbunden mit der Zusage, nach der Erholung zur konservativeren Finanzpolitik zurückzukehren. Sie setzten darauf, die Preise für landwirtschaftliche Produkte zu stützen und das System sozialer Sicherheit erheblich zu stärken – Altersrenten und Arbeitslosenunterstützung.

Dieses Programm wurde in den frühen dreißiger Jahren eingeleitet, lange bevor Keynes sich zu Wort meldete. Nirgendwo sonst waren Wirtschaftswissenschaftler so einflußreich in der praktischen Politik. Bis zu einem gewissen Grad waren die schwedischen Wirtschaftswissenschaftler, die sich in die Staatsangelegenheiten einmischten, in der Tat auch die, die Politik machten. In der zweiten Hälfte der dreißiger Jahre war die Depression in Schweden aufgrund ihrer Maßnahmen beendet. Von Keynes stammt die Theorie, von den Schweden die intensive praktische – und demokratische – Erfahrung.

Die Erholung der schwedischen Wirtschaft beruhte nicht auf Rüstung und Krieg. Persönlich zu beobachten, was dieses kleine Land in jener Zeit geschafft hatte, war eine der lehrreichsten und zivilisierendsten Erfahrungen, die ein Wirtschaftswissenschaftler machen konnte. In einer gerechten Welt würde man sich nicht auf die keynesianische Revolution berufen, sondern auf die schwedische.

12

Der Zweite Weltkrieg

Im Wirtschaftsleben der Vereinigten Staaten während des Zweiten Weltkriegs fallen drei Dinge auf. Zuerst, wie ich es gerade dargestellt habe, gab es den entscheidenden wirtschaftlichen Vorteil, der verbunden war mit den riesengroßen Reserven von Produktionskapazität und Arbeitskraft, die in der Depression entstanden waren und die nun für militärische Zwecke genutzt werden konnten und die Kriegswirtschaft enorm unterstützten. Das galt ebenso für Großbritannien, Kanada und Australien. Die Achsenmächte waren nicht so glücklich dran. Die Depression hatte ein ungeplantes und unerwartetes Geschenk mit sich getragen.

Der zweite beherrschende Faktor, der ebenfalls schon angesprochen wurde, war der stark empfundene Drang, die offensichtlichen Fehler des Ersten Weltkriegs und ihre Folgen zu vermeiden. Ganz besonders vermieden werden sollten eine Inflation und ihre Nachwehen. In den Vereinigten Staaten war die Erinnerung an die Verdoppelung der Preise zwanzig Jahre zuvor noch lebendig. Und da gab es die zahlreichen Mahnungen in den Medien im Hinblick auf die deutsche und österreichische Hyperinflation und die spätere Katastrophe. Die Verhinderung von Inflation erlangte während des Kriegs in allen Ländern zentrale Bedeutung.

Schließlich gab es die Notwendigkeit, die Beschaffung der enormen Mengen von Kriegsmaterial zu organisieren – Schiffe, Flugzeuge, Waffen, Munition, Uniformen – und, sofern erforderlich, für deren Produktion in der zivilen Wirtschaft Platz zu schaffen. Die Geschichte dieses Unternehmens im Krieg wird ernsthaft überschattet, weil Glück, unzweifelhafte Intelligenz und Energie gepaart waren mit auffallender Unfähigkeit, Widerstand und Trägheit. Die Geschichte der letzteren ist noch nie angemessen erzählt worden; allen, die damals in Washington waren und die ein bißchen Einblick in das Geschehen hatten, waren sie aber sehr bewußt.

Mit dem Überfall der Nazis auf Polen im Herbst 1939 wurde der Krieg unvermeidlich, und im darauffolgenden Jahr, als Frankreich fiel, wurde eine Beteiligung Amerikas zumindest wahrscheinlich. Unterstützt und, im Hinblick auf das Material, schließlich gewonnen wurde der Krieg durch die damalige Reserve an Arbeitskräften, die Frauen, die erstmals Arbeitsplätze besetzten, und die Industrieanlagen, die entweder nicht voll ausgelastet waren oder erweitert werden konnten.

Im Lauf dieser Jahre stand erstmals, angeregt und eingeführt von Simon Kuznets, einem ruhigen, bescheidenen Gelehrten von großer Tatkraft und Kompetenz, ein wichtiger statistischer Indikator zur Verfügung, der heute zum Gemeingut gehört: das Bruttosozialprodukt. Es ist das Maß für die Gesamtproduktion von Gütern und Dienstleistungen einer Volkswirtschaft pro Jahr. Aus dieser Rechnung konnte eine weitere Größe abgeleitet werden, die nicht nur etwas darüber aussagte, was eine Volkswirtschaft leistete, sondern auch darüber, was sie leisten konnte. Daraus ergab sich die Erkenntnis, wieviel Rüstungsproduktion möglich war.

Für uns, die damals damit beschäftigt waren, bedeutete Kuznets Arbeit einen Silberstreifen am Horizont. Zwischen 1939 und 1944 verdoppelte sich die Gesamtproduktion amerikanischer Güter und Dienstleistungen nahezu; der Zuwachs in konstanten Preisen ging von 320 Milliarden auf 569 Milliarden Dollar. Die Zivilwirtschaft litt nicht; ungeachtet des enormen Bedarfs der Kriegswirtschaft stieg der private Konsum von 220 Milliarden auf 255 Milliarden Dollar.[47] Einige Güter – Autos, Autoreifen und Benzin, weitere Metallprodukte, einige Textilien – waren natürlich nicht mehr oder nur begrenzt erhältlich, und der Konsum verlagerte sich von den Besserverdienenden zu den vormals Arbeitslosen. Insgesamt jedoch waren die Amerikaner am Ende des Kriegs besser versorgt als jemals zuvor. Eine wichtige statistische Größe, die dieses Glück erklärte, war die Arbeitslosenzahl. 1939 hatten 17,9 Prozent aller zivilen Arbeitskräfte keine Arbeit; 1944 betrug diese Zahl nominal nur noch 1,2 Prozent.[48] Niemals zuvor in der amerikanischen Geschichte war soviel über Opfer für die Nation gesprochen worden, und niemals zuvor hatte es einen so großen wirtschaftlichen Wohlstand gegeben.

Die Erinnerung an den Ersten Weltkrieg drehte sich, wie gesagt, um die Inflation. Deshalb gab es seit den ersten Schritten in Richtung Aufrüstung nach dem Fall Frankreichs 1940 die Sorge, daß die Preise aus dem Ruder laufen könnten. Das höchst unpassende Bild damals war, daß ein bißchen Inflation das gleiche sei wie ein bißchen schwanger, und das in einer Welt, in der Abtreibung nicht einmal erwähnt werden durfte. In Wahrheit kann man eine geringe Inflation abtreiben, aber das durfte nicht gesagt werden.

Im Sommer 1940 rief mich Lauchlin Currie nach Washington, damit ich mich um die ersten und grundlegenden Schritte für eine Preispolitik kümmerte, für die Leon Henderson, einem energiegeladenen, echten New Dealer, die Gesamtverantwortung übertragen worden war. Da die Preise noch depressionsbedingt niedrig und stabil waren, gab es wenig zu tun. Ich beschäftigte mich mit dem Problem, wo und unter wessen Leitung die neuen Rüstungsfabriken errichtet werden sollten. Die Manager, die neu in Washington waren, leisteten besonders Widerstand dagegen, der Tennessee Valley Authority – der »sozialistischen TVA« – in dieser Sache Verantwortung zu übertragen. Meine Aufgabe war es, dieser Haltung entgegenzutreten und zum Bau neuer Fabriken zu ermutigen, nicht dort, wo es ohnehin schon eine Industriezusammenballung gab, sondern in ländlichen Gebieten, besonders im Süden.

Damit war ich recht erfolgreich. Im folgenden Frühjahr, als die Preise zu steigen anfingen und vom Weißen Haus ein zusätzlicher Anstoß kam, sie in den Griff zu bekommen, wurde ich mit der Leitung sämtlicher Bemühungen zur Preiskontrolle beauftragt.

Ende 1941, nach dem Angriff auf Pearl Harbor, erhielt der Präsident vom Kongreß die unbeschränkte Vollmacht, Preise festzusetzen und Strafen für die Verletzung der Preisgrenzen zu verhängen, einige politisch heikle Preise für landwirtschaftliche Produkte ausgenommen. Abgesehen von diesen Ausnahmen, wurden im April 1942 Höchstgrenzen für alle Preise festgelegt – die General Maximum Price Regulation. Ich blieb dafür zuständig bis zum Sommer 1943. Die Preiskontrolle blieb bis zum Sommer 1946 in Kraft, bis ein Jahr nach Kriegsende. Mieten wurden genau überwacht – eine Kontrolle, die nach dem Krieg in New York und anderswo nur unter Schwierigkeiten abgeschafft werden konnte. Löhne wurden ebenfalls Gegenstand von Beschränkungen, die allerdings weniger hart ausfielen.

Unterstützt wurden die Preiskontrollen durch ein umfassendes System der Rationierung, das sich auch auf Konserven, Fleisch, Zucker, Schuhe, Autoreifen und namentlich Benzin erstreckte. Es ging einher mit einem massiven Verwaltungsaufwand von beträchtlicher Originalität und war das natürliche Gegenstück der Preiskontrolle. Wo das Angebot außergewöhnlich gering war und die Nachfrage außergewöhnlich groß, wurde die Nachfrage so durch Zwang in ein Gleichgewicht mit dem Angebot gebracht. Der Großhandelspreisindex stieg während der gesamten Periode von 1939 bis 1945 insgesamt um nur 29,5 Prozent. Er stieg 1946, als die Kontrollen aufgehoben wurden, beachtlich an, aber in der Erinnerung an den Zweiten Weltkrieg, anders als an den früheren und für die Amerikaner sehr viel kürzeren, ist kein Platz für die Inflation.

Die Preiskontrollen waren zunächst eingeführt worden, um sozialen Mißständen und sozialer Unzufriedenheit als Folge der Inflation vorzubeugen, in Wahrheit aber hatten sie einen weiteren, weniger angestrebten, aber sehr wahrscheinlich wichtigeren Effekt. Als die Nachfrage nach Kriegsmaterial in die Wirtschaft strömte, gab es zwei mögliche Konzepte, um die Erträge zu verbessern und die Gewinne zu erhöhen. Das eine war, die Preise zu erhöhen, das andere, die Produktion auszuweiten. Die Preiskontrollen und die damit verbundenen Lohnbeschränkungen ließen als einzige Alternative die Steigerung der Produktion zu. Profitmaximierung, kein untergeordnetes Ziel in Kriegszeiten, wurde horizontal durch mehr Produktion erreicht, nicht vertikal durch höhere Preise. Obwohl es damals kaum wahrgenommen wurde, spielten Preis- und Lohnkontrollen eine sehr wichtige Rolle bei der Ausweitung der Produktion während des Kriegs.

Unnötig zu betonen, daß weder die Politik noch ihre Leistung hinsichtlich der Preise und der Rationierung vollkommen war. Viel zu große Aufmerksamkeit wurde penibel Einzelheiten gewidmet statt dem übergeordneten Ergebnis. Dies zeigte sich in einer übertriebenen Bewertung von Qualitätsverschlechterungen – zwei Erbsen zuwenig in der Konservendose, kürzere Lebensdauer der Strümpfe aus Kunstseide, die die nicht mehr zur Verfügung stehende Seide ersetzte. Politisch schädlich war zweifellos auch die arrogante Selbstsicherheit, ein hehres Ziel zu verfechten, die die Regierungsbeamten vor sich hertrugen, die nicht gerade attraktiver wurden durch ihre, gemessen am Gewicht der Aufgabe, offensichtliche Jugend. Ich war in dieser Hinsicht ein wohlbekannter und typischer Fall. Es war die herausragende Errungenschaft der zivilen Kontrollen, daß sie wirtschaftlich erfolgreich waren, beliebt in der Öffentlichkeit, aber anstoßerregend in ihrer Durchführung.

Die Preis- und Lohnbegrenzungen und die Rationierung waren nur die eine Hälfte der wirtschaftspolitischen Strategie. Sie waren die mikroökonomische Anstrengung; außerdem gab es die Kontrolle der gesamtwirtschaftlichen Nachfrage, die makroökonomische

Anstrengung. Die erste war Aufgabe des Office of Price Administration; die zweite – Steuern, Finanz- und Geldpolitik – lag in der Zuständigkeit des Finanzministeriums und der Federal Reserve.

Die Geldpolitik wurde während des Kriegs bis zu einem ganz ungewöhnlichen Ausmaß einfach stillgelegt. Die Zinssätze blieben niedrig; die Zentralbankzinsen – der Diskontsatz – wurde für diese Jahre auf einem Niveau von einem Prozent eingefroren. Eine außergewöhnlich weise und weitreichende Entscheidung im Zweiten Weltkrieg war, jedes Vertrauen in die zweifelhafte Magie der Geldpolitik zu meiden. Belohnt wurde diese Entscheidung durch das Ergebnis, daß die durch den Krieg notwendig gewordene Kreditaufnahme zu minimalen Zinsen erfolgte und die Kosten des Kriegs letztlich geringer waren wegen der viel niedrigeren Kreditkosten und der bescheidenen Zinszahlungen an die Geldanleger.

So zurückhaltend die Geldpolitik war, so aktiv wurde die Finanzpolitik betrieben. Makroökonomisch setzte man auf die Besteuerung und den Verkauf von Staatsanleihen, der (so wurde gehofft) das Einkommen abschöpfen würde, das sonst in den Konsum geflossen wäre. Diese Maßnahmen waren bemerkenswert erfolgreich.

Von den gesamten Ausgaben während des Kriegs, die sich in den Fiskaljahren 1941 bis 1945 auf mehr als 311 Milliarden Dollar beliefen, waren etwa 43 Prozent durch Steuereinnahmen gedeckt. Das war eine weit bessere Bilanz als im Krieg zuvor. Das Hauptinstrument war die Einkommensteuer, hinzu kam eine Steuer auf Überschußgewinne, mit der übertriebene Kriegsprofite abgeschöpft wurden. Der Spitzensteuersatz wurde auf 91 Prozent angehoben, aber – im Gegensatz zu einer späteren stark begrüßten Doktrin – er verringerte den Anreiz der wirklich Reichen, sich anzustrengen, nicht sichtbar.

Von dem Geld, das nicht von der Steuer betroffen und abgeschöpft wurde, floß ein beachtlicher Teil in die Ersparnisse. Die

Sparguthaben kletterten von einem Anteil von 4,1 Prozent am Einkommen 1939 auf 16,7 Prozent 1945. (1991 waren sie auf 4,1 Prozent zurückgefallen.) Die Leute erinnerten sich an die Entbehrungen während der Depression, nahmen an, sie würde wiederkommen, und horteten deshalb Bargeld und Spareinlagen in noch nie dagewesener Höhe. Da sie kein Auto kaufen konnten, sparten sie das Geld auf für den Tag, an dem sie eines würden kaufen können.

Die vergleichsweise stabilen Preise taten ein übriges, um die Leute zum Sparen zu ermutigen – zum Besitz von in der einen oder anderen Form flüssigen Guthaben. Wären die Preise gestiegen, wäre die Entscheidung ganz anders ausgefallen. Unternehmen, die keine zivilen Investitionen tätigen konnten, häuften ebenfalls Reserven an. Dies alles sollte später eine beträchtliche Wirkung haben. Während der Kriegsjahre nahm man an, es galt sogar als sicher, daß nach dem Sieg die Depression wiederkehren würde. Sie hatte während der vorangegangenen zehn Jahre angehalten; wenn die Stimulation durch den Krieg einmal vorbei sein werde, werde das Wirtschaftsleben zur depressiven Norm zurückkehren. Tatsächlich aber standen gute Jahre bevor, und die Grundlage dafür waren die Ausgabe und Investition der im Krieg angehäuften Mittel. Es wäre natürlich angenehm, zu berichten, daß dies vorausgesehen worden sei, ein Ergebnis scharfsichtiger Nachkriegsplanung. Leider war es das nicht; wirtschaftlicher Erfolg beruht ohne Frage auf intelligenter Voraussicht, er hängt häufig aber auch ab von unvorhergesehenem Glück.

Wie beschrieben, kamen die mikroökonomischen Maßnahmen aus dem Office of Price Administration, die makroökonomischen aus dem Finanzministerium. Nun sollte niemand glauben, daß es zwischen den beiden Ämtern eine freundschaftliche Zusammenarbeit gab. Als für die mikroökonomischen Anstrengungen grundsätzlich Verantwortlicher war es meine feste, häufig geäußerte Meinung, daß das Finanzministerium aktiver sein sollte. Das

Finanzministerium hatte seinerseits ähnliche Zweifel an der Entschlossenheit, sogar an der Ernsthaftigkeit meiner Behörde.

Was die Makroökonomie betraf, war ich wie viele andere auch fasziniert von der Idee, das private Sparen zu forcieren, wie Keynes sie vorgebracht hatte, den ich in jenen Jahren zum erstenmal persönlich traf und mit dem ich bei seltener Gelegenheit meine Kontrollmaßnahmen und die umfassenderen wirtschaftspolitischen Themen jener Zeit diskutierte. Im Gegenzug zu einer speziellen Abgabe im Rahmen des Plans, das Sparen zu forcieren, sollten die Bürger eine Anleihe erhalten, die sie nach dem Krieg in Bargeld umtauschen und ausgeben konnten. Obwohl es bedrängt wurde, reagierte das Finanzministerium nicht auf diese Empfehlung; es war ein sehr plausibler Vorschlag, aber er wurde nicht angenommen. Nichtsdestoweniger waren sowohl die kurzfristigen als auch die langfristigen Wirkungen der allgemeinen Wirtschaftspolitik während des Kriegs, die mikroökonomische Kontrolle und die makroökonomische Besteuerung, erfolgreicher, als wir damals glaubten, daß sie es in jener Zeit sein würden.

Die umfassendere und zentrale Anforderung an die Kriegswirtschaft war, wie beschrieben, Panzer, Flugzeuge, Schiffe, Waffen, Munition und Uniformen bereitzustellen und den erforderlichen Platz für ihre Produktion in der zivilen Wirtschaft zu schaffen. Es gab nicht genug Stahl für den gleichzeitigen Bau von Automobilen und von Panzern, nicht genug Aluminium zur Herstellung von Kochtöpfen und Flugzeugen. Gummi war entsetzlich rar, und mit der Zeit wurde auch Benzin knapp. Die zivile Nutzung mußte beschnitten, das Angebot an Rohstoffen erhöht werden oder beides.

Die Beschaffung lag in der Kompetenz der Streitkräfte. Die Beschaffung für das Heer erfolgte unter dem Kommando von zwei hochqualifizierten Offizieren, Brehon Somervell und Lucius Clay, deren Begabung und Erfahrung weit über militärischen

Drill und Taktik hinausreichten. Somervell hatte zuvor WPA-Operationen für den New Deal in New York durchgeführt, und Clay erlangte später höchste Ehren als Befehlshaber der amerikanischen Streitkräfte in Nachkriegsdeutschland. Mit dem Potential der amerikanischen Wirtschaft im Rücken, wie es Kuznets aufgezeigt hatte zusammen mit Robert Nathan, seinem einstigen Studenten und nun hochmotivierten Vorgesetzten, legten sie die Spezifikationen fest und vergaben die Verträge für die benötigten Waffen und Ausrüstungen.

Wenn vereinbarte Verträge sich als übertrieben vorteilhaft für Hersteller erwiesen, waren Nachverhandlungen vorgesehen, um den Überschußgewinn einzukassieren. Gab es eine offene Vorteilnahme oder eine Bestechung, wurde die Angelegenheit durch einen Ausschuß des Kongresses, dem Senator Harry S. Truman vorsaß, an die Öffentlichkeit gebracht.

Insgesamt betrachtet, verlief die riesige Beschaffungsoperation sowohl effizient als auch bemerkenswert unbeeinträchtigt durch Vorteilnahme und Diebstahl. Es gab jedoch auch eine weniger anziehende Seite.

Das Schaffen von Platz für die Rüstungsproduktion – die Sicherung des Materialangebots, die Umstellung von ziviler auf militärische Nutzung, die Erweiterung der Produktionskapazitäten, die Stillegung ziviler Betriebe mit konkurrierenden Ansprüchen auf Material und Arbeitskraft und eine große Zahl damit verbundener Maßnahmen – wurde, mit einigen Ausnahmen, mit bemerkenswerter Inkompetenz durchgeführt. Schon die Tatsache, daß eine ganze Reihe von alphabetisch aufgelisteten Behörden damit beauftragt werden mußte – die National Defense Advisory Commission (NDAC), das Office of Production Management (OPM), das Supply Priorities and Allocation Board (SPAB) und schließlich das War Production Board (WPB) –, kündigte die Fehler und Enttäuschungen beim Herangehen an diese Aufgaben an.

Das Problem war eher politischer als wirtschaftlicher Natur. Es war notwendig, Manager zur Unterstützung heranzuziehen; es war undenkbar, die Industrie zu mobilisieren, ohne den Geschäftsleuten dabei eine wichtige Rolle einzuräumen. Leider hatten die Manager, die aus diesem Grund nach Washington kamen, ein ganz eigenes, politisch aber plausibles Verständnis ihrer Ziele. Zum Teil ging es ihnen darum, unnötig zu sagen, die Rüstungsproduktion zu unterstützen. Einige der Manager widmeten sich diesem Vorhaben. Zum Teil ging es aber auch darum, die Industrie vor Roosevelt zu schützen und seiner damals acht Jahre andauernden, wie man meinte, Einstellung und Aggression gegen die Wirtschaft. Für viele war die zweite Aufgabe nicht weniger wichtig als die erste. Damit verbunden war der traurige Umstand, daß sich häufig nur die zweite Garnitur der Führungskräfte freiwillig gemeldet hatte oder zur Arbeit mit der Regierung nach Washington geschickt worden war. Die besten Manager arbeiteten weiter in Fabriken und Funktionen zu Hause; diejenigen, die nach Washington kamen, waren nicht auf Taten aus, sondern darauf, über Geschäfte zu reden und gegen Behörden und Washington Stimmung zu machen.

Sie wandten sich besonders gegen Roosevelt und den New Deal. Nun, angesichts der massiven Einflußnahme der Regierung auf die Industrie, schien der Grund für Sorge, Vorsicht und häufigen Widerstand größer als jemals zuvor. Wo machtvolle Initiativen gefordert wurden, gab es einen grundlegenden Instinkt für Opposition.

So war lange vor dem Überfall auf Pearl Harbor erkannt worden, daß zusätzliche Kapazitäten in der Stahlindustrie benötigt wurden. Die großen Stahlunternehmen jedoch waren dagegen – sie lebten bereits seit einer Dekade mit überschüssigen Kapazitäten. Ihr Widerstand gegen Kapazitätsausweitungen war in Washington stark vernehmbar. Schließlich waren es kleine und neue Firmen, die die Führung in der wachsenden Stahlproduktion übernahmen. Ähnlich lautstark verschaffte sich der aktive Widerstand gegen die Stillegung der Autofabriken zu Beginn des Kriegs in Washington Gehör. Vorschläge für die Verteilung knapper Ressourcen wurden generell mit der Antwort abgetan: Die Verteilung könne ruhig der Klugheit (oder der freiwilligen Zusammenarbeit) der beteiligten Industrien überlassen werden. Während der Jahre der Vorbereitung und weiter nach dem Eintritt der Vereinigten Staaten in den Krieg gab es einen zweiten, dringenderen Konflikt in Washington. Für uns, die wir damals im New Deal aktiv waren, bestand er in der Auseinandersetzung mit den Befürwortern einer entschiedenen, sogar aufrichtig verteidigten Untätigkeit.

Am Ende siegten nicht diejenigen, die für Verzögerung, Freiwilligkeit und Untätigkeit plädierten; die Vereinigten Staaten wurden wirklich zur Waffenkammer der Demokratie. Zwischen dem 1. Juli 1940 und dem 31. Juli 1945 produzierten sie für den eigenen Bedarf und den der Alliierten 86338 Panzer, 297000 Flugzeuge, 17,4 Millionen Gewehre, Karabiner und Seitengewehre, enorme Mengen an Artillerieausrüstungen und Munition, 64500 Landungsboote und Tausende von Kriegs-, Fracht- und Transportschiffen bei Kosten von 186 Milliarden Dollar nach damaligem Wert.[49] Ende des Kriegs liefen Frachtschiffe im 24-Stunden-Takt vom Stapel, und als leicht extravagante Demonstration baute die Kaiser Werft in Kalifornien ein komplettes Schiff an einem Tag und ließ es in diesem Zeitraum auch noch zu Wasser.

Die amerikanische Industrie war in den Jahren des Kriegs eigenartig gespalten. In Washington waren die groß angekündigten Ein-Dollar-pro-Jahr-Männer der Inbegriff von Vorsicht und sogar Widerstand. Im Gegensatz dazu gab es draußen in den Fabriken und Schiffswerften ein Klima von großer Energie und Initiative, ein Gefühl des freudigen Erwachens nach den Jahren der Depression, ein enormes Bestreben zu zeigen, was die Fabrik im einzelnen und das Land insgesamt leisten konnten. Dieser Geist und diese Energie und nicht die Leute in Washington bewerkstelligten die großen Produktionserfolge jener Jahre.

13

Großbritannien und die andere Seite

Obwohl die enorme Reserve an Arbeitskraft, Industriekapazität und Material der entscheidende Faktor beim Sieg war, gäbe es mehr über die positiven Aspekte der wirtschaftlichen Leistungsfähigkeit der Vereinigten Staaten während der Zeit des Kriegs zu sagen. Und noch mehr kann über die wirtschaftlichen Erfolge Großbritanniens berichtet werden. Niemals zuvor hatte ein Volk seine Energien so gebündelt wie die Briten nach dem Fall Frankreichs. In Großbritannien hielt wie in den Vereinigten Staaten die Depression an, so daß auch dort brachliegende Arbeitskraft und ungenutzte Kapazitäten in der Rüstungsproduktion eingesetzt werden konnten. Auch Frauen gingen nun zur Arbeit, und weit stärker, als es in den Vereinigten Staaten der Fall war, wurde in Großbritannien ziviler Konsum den Erfordernissen des Kriegs geopfert. Die Spitzensteuersätze wurden auf ein Niveau angehoben, das einer Konfiszierung der Einkommen fast gleichkam, und Preiskontrolle und Rationierung wurden für ein weites Spektrum von Konsumgütern in Kraft gesetzt. Sowohl die Steuererhöhungen als auch die Rationierung wurden verständnisvoll angenommen, sogar begrüßt. Die große Bedrohung durch Hitler wartete jenseits des Kanals; wegen seinem Opfer konnte jeder Bürger empfinden, daß er beteiligt war an der gemeinsamen Anstrengung, daß jeder seinen Teil beisteuerte.

Demgegenüber wurde in den Vereinigten Staaten über Steuern (wie immer), Preiskontrolle und, weniger, die Rationierung viel kontroverser diskutiert. Niemand, der die Preise kontrollierte, wurde darüber im unklaren gelassen, daß die Kontrollierten unbedingt mehr Geld brauchten. Und die Rationierung, besonders von Benzin, war Quelle einer keineswegs geringfügigen Unzufriedenheit und von Versuchen, die Auflagen zu umgehen. In Großbritannien wurden alle diese Maßnahmen akzeptiert, und dies mit wenig sichtbarer Entrüstung.

Es wurde ausreichend darauf hingewiesen, daß die wirtschaftliche Katastrophe des Ersten Weltkriegs zum Lehrmaterial für den Zweiten Weltkrieg wurde. Keine Hinterlassenschaft des Ersten Weltkriegs hatte eine solch anhaltende Besorgnis verursacht wie die Schulden, besonders Frankreichs und Englands, bei den Vereinigten Staaten, die gemacht worden waren, um Kriegsmaterial zu bezahlen. (Auf ähnliche Probleme, die sich aus Reparationszahlungen ergaben, komme ich im nächsten Kapitel zurück.) Aus dem Bedürfnis, den kriegführenden Demokratien zu helfen und einem möglichen Schuldenproblem nach dem Zweiten Weltkrieg vorzubeugen, entstand im Januar 1941 der historische Plan des Leih-und-Pacht-Systems (Lend-lease). Da Schulden unannehmbare Folgen nach dem Krieg gehabt hätten und Schenkungen und Zuschüsse in ihrem Wortsinn und daher auch politisch zu plump waren, blieb nur die Idee, daß Flugzeuge, Schiffe, Rohstoffe und anderes nach Großbritannien geschafft wurden, später in großem Umfang auch in die Sowjetunion, und daß die betroffenen Länder die Ausrüstung später zurückgeben oder in Naturalien bezahlen würden. Ein deutlicher Unterschied zwischen leihen und pachten wurde nie gemacht.

In Washington wurde eine ziemlich große Behörde aufgebaut, zu der ich kurz gehörte, nachdem ich die OPA 1943 verlassen hatte, um den Überblick über den Transfer diverser Waffen und Materialien zu bekommen und, theoretisch, ihre spätere Rückgabe im Auge zu behalten. Letztgenannte Transaktion ging, wer hätte anderes erwartet, in den zahllosen Winkeln der öffentlichen Erinnerung verloren.

Mit Hilfe des Lend-lease-Programms, mehr allerdings durch seine entschlossene Bevölkerung, wurde Großbritannien zu einem beachtlichen Waffenproduzenten. Bereits 1941 – eine ziemlich überraschende Sache – übertraf es Deutschland bei der Herstellung der wichtigsten Rüstungsgüter, ein Vorsprung, den es im folgenden Jahr halten konnte. Mit ein Grund dafür war das Management der deutschen Kriegswirtschaft, das sich durch verblüffend geringe Qualität und häufig durch Inkompetenz auszeichnete; wovon ich mich nach dem Ende des Kriegs selbst überzeugen konnte.

Da ich während des Kriegs eine wichtige Rolle in der amerikanischen Wirtschaftsplanung und -verwaltung innehatte, wurde ich herangezogen, um nach dem Krieg die Leistungsfähigkeit der deutschen Wirtschaft an leitender Stelle zu untersuchen. Ich wurde zum Direktor der United States Strategic Bomb Survey ernannt, einer Organisation, die auf Vorschlag von Präsident Roosevelt eingesetzt worden war und unter Leitung von Kriegsminister Henry L. Stimson stand. Sie sollte die Wirkungen der alliierten Langstrecken- oder strategischen Bombardements auf die deutschen und japanischen Kriegsanstrengungen ermitteln. Dies erforderte eine systematische Betrachtung sämtlicher Aspekte der feindlichen Volkswirtschaften. Die begabtesten amerikanischen (und einige britische) Wirtschaftswissenschaftler und Statistiker wurden für diese großangelegte Untersuchung zusammengerufen und arbeiteten unter meiner Leitung in Deutschland. In den letzten Tagen des Kriegs machten sich meine Kollegen und ich mit Hilfe amerikanischer und britischer Truppen auf die Suche nach wichtigen deutschen Dokumenten und Personen. Viele Tage verbrachten wir mit der Befragung hoher Nazipolitiker, von Hermann Göring bis zu den Chargen unter ihm und vor allem von Albert Speer, der verantwortlich gewesen war für die wirtschaftliche Mobilmachung Deutschlands und die Rüstungsproduktion. Es war eine interessante, sogar ehrenhafte Pflicht.

Die deutsche Kriegswirtschaft beruhte zum Teil auf dem Mangel an brachliegender Arbeitskraft und nicht ausgenutzter Produktionskapazität. Die Wiederbewaffnung hatte in der zweiten Hälfte der dreißiger Jahre begonnen, aber auf einem vergleichsweise niedrigen Niveau, gemessen an den schließlichen militärischen Erfordernissen. Wie bereits erwähnt, begann der Krieg, als die deutsche Wirtschaft Vollbeschäftigung verzeichnete und die Industriekapazitäten mit der Zivilproduktion ausgelastet waren. Dementsprechend mußte die Kriegsproduktion auf Kosten der zivilen Produktion gehen.

Verglichen mit Großbritannien oder selbst den Vereinigten Staaten wurden die Forderungen der Rüstungsindustrie viel vorsichtiger durchgesetzt. In Großbritannien und den Vereinigten Staaten gab es traditionell eine demokratische Verständigung zwischen Bevölkerung und Regierung. Die Regierung wußte, was die Bevölkerung ertragen wollte und konnte. In der Stimmung, die in Großbritannien nach dem Fall Frankreichs und in den Vereinigten Staaten nach dem Überfall auf Pearl Harbor herrschte, war der Wille, Opfer zu bringen, groß, wenn auch in den Vereinigten Staaten eher in Reden als in der Wirklichkeit. In Deutschland gab es keine vergleichbare Verständigung zwischen Volk und Staat; die Regierung war in Folge behutsamer beim Auferlegen von Opfern. Dies war einer der zuvor nicht erkannten Nachteile der Diktatur.

Aus sehr praktischen Erwägungen und vor dem Hintergrund sozialer, politischer und ideologischer Beschränkungen wurden Frauen in Deutschland nicht zur Arbeit herangezogen. Genausowenig aus diesem Grund auch Hausangestellte, deren soziale Stellung während des Kriegs sogar noch aufgewertet wurde durch Hilfskräfte, die aus den neu eroberten Ländern im Osten herbeigeholt wurden. Statt die Zahl der Beschäftigten in der zivilen Produktion drastisch zugunsten der Rüstungsindustrie zu verringern, wurde in großem Umfang und per Zwang Fremdarbeit eingeführt. Diese Arbeitskräfte waren weder sonderlich engagiert noch motiviert. Die deutschen Fabriken arbeiteten während des Kriegs im Einschichtbetrieb, ausgenommen die Werften und einige andere Unternehmen. Auch hier herrschten Gepflogenheiten aus der Friedenszeit vor.

Die nur beschränkte Mobilmachung und Verstärkung der Arbeitskraft waren Ergebnisse von Hitlers beschränkter Sicht des Kriegs. Der Krieg sollte sich nicht so lange hinziehen wie an der Westfront im Ersten Weltkrieg. Statt dessen war das vorherrschende militärische Konzept der Blitzkrieg – schnelle Mobilmachung der Streitkräfte, kraftvoller Vorstoß, Sieg und Unterwerfung, sofortige Demobilisierung. Mit fast klassischer Präzision funktionierte dies gegen die Niederlande und Frankreich in den Frühjahrsmonaten 1940, und man erwartete, daß es auch 1941 gegen Rußland funktionieren würde. Das Konzept des Blitzkriegs erstreckte sich auch auf die wirtschaftliche Unterstützung im Hinterland der Feldzüge. Die Rüstungsproduktion wurde hochgefahren, um den militärischen Vorstoß zu unterstützen, danach gab es eine Ruhepause und die Rückkehr zur Herstellung ziviler Güter. Die Produktion war für kurze Schlachten gedacht, nicht für einen langen Krieg. Nach dem Fall Frankreichs gab es eine derartige Ruhepause, und diese Haltung beeinflußte die Entscheidungen in der deutschen Kriegswirtschaft auch weiterhin. Erst als der Blitzkrieg im Osten auf den russischen Winter traf und später auf die unerwartet kampfkräftigen sowjetischen Armeen, wurde die Rüstungsproduktion dauerhaft auf einen klar umrissenen Level gesteigert. In Folge erreichte die Waffenproduktion ihren Höhepunkt erst Mitte 1944, und da zeichnete sich zunehmend die Niederlage ab, nicht der Sieg.

Nicht der gesamte Zustand der deutschen Kriegswirtschaft kann zurückgeführt werden auf das Konzept und das erwähnte Problem, das Diktaturen dabei haben, die Volksmeinung einzuschätzen. Nachteilig angeführt werden muß auch die große administrative Inkompetenz. Albert Speer, der im Februar 1942 die

Verantwortung für die deutsche Kriegsproduktion übernahm, war ein Mann von Intelligenz und Ambition, unbehelligt von irgendwelchen ernsthaften Beschränkungen durch Prinzipien oder das Gewissen. Außerordentlich zuvorkommend gegenüber den alliierten Befragern, als der Krieg vorbei war, gewann er an Ansehen durch seinen scharfsinnigen Blick auf den Nationalsozialismus und die eigenen Leistungen. Heute wird er in der Geschichte gefeiert, weit wichtigere und wirksamere britische und amerikanische Verwaltungsbeamte hingegen nicht.

Ausgenommen Speer und einige andere, setzte das Dritte Reich in wirtschaftlichen Schlüsselpositionen Männer von entschiedener wirtschaftlicher und allgemeiner Unzulänglichkeit bis hinab zu aufdringlicher Inkompetenz ein. Die in jeder Hinsicht elementaren Probleme der Mobilmachung und des Kriegsmanagements lagen weit außerhalb ihres Begriffsvermögens. Speer gestand während der Befragungen zurückhaltend ein, daß viele, mit denen er in den letzten Tagen des Kriegs zu tun hatte, vor dem Nachdenken über die heranrückende Katastrophe Zuflucht fanden in einer ständigen, bequemen Trunkenheit.

Während des Kriegs hatten Briten und Amerikaner ein ganz anderes Bild von der wirtschaftlichen Mobilmachung Deutschlands, und dieses hatte einen ausschlaggebenden Einfluß auf die Militärstrategie und ihre Wirkungen. Seit den ersten Jahren des Kriegs gab es die stark in der Öffentlichkeit erörterte Zuversicht der Alliierten hinsichtlich der Luftangriffe auf deutsche Städte, Industrieanlagen und Eisenbahnen. Das Grundprinzip dieser Kriegführung war wirtschaftlicher Natur. Die deutsche Wirtschaft galt, um die damals in Amerika häufig benutzte Metapher zu gebrauchen, als »bis zum Zerreißen gespannt«. Jede Zerstörung einer Industrieanlage würde demzufolge Wirkungen auf den gesamten Produktionsausstoß und damit auf das Kriegspotential haben. Und die Wirkung auf das Kriegspotential war demnach direkt und zwingend, wenn Rüstungsfabriken, Werften und Transportwege die Ziele wären. Tatsächlich allerdings halfen die Luftangriffe in einigen Fällen den Deutschen dabei, bis dahin brachliegende Ressourcen für den Krieg zu mobilisieren, eine Tatsache, die belegt wird durch die steigende Waffenproduktion, die bis in die letzten Kriegsmonate anhielt.

In den letzten Februartagen 1944 waren, ein schlagendes Beispiel für wirtschaftliche Fehleinschätzung, deutsche Flugzeugfabriken, die den größten Bestandteil der Rüstungsindustrie ausmachten, Ziel massiver Angriffe. Im März und den folgenden Monaten stieg die Flugzeugproduktion gewaltig: Im März wurden 48 Prozent mehr Kampfflugzeuge als im Februar gebaut.[50] Die Fabrikgebäude hatten schwere Schäden erlitten, die Produktionsanlagen aber kamen meist unbeschädigt davon und wurden schnell wieder eingesetzt. Neue Montagebänder wurden in Fabriken daneben eingerichtet. Die Luftfahrtindustrie wurde außerdem reorganisiert und der inkompetenten Leitung Görings und der Luftwaffe entzogen und dem effizienteren Albert Speer und seinem Ministerium unterstellt. Insgesamt betrachtet, war der Erfolg des Bombardements ein Anstieg der Flugzeugproduktion.

Die Luftangriffe verursachten auch, daß Ressourcen der friedlichen Verwendung entzogen und militärischen Zwecken zugeführt wurden – Stickstoff von der Landwirtschaft zur Munitionsherstellung, Benzin von Autos zu Luftwaffe und Armeefahrzeugen. Selbst die Angriffe der Royal Air Force (RAF) auf Städte können eine stimulierende Wirkung gehabt haben. Die deutschen Luftangriffe auf London 1940 bis 1941 sollen die britische Moral gestärkt haben. Nicht weniger, so die Schlußfolgerung des Bombing Survey, dürften »die Luftangriffe 1943 bis 1944 [auf Deutschland], besonders die flächendeckenden Angriffe der RAF, die Anspannung der nationalen Bedrohung, der das gesamte Volk ausgesetzt war, aufrechterhalten und das erforderliche Klima für Opferbereitschaft geschaffen haben«.[51]

Es läßt sich darüber streiten, inwieweit die Luftangriffe die Moral gehoben haben; was nicht in ernsthaftem Zweifel steht, ist ihre umfassendere wirtschaftliche Wirkung. Es gehörte zur Kriegsdoktrin, daß diese Wirkung notwendig groß sei: Wirtschaftliche Stärke war entscheidend, wie jeder wußte. Es war die Wirtschaft, der die Bombenangriffe galten. In Wahrheit besitzt die moderne Wohlstandswirtschaft ein hohes Maß von Elastizität. Ein schrecklicher Mangel auf einem Gebiet kann überwunden werden, indem dort Ersatz abgezogen wird, wo er weniger wichtig ist. Weder die Langstrecken- noch die strategischen Bomber gewannen den Zweiten Weltkrieg; man ist sich noch nicht einmal darüber klar, ob ihr Einsatz den Krieg in Europa spürbar abkürzte.

Man beruft sich hier auf die gewichtige Bestätigung durch die Geschichte. Sowohl bei Militärs wie auch bei Zivilisten gibt es wenig, das gewisser ist als die entscheidende Rolle der Luftmacht. Wir haben Flugzeuge; folglich müssen sie wirksam sein. In Wirklichkeit ist keine Doktrin so suspekt. In den Jahren nach dem Zweiten Weltkrieg beherrschten die Amerikaner den Luftraum über Korea und Vietnam vollständig; damit gewannen sie weder den Krieg, noch beeinflußten sie den Kriegsverlauf in beiden Ländern sichtbar. Diese Kriege wurden immer noch ausgefochten und gewonnen – auf der Erde. Nach den kleineren Einsätzen auf Grenada und in Panama gab es schwerwiegende Zweifel hinsichtlich des Beitrags der Luftangriffe und der Opfer, die sie unnötigerweise forderten. Sogar nach dem Golfkrieg hat es eine wesentliche Neubewertung der Zielgenauigkeit und Wirkung von Bomben gegeben. Der Glaube an die Wirksamkeit der Luftmacht bleibt stark, die Belege dafür in der Geschichte sind bestenfalls trübe.

Ganz allgemein gibt es Übertreibungen und Fehleinschätzungen, wenn es um die Rolle der Wirtschaft im Krieg und als Instrument der Außenpolitik in Friedenszeiten geht. Das Ziel der strategischen Bomber war, wie gesagt, ein wirtschaftliches: Sie sollten den lebenswichtigen Nachschub der Streitkräfte zerstören. Das taten sie nicht. Aufgrund der reichlichen zivilen Produktion der modernen Wirtschaft gibt es nicht nur günstige Möglichkeiten, Kapazitäten für Kriegszwecke umzuwidmen; auch die Opfer, die die Bevölkerung dabei tragen muß, sind nicht furchtbar, vielleicht weniger als schmerzhaft. Daher rührt auch die häufig geringe Wirkung, die Sanktionen, Boykotte und Embargos in der heutigen Zeit haben. Da sie weder mit dem Einsatz von Truppen verbunden noch politisch schwierig sind, noch gefährlich in der Durchsetzung, werden sie als ein gutes Instrument betrachtet, um aufsässige Regierungen an die Kandare zu nehmen. Was allerdings statt dessen passiert, ist die Neuverteilung von Ressourcen und die Opferung unwichtiger Dinge. Die mit den Sanktionen verbundenen Erwartungen sind hoch, die Enttäuschung ist programmiert.

Im Zweiten Weltkrieg wurde, entsprechend der angenommenen Wichtigkeit der Wirtschaft und wirtschaftlicher Wirkungen, dem mehr Aufmerksamkeit gewidmet, was wirtschaftliche Kriegführung genannt wurde. In den Vereinigten Staaten war das Board of Economic Warfare (BEW) eine prestigeträchtige Organisation, die Henry A. Wallace leitete, der sonst als Vizepräsident nicht ausgelastet war. Hier waren die Hoffnungen zu groß, die Erfolge zu vernachlässigen, und die Existenz der Behörde ist weitgehend in der Geschichte verlorengegangen.

Die japanische Kriegswirtschaft, die ich ebenfalls untersuchte, war gut mobilisiert. Die Kartelle, die großen *zaibatsu*, nahmen sich der Aufgabe gewissenhaft an, und das disziplinierte Proletariat arbeitete ebenfalls wirkungsvoll. Die japanische Mobilmachung war umfassender und stringenter als die deutsche und, in Anbetracht der zur Verfügung stehenden Ressourcen, weit umfänglicher als die der Vereinigten Staaten.

Trotzdem war Japan noch ein kleines Land mit einer relativ kleinen Industrie- und Rohstoffbasis, und es war in einen sehr großen Krieg verwickelt. Egal, wie gut es seine Industrie für militärische Zwecke nutzte, die Ungleichheit blieb ein beherrschender Faktor.

Die Luftangriffe auf Japan, besonders die zerstörerischen und außergewöhnlich grausamen Angriffe auf die Städte, waren schlimmer als alles, was Deutschland erlitt. Die japanische Industrie dürfte auch verwundbarer gewesen sein als die deutsche; wie auch immer, die Schäden wurden weniger schnell repariert. Und wieder war es die Kriegführung zu Lande und zu Wasser (zusammen mit der Niederlage Deutschlands), die schließlich Japans Kapitulation herbeiführte, nicht die wirtschaftlichen Verluste für den militärischen Nachschub durch die Bombardements.

Die Situation Japans, das sollte angemerkt werden, wurde noch verschlechtert durch seine äußerst ungünstige militärische und strategische Lage – durch die Notwendigkeit, ein Gebiet zu verteidigen, das sich tief ins asiatische Festland hinein und über eine lange Inselkette bis nach Guadalcanal erstreckte. Dieses Territorium war verwundbar, weil irgendein Glied in der Kette im Angriff überrannt werden konnte. Der Strategic Bombing Survey[52] stellte nicht nur nebenbei fest, daß die Atombombenangriffe das Ende des Kriegs nur um wenige Wochen beschleunigt haben. Die japanische Führung hatte die Niederlage bereits eingestanden; die Entscheidung zu kapitulieren war schon eingeleitet.

Man erinnere sich daran, daß sowohl in Deutschland als auch in Japan wirtschaftliche Entscheidungen politischen und militärischen Erwägungen untergeordnet waren. Dies konnte und wurde gelegentlich auf ein hohes Maß von Inkompetenz, sogar auf Wahnsinn zurückgeführt. Dafür sprach zum Beispiel Hitlers Entscheidung, die Sowjetunion anzugreifen und wenige Wochen vor dem russischen Winter Streitkräfte in das riesige Sowjetreich zu schicken. Genauso Japans Überfall auf Hawaii, der einen verheerenden amerikanischen Gegenschlag provozierte. Und, gleich danach, Hitlers Kriegserklärung an die Vereinigten Staaten, die sicherstellte, daß sich die Aufmerksamkeit und militärische Macht der Amerikaner nicht in großem Maß von Europa in den pazifischen Raum verlagerte. Jede Einschätzung der Rolle wirtschaftlicher Entscheidungen im Krieg muß sie aus der Perspektive der weit zerstörerischen politischen und militärischen Fehler sehen. Wieder die erstrangige Rolle, die die Dummheit im Lauf der Geschichte spielt.

14

Der Frieden: I

Kein Land in modernen Zeiten bewegte sich je aus einem Krieg heraus in dermaßen glückliche wirtschaftliche Umstände wie die Vereinigten Staaten im Jahr 1945. Der Staatshaushalt wurde schnell zurückgestutzt – von 92690000 Dollar 1945 auf 29773000 Dollar 1948, eine Friedensdividende von wirklich überwältigender Größe. In einer der phantasiereicheren und zivilisierteren Aktionen der modernen Geschichte wurde den aus dem Militärdienst entlassenen Soldaten die Möglichkeit angeboten, sich auf Staatskosten schulen zu lassen als Entschädung für die Jahre, die sie beim Militär verloren hatten. Es gab eine große und dankbare Resonanz.

1946 wurden unter heftigem Druck der Industrie die Preiskontrollen aufgehoben, und es gab, wie berichtet, einen Preisschub, der aber bald wieder nachließ. Weit wichtiger und damals entschieden überraschender war die Leistungsfähigkeit der Wirtschaft insgesamt.

Wie berichtet, hatte fast jeder für die Nachkriegszeit düstere Aussichten erwartet. Zehn Jahre Depression waren dem Krieg vorausgegangen; wer konnte daran zweifeln, daß Depression der Normalzustand war? Reden, in denen eine künftige bessere Wirtschaftswelt angekündigt wurde, wurden gehalten, aber sie waren nichts weiter als inhaltsleere Rhetorik, wie sie so oft in Wirtschaftsfragen benutzt wird, um die harte Realität zu verschleiern. Die Depression kehrte nicht zurück.

Die Gründe dafür sind im Rückblick alles andere als merkwürdig. Aus den Kriegsjahren stammte eine enorme Reserve von Kaufkraft, wie schon erörtert wurde. Geld, das normalerweise für Automobile ausgegeben worden wäre oder für andere dauerhafte Güter, Häuser, sogar Kleidung, war zurückgehalten worden – in Bargeld, Bankeinlagen oder Kriegsanleihen. Zivile Investitionen waren ebenfalls zurückgestellt worden. Dieses alles zusammen bildete die große Kaufkraftreserve, die nun auf dem Markt erschien. Auch Kriegsschulden wurden in großen Raten zurückgezahlt; 1947 und 1948 hatte die Bundesregierung Überschüsse von 3862000 Dollar bzw. 12001000 Dollar über die Ausgaben von 34532000 Dollar und 29773000 Dollar. Die Arbeitslosenquote, die, wie wir gesehen haben, 1939 bei 17,2 Prozent gelegen hatte, betrug 1947 3,9 Prozent. Im Vorfeld war als sicher angenommen worden, daß der Schmerz des Kriegs besonders akut sein würde in seinen Nachwehen. Dies, in einem einzigartigen Ausmaß, war nun keineswegs die Wirklichkeit in den Vereinigten Staaten. Die Lage war nie besser gewesen.

Der Eindruck, die Furcht sogar, einer lauernden wirtschaftlichen Katastrophe löste sich nicht ganz auf; aber gab es das Gefühl, daß man mit intelligenten wirtschaftlichen Maßnahmen etwas dagegen unternehmen könne. Das schien eine erstrangige Lektion des Kriegs zu sein. Die umfangreichen staatlichen Interventionen und die Ausgaben und Investitionen, die während des Kriegs für Vollbeschäftigung gesorgt hatten, waren die endgültige Bestätigung von Keynes. Die Schlußfolgerung lag auf der Hand: Laßt uns die Lektionen, die wir so gut gelernt haben, weiter anwenden.

Die geforderten Taten waren mit etwas verbunden, was in der Wirtschaftsgeschichte fast einmalig ist: dem neuen, wundervoll hohen Ansehen der Wirtschaftswissenschaftler. Wirtschaftswissenschaftler waren in der Mobilmachung hervorgetreten. Sie hatten die neue volkswirtschaftliche Gesamtrechnung entwickelt – das Volkseinkommen und das Bruttosozialprodukt, gegenwärtig und hinsichtlich seines Potentials – und hatten so gezeigt, welche Rüstungsproduktion möglich war. Sie waren führend gewesen bei der Schaffung der mikroökonomischen Politik, die die Preise kontrollierte und die Löhne begrenzte, und in der makroökonomischen Politik, die die Gesamtnachfrage durch Steuern begrenzt hat. Da sie im Krieg so offensichtlichen Erfolg gehabt hatten, sollten sie, das war klar, auch im Frieden ihren Zweck erfüllen.

Aus dieser wohlwollenden Einstellung erwuchs der Employment Act von 1946. Er entstammte nicht einer Initiative des Präsidenten; er wurde vielmehr fast spontan im Kongreß geboren unter der Schirmherrschaft des Senators von Montana, James Murray. Ursprünglich hatte der Titel *Voll*beschäftigungsgesetz (*Full* Employment Act) gelautet, er wurde aber durch konservative Politiker und Druck revidiert. Modifiziert wurden einige ursprünglich vorgesehene Klauseln, in denen gefordert wurde, jedes Jahr ein Programm für Ausgaben, Besteuerung und andere politische Maßnahmen durchzuführen, um jedem einen Arbeitsplatz zu gewährleisten. Statt dessen schuf das Gesetz eine Beratergruppe aus Wirtschaftswissenschaftlern, die im Weißen Haus tagen sollte, um die größtmögliche Aufmerksamkeit für fortschrittliche Wirtschaftspolitik zu gewinnen. Ein von beiden Häusern gebildeter Ausschuß sollte die Empfehlungen der Berater entgegennehmen und, wenn nur durch Öffentlichkeit und Überzeugung, sich für ihre Durchsetzung stark machen. Der Council of Economic Advisers und das Joint Economic Committee waren geboren. Der Council setzte sich aus Wirtschaftswissenschaftlern zusammen, und sie waren auch stark im Committee vertreten. Eingeschlossen war die Verpflichtung auf eine umfassende Politik der gelenkten Nachfrage für hohe Beschäftigung und nachhaltiges Wirtschaftswachstum.

Hierin und weniger in den abgemilderten Anforderungen des Gesetzes bestand die wahre Kraft des Employment Act. Es verlagerte die Verantwortung für das makroökonomische Management der Wirtschaft fest auf die Schultern der Regierung. Gab es Arbeitslosigkeit, wirtschaftliche Leistungsdefizite, war dies fortan Regierungsversagen, und die Regierung war dafür verantwortlich, etwas dagegen zu tun. So sah es künftig aus für demokratische wie für republikanische Präsidenten.

Präsident Truman reagierte auf das neue Gesetz zunächst ohne Begeisterung. Der erste von ihm ernannte Vorsitzende des Council, Edwin Nourse, war ein hervorragender Wirtschaftswissenschaftler alter Schule ohne Zugang zur Welt der Keynesschen Wirtschaftstheorie. Er hatte, so wurde unterstellt, Keynes nicht einmal gelesen. Bald jedoch folgte ihm Leon Keyserling, ein Rechtsanwalt wurde Ökonom, ein überzeugter Aktivist, der eng mit den Arbeitern und der Arbeiterbewegung verbunden war, trefflich reden konnte, streitlustig war und häufig beleidigend. Er war mehr als angemessen standfest in seinem Glauben, daß die Regierung die Wirtschaft unterstützen müsse. Ökonomen bedauerten, daß Keyserling die Weihen des Fachwissenschaftlers fehlten, niemand aber konnte sein Wirksamkeit bezweifeln. Unter ihm gewann der Council eine Bedeutung in der Wirtschaftspolitik, die sich in den folgenden Jahren deutlich festigen sollte. Volle Anerkennung gebührt ihm auch dafür, was zu Recht die guten Jahre des amerikanischen Kapitalismus genannt wurde.

Der wirtschaftliche Unterschied zwischen den Vereinigten Staaten, Kanada und einigen wenigen anderen glücklichen Ländern und dem zerstörten Europa und Japan in den Jahren nach dem Krieg hätte kaum größer sein können. Zunächst war da die physische Zerstörung, stark in den Städten Großbritanniens, relativ gering in Frankreich, moderat in Italien und furchtbar in Deutschland und Japan und auch in Osteuropa und der Sowjetunion. Dies war die Hinterlassenschaft des Landkriegs und mehr noch der weitgehend wahllosen Zerstörungskraft des konsequenten Luftkriegs.

Der Wiederaufbau der zerstörten ehemaligen Feindstaaten wurde anfangs durch die Reparationspolitik bedroht. Wie berichtet, hatte nichts die Wirtschaft nach dem Ersten Weltkrieg mehr geplagt als das Reparationsproblem – der Zwang der besiegten Länder, allen voran Deutschlands, Geld aufzutreiben für Reparationszahlungen. So konnten nur Devisenreserven entnommen werden, die es nicht gab, oder einem ausreichenden wertmäßigen Überschuß der Ausfuhren über die Einfuhren. Diese Anstrengungen störten den normalen Geschäftsverlauf stark. Nach dem Zweiten Weltkrieg erschien es offensichtlich, daß das Problem der Geldreparationen vermieden werden mußte. Und wieder war die Stimme von John Maynard Keynes zu vernehmen; er wandte sich gegen diesen Wahnsinn, den er bereits angeprangert hatte, als er Versailles den Rücken kehrte und nach Hause fuhr.

Statt dessen wurden Reparationen nun in Sachwerten geleistet, jene Siegerstaaten, denen das Nötige fehlte, holten Schiffsladungen Kohle und andere Dinge aus den Feindstaaten, sie bauten Industrieanlagen ab und ersetzten damit, was bei ihnen im Krieg zerstört worden war. Auf diese Weise erhielten die Sieger neue Fabriken, und ihre Industrieproduktion kam wieder in Schwung. Um es zu wiederholen: Reparationen nicht in Geld, sondern in Sachwerten. In Reaktion auf eine ideenreichere und auf Strafe zielende Stimmung, sollten sie Deutschland und Japan auch die wirtschaftliche Basis ihrer Kriegsmacht nehmen; ihr friedliches Verhalten in der Zukunft wurde so sichergestellt. Besonders in Deutschland dienten Reparationen in Sachwerten dem weiter gefaßten Konzept der »pastoralization«, der Rückkehr des Landes zum erzwungenen Frieden einer landwirtschaftlichen Existenz. Eine Version dieses Konzepts war in Washington als Morgenthau-Plan bekannt nach seinem berühmtesten Verfechter, Finanzminister Henry Morgenthau.

Innerhalb weniger Monate nach Ende des Kriegs mußte diese Vorstellung aufgegeben werden. So unmöglich Reparationsleistungen in Geld auch waren, in Sachwerten waren sie noch schlimmer und in ihrer sozialen Wirkung demoralisierend. Als der Beamte, der in diesen Monaten im Außenministerium direkt verantwortlich war für die deutschen und japanischen Wirtschaftsangelegenheiten, erkannte ich dieses Problem in außerordentlicher Klarheit. Meine Hauptarbeit in jenen Tagen bestand darin, diesen Fehler zu beheben, unterstützt von anderen, die meiner Meinung waren.

Reparationsleistungen aus Deutschland in Form der reichlich fehlenden Kohle zu verlangen zum Beispiel war nur bei einer vernünftig arbeitenden Wirtschaft möglich – einer, die den Bergarbeitern Arbeits- und Lebensmittel gab und vor allem genug zu essen. Industrieausrüstungen, die als Reparationen abtransportiert wurden, hatten im Empfängerland oft nur geringen Wert. Sie paßten nicht in die vorhandenen Fabrikanlagen, benötigten Ersatzteile, die nirgendwo aufzutreiben waren, genausowenig gab es für ihre Wartung geeignete Fachkräfte; viele japanische Industrieanlagen waren in weniger entwickelten Ländern wie zum Beispiel den Philippinen fehl am Platz. In Deutschland, wo einige Fabriken demontiert und in die Sowjetunion transportiert wurden, war nichts entmutigender oder sogar grausamer für die Bürger eines ohnehin geschlagenen Gemeinwesens, als zu sehen, daß das, wovon ihr Überleben abhing, von uniformierten Ausländern abgebaut und fortgeschleppt wurde. Schon bald wurde diese Politik sowohl in Deutschland als auch in Japan beendet. Sie hatte gegenüber den Geldreparationen nur den Vorteil, daß der Fehler in der Durchführung schneller sichtbar wurde.

Es gab eine weitere Lehre aus jenen Jahren, wichtiger und sogar heute noch nicht vollständig anerkannt. Das ist der radikale Unterschied zwischen der Besetzung eines rein landwirtschaftlich genutzten Territoriums und der Übernahme einer modernen, verwirrend komplexen Industriegesellschaft. Das erste ist möglich;

das zweite ist nicht nur unmöglich, sondern bürdet auch denen, die es versuchen, einige der schwersten Lasten auf.

Ackerland, sogar modern bewirtschaftetes, das im Anschluß an militärische Siege besetzt wird, nutzt den Eroberern genausogut wie den Unterworfenen. Die Produktion geht weiter; die grundsätzlichen Entscheidungen und die wesentlichen Aufgaben der Bewirtschaftung sind Sache der Bauern oder Gutsbesitzer. Ernten, die über den vorhandenen Bedarf hinausgehen, werden weiterhin verkauft; Steuern werden weiter gezahlt oder, wenn nötig, gefordert. Das neue Territorium erhöht Wohlstand und Ansehen des Eroberers. Sogar die Arbeitskräfte können zur Fron gezwungen werden. Der neue Herrscher mag mit Unwillen betrachtet werden, aber er regiert, und er kann es erfolgreich. So war es, wie bereits beschrieben, seit frühester Zeit.

Moderne Industrien und das Leben in Industriegesellschaften eignen sich dagegen nicht dazu, erfolgreich unter militärischer Besatzung und Kontrolle zu arbeiten. Dieses hätte eine Lektion aus der Zeit nach dem Ersten Weltkrieg und aus der in jeder Hinsicht katastrophalen französischen Besetzung des Ruhrgebiets sein können. Überdeutlich zeigte sich diese Erfahrung sowohl in Deutschland als auch in Japan in den Nachwehen des Zweiten Weltkriegs. Die moderne Industriewirtschaft ist eine Schöpfung von unendlicher Komplexität. Sie braucht Rohstoffe, Bauteile, ausgebildete und ungelernte Arbeitskräfte, Transportsysteme, Finanzmittel, ein aufmerksames Management und Märkte. Und auf jeder Stufe braucht sie in der einen oder anderen Form die anspruchsvolle Rolle des Staats. Industrie braucht eine Autonomie, die sich nicht mit Militärherrschaft verträgt, und sie braucht staatliche Unterstützung, die keine Militär- oder ausländische Regierung gewähren kann. In den Monaten nach dem Zweiten Weltkrieg lernten die Alliierten schnell, daß die Kontrolle über die Industrieproduktion und somit die damit verbundene wesentliche Regierungsverantwortung den Deutschen und Japanern zurückgegeben werden mußte. Im September 1946, ein wenig mehr als ein Jahr nach Kriegsende, übertrug Außenminister James F. Byrnes in einer Rede in Stuttgart den Deutschen wieder die Leitung ihres Wirtschaftslebens. Ich war dabei und lauschte der Ansprache mit Interesse und Zustimmung, zumal ich sie entworfen hatte.[53]

Für die bezwungenen Mächte indes waren Autonomie und Verantwortung nicht genug. Sie brauchten ebenfalls Betriebskapital und einen Anreiz zu produzieren.

15

Der Frieden: II

Wir haben schon ausführlich dargestellt, wie entschlossen die Kontrahenten im Zweiten Weltkrieg waren, die wirtschaftlichen Fehler des Ersten Weltkriegs nicht zu wiederholen. Und besonders die Inflation zu vermeiden. Zu diesem Zweck wurden die Preise kontrolliert und Nahrungsmittel und andere Konsumgüter rationiert. Die Rationierung war mild in den Vereinigten Staaten und in Kanada, rigoros in Europa und Japan. Wo sie streng war, führte sie, obwohl dies damals kaum bemerkt wurde, zu einer anderen und geradezu erstickenden Form von Inflation.

Vor allem das Geld, das vom Staat geliehen und für Waffen und den Krieg ausgegeben wurde, häufte sich außerhalb des Rationierungssystems; es gab nichts oder nur wenig zu kaufen, was nicht rationiert war. Lagerbestände fast aller nichtrationierten Waren waren aufgekauft worden, weil man glaubte, jeder Kauf sei besser, als fast nutzloses Geld zu besitzen. Und da man mit Geld nichts kaufen konnte, warum sollte man etwas verkaufen, um Geld dafür zu erhalten? Oder warum etwas herstellen? Oder für Geld arbeiten? Dies war der Extremfall einer streng rationierten Wirtschaft, in der Geld reichlich vorhanden und überflüssig war. Fast erreichte Deutschland diesen Zustand gegen Ende des Kriegs und in der Zeit direkt danach, und, weniger ausgeprägt, auch die anderen kriegführenden Staaten in Europa ebenso wie Japan waren in ähnlicher Verfassung. In Deutschland wurden Zigaretten, die es sich im Gegensatz zu Papiergeld zu besitzen und aufzubewahren lohnte, zu einem beträchtlichen Grad Tauschmittel. Zigarettenkippen wurden aufgeklaubt und sorgfältig verwahrt. In einem Durchgang, der zu General Lucius Clays Hauptquartier in Berlin führte, gab es eine Herrentoilette. An einer der Wände hing ein Schild: »WERFEN SIE KEINE ZIGARETTENKIPPEN IN DIE PISSOIRS«. Darunter hatte ein nachdenklicher G. I. geschrieben: »Sie weichen auf und lassen sich nur schwer rauchen.«

Die offensichtliche Lösung bestand darin, den Wert der im Umlauf befindlichen regulären Banknoten herabzusetzen, indem man die vorhandenen Geldscheine gegen andere mit geringerem Nominalwert, aber mit Kaufkraft zwangsweise austauschte. Mit dem ihnen eigenen Pragmatismus führten die Franzosen dies in den ersten Monaten nach dem Krieg durch. Der Währungstausch hatte den weiteren praktischen Nutzen, den Gewinn der Schwarzmarkthändler zu mindern und jenen, die sich unter der kollaborierenden Vichy-Regierung besonderer Privilegien erfreuen durften, jeden weiteren Vorteil ihrer früheren politischen Belohnung zu nehmen; es war höchst unklug, Schuld einzugestehen, indem man gehortete Geldbestände zum Umtauschen brachte.

Im Hinblick auf Deutschland, wo die Situation noch ernster war, wurde in amerikanischen Regierungskreisen Anfang 1946 über einen Währungsschnitt beraten. Zwei hervorragende Wirtschaftswissenschaftler, Gerhard Colm und Raymond Goldsmith, beide Amerikaner europäischer Abkunft, hatten sich mit Joseph Dodge zusammengetan, einem Detroiter Banker, der sich nun um die finanziellen Angelegenheiten der Deutschen kümmerte, um den Colm-Dodge-Goldsmith-Plan zu entwerfen, mit dem ein Geldumtausch erreicht werden sollte. Im Außenministerium war ich am Rand mit diesen Bemühungen befaßt. Der Plan lag bis 1948 herum und wurde dann, in leicht abgewandelter, etwas konservativerer Form[54] vom deutschen Wirtschaftsminister Ludwig Erhard umgesetzt.

Es gab eine prompte und beeindruckende Resonanz. Waren, die zurückgehalten worden waren, statt sie für wertloses Geld zu verkaufen, kamen auf den Markt; Läden, die kurz zuvor leer gewesen waren, füllten sich mit Waren; es lohnte sich wieder, für Geld zu produzieren. Erhards Wirtschaftswunder wurde täglich gepriesen, die Rolle der ursprünglichen Urheber dieses Planes blieb weithin unerwähnt. Das »Wunder« wäre viel weniger wunderbar ausgefallen, wäre es nicht von einer Anstrengung begleitet worden, die ebenfalls in bemerkenswertem Kontrast zur Wirtschaftspolitik nach dem Ersten Weltkrieg stand.

In den Jahren, die der Kapitulation der Deutschen und der Japaner folgten, ergab sich die Notwendigkeit, die Industrien zu reparieren und anderswie wiederaufzubauen, die durch Kriegseinwirkungen zerstört worden waren. Verglichen mit anderen Problemen, war dies kein zu schwieriges Unterfangen und weit weniger kritisch, als gemeinhin angenommen wurde. Wie bereits bemerkt, war der tatsächliche Schaden geringer, als die zerbombten Städtelandschaften vermuten ließen und die offizielle Interpretation der Luftkriegführung unterstellte. Es gab außerdem den weniger offensichtlichen Umstand, daß im normalen Verlauf des Wirtschaftslebens Industrieanlagen einem ständigen Prozeß der Erneuerung unterliegen als Folge ihres Alters oder ihrer Abnutzung. Ein Jahrhundert zuvor hatte John Stuart Mill diesen Prozeß beobachtet, und Joseph Schumpeter pries ihn als einen Aspekt der »kreativen Zerstörung« im kapitalistischen Prozeß. Der Krieg hatte diesen Prozeß bloß beschleunigt. Die physische Zerstörung der Industrieanlagen war bei weitem nicht das schlimmste Problem, das Europa oder Japan nach dem Krieg zu lösen hatte.

Ein schwierigeres Problem war, woher das Betriebskapital kommen und wie es *bezahlt* werden sollte – Nahrungsmittel, Rohstoffe, Maschinenteile, die Maschinen selbst und andere Dinge –, das wesentlich war, um die Produktion in Gang zu setzen. Es lag in der Natur der Sache, daß vieles davon aus den Vereinigten Staaten kommen mußte oder, in weniger großem Umfang, von den anderen

Nationen, die noch in der Lage waren, Nahrungsmittel und Rohstoffe anzubieten. In jedem Fall aber mußten Dollar oder ihr Äquivalent beschafft werden, um sie zu bezahlen. Diese waren in den bedürftigen Ländern nicht vorhanden und würden auch nicht vorhanden sein, solange es nichts gab, was sie verkaufen konnten.

Der plausible politische Kurs für die Vereinigten Staaten war, in ausreichender Menge Kredite zu vergeben, so daß die zerstörten Länder in der Lage waren, zu kaufen, was sie zum Wiederaufbau benötigten. Hier wiederum jedoch warnte die frühere Erfahrung und schritt ein. Eine internationale Schuldenlast mit einem Schuldendienst, der bezahlt (und schließlich erlassen) werden mußte, würde entstehen, und dies genau war das, zu dessen Verhinderung das Lend-lease-Programm konzipiert worden war. Es gab nur eine Lösung; sie war, das Geld zu *verschenken.* Hier kommt der Marshall-Plan ins Spiel. Er trug den Namen des Außenministers George C. Marshall, der die Idee, Europa eine helfende Hand zu reichen, in einer Promotionsrede in Harvard im Juni 1947 vortrug und damit eine Aktion auslöste, die viel eindrucksvoller sein sollte, als er es damals erwartete.

Bereits zuvor hatte es eine weniger gefeierte Reaktion gegeben. Im Dezember 1945 war nach Verhandlungen, in denen Lord Keynes die führende Rolle spielte, ein Kredit über 3,75 Milliarden Dollar von den Vereinigten Staaten nach Großbritannien geflossen zu einem Zinssatz von zwei Prozent. Es wurde festgelegt, daß das Pfund Sterling, das bis dahin noch unter den strengen Kontrollen der Kriegstage stand, innerhalb eines Jahres nach der Unterzeichnung des Kreditvertrags konvertibel sein müsse – eine gewaltige Zumutung der Orthodoxie für den gesunden Menschenverstand. Und so geschah, was geschehen mußte. Es war eine Katastrophe. Jene, die entweder rechtens oder skrupellos während des Kriegs große Beträge an Pfund Sterling gehortet hatten, drängten sich eifrig vor, um Pfund in Dollar umzutauschen. Ein satter Gewinn.

Der Kredit war schnell verschwunden; seine Wirkung auf die britische Wirtschaft war minimal. Diesen Fehler versuchte der Marshall-Plan nun zu vermeiden. Es sollte insgesamt ein vorsichtigerer Weg zurück zum normalen Wirtschaftsleben eingeschlagen werden. Kontrollen, eingeschlossen Devisenkontrollen, würden, falls erforderlich, beibehalten. Liberalisierung war das Endziel, aber es mußte nicht rücksichtslos sofort erreicht werden.

Es gab ein weiteres, besonders ernstes wirtschaftliches und politisches Problem; dieses bestand in der sehr heiklen Frage, wie das durch den Marshall-Plan zur Verfügung gestellte Geld auf die bedürftigen europäischen Länder aufgeteilt werden sollte. Eine überzeugende wirtschaftliche Logik wurde für diesen Prozeß zum Tragen gebracht; jedes Land wurde aufgefordert, ein Ziel für den Wiederaufbau zu definieren zusammen mit einer Kalkulation der Importe, die notwendig waren, um das Voranschreiten zum Ziel dauerhaft möglich zu machen, und des sich so ergebenden Zahlungsbilanzdefizits. Dieses Defizit würde dann durch die Marshall-Plan-Hilfe gedeckt. (Es wird erzählt, daß die Türken zunächst eine ausgeglichene Zahlungsbilanz einreichten, weil sie glaubten, dieses würde die wirtschaftlich verantwortlichen Amerikaner am meisten beeindrucken. Sie wurden ziemlich streng darauf hingewiesen, daß in der neuen Wirtschaftsordnung der Kurs der Weisheit nicht darin bestehe, eine ausgeglichene Zahlungsbilanz anzustreben, sondern ein überzeugendes Defizit vorzuweisen. In einer einzigen Nacht wurden die türkischen Rechnungen revidiert.) Ernste Aufmerksamkeit mußte sich auch darauf richten, wie und für was das Geld ausgegeben wurde. Zu diesem Zweck wurden ziemlich große Organisationen in Paris und Washington geschaffen, um etwas durchzuführen, was ohne Umschweife als unentbehrliche Wirtschaftsplanung bezeichnet wurde – ein geplanter Wiederaufbau.

Möglicherweise verschleierten der Marshall-Plan und die beträchtliche und angesehene Rolle, die seinen politischen Köpfen – Paul G. Hoffman in Washington, W. Averell Harriman in Europa – und vorzugsweise seinen Wirtschaftswissenschaftlern zugeschrieben wurde, einmal mehr die tiefere Wirklichkeit. Geld war die Hauptsache. War es verfügbar, lief der Rest von allein. Damit sollen jedoch nicht die bedeutenden Verdienste der Wirtschaftswissenschaftler geleugnet werden, die zu entscheiden halfen, wofür das Geld ausgegeben werden sollte.

Drei besonders herausragende Persönlichkeiten – Robert J. Marjolin in Frankreich, Eric, später Lord Roll, der aus Großbritannien kam und in Paris stationiert war, und Richard Bissell in Washington – standen miteinander in enger beruflicher Verbindung. Sie alle ließen nationale Interessen außer acht. Marjolin und Roll, setzten, was erwähnt werden sollte, ihre beachtlichen Karrieren in ihren Heimatländern fort. Richard Bissell blieb nach der Durchführung des Marshall-Plans im öffentlichen Dienst und ging zur Central Intelligence Agency (CIA), wo er der Entwicklung der U-2-Spionageflugzeuge den Weg bahnte. Seine Karriere wurde 1961 binnen weniger Stunden abrupt beendet, als er die Verantwortung für die Operation gegen Fidel Castros Kuba in der Schweinebucht übernahm. Eine traurige Geschichte.

Die anfänglichen Ausgaben beim Marshall-Plan lagen etwas unter 6 Milliarden Dollar, und schließlich durchliefen insgesamt 13 Milliarden Dollar (was heute einem Wert von 53 Milliarden Dollar entspräche) die Economic Cooperation Administration (ECA), die Washingtoner Behörde, die eingerichtet worden war, um das Programm zu überwachen. Etwas mehr als die Hälfte wurde für Primärgüter ausgegeben – Nahrungsmittel und Industrierohstoffe –, 17 Prozent für Benzin, 17 Prozent für Maschinen und 7 Prozent für den Schiffstransport.

Die Wirkung erfüllte alle Erwartungen: In den dreieinhalb Jahren, in denen der Marshall-Plan lief, stieg das Bruttosozialprodukt der unterstützten Länder um 25 Prozent; die Produktion der Industrie nahm um 64 Prozent zu und die der Landwirtschaft um 24

Prozent.[55] Einiges davon hätte sich sicherlich auch unter normalen Umständen ergeben, ungeachtet der Schwierigkeiten, aber da die Besserung mit der Arbeit der ECA begann und ihrem beeindruckenden Einsatz von Talenten, erhielt der Marshall-Plan den Hauptanteil der Anerkennung. Er bleibt in der Erinnerung, wie er schon damals gesehen wurde, als die erfolgreichste wirtschaftliche Initiative überhaupt.

Es gab eine weniger bekannte Wirkung der mit dem Marshall-Plan verbundenen Großzügigkeit. Viel von dem zur Verfügung gestellten Geld floß in die Vereinigten Staaten zurück für den Kauf von Nahrungsmitteln, Rohstoffen und wichtigen Gütern. Es war ein mächtiger Stimulator für die amerikanische Wirtschaft, eine weitere Stütze ihres vorteilhaften Zustands in den Nachkriegsjahren. Wenn man daran glaubt, ist es in der Wirtschaft wie im Leben sonst möglich, reich zu werden, indem man Gutes tut.

Den Verdacht, daß der Marshall-Plan von Historikern für wichtiger gehalten wurde, als die Wirklichkeit rechtfertigt, legt der Fall Japans nahe. Die Verwüstungen dort waren so groß wie oder größer als in Europa. Trotzdem wandte sich die japanische Regierung tatkräftig der Aufgabe zu, ihr geschlagenes Land wiederaufzubauen, genauso handelten die *zaibatsu*. Diese unterstützten die wirtschaftliche Erholung erheblich, ebenso wie die kleineren Betriebe und das Volk insgesamt. Dieser gemeinsamen und entschlossenen Anstrengung ist ein Wiederaufbau zu verdanken, der nicht weniger dramatisch vonstatten ging als der in Westeuropa. Das sagt viel aus über die Bedeutung des Verhältnisses zwischen der Hilfe von außen und der Entschlossenheit im Inneren.

Ohne Zweifel war der Marshall-Plan in nicht geringem Ausmaß motiviert von dem guten Willen und der Sorge um sowohl die ehemaligen Alliierten als auch die Feinde. 1947 und 1948 trat jedoch ein weiterer Faktor stark hervor, der für die Wirtschaft wichtig, sogar beherrschend sein würde für fast das gesamte folgende halbe Jahrhundert. Das war die Furcht vor dem Kommunismus. In den Kriegsjahren hatte die Welt mit Respekt, Bewunderung und tiefer Erleichterung gesehen, wie die Rote Armee den Streitkräften Adolf Hitlers entgegengetreten war und sie zurückgeworfen hatte. Einige der Waffen stammten aus dem Lendlease-Programm; viel mehr kamen aus der erstaunlich kraftvollen Mobilisierung der sowjetischen Wirtschaftsressourcen, und dies trotz der riesigen Verluste von Gebiet, Industrieanlagen und Rohstoffen an den Feind.

Nun, am Ende des Kriegs, fiel ganz Osteuropa unter den Einfluß oder die Herrschaft der Sowjetunion. Der Eindruck ungeheurer Macht wurde durch die beherrschende Persönlichkeit von Josef Stalin vertieft, dem letzten aus dem großen Triumvirat der Alliierten, Roosevelt, Churchill und Stalin, der als Führer seines Landes noch aktiv war. Die revolutionären Ziele des Kommunismus, sogar seine Unvermeidlichkeit, waren immer ausreichend gepriesen worden und haben insgesamt Konservative mehr beeindruckt als die proletarischen Massen. Als der Marshall-Plan entstand, fühlten sich seine Urheber deshalb sowohl von ihrer uneigennützigen Leidenschaft für wirtschaftlich geplagte Menschen motiviert als auch von der tiefen und nagenden Sorge, daß die Sowjetunion ein niedergedrücktes und verletzbares Westeuropa besetzen könnte. Diese Verbindung aus gutem Willen und tiefer Angst trug dazu bei, die enormen Gelder zu bewilligen, die für den Plan veranschlagt wurden. Guter Wille, den es zweifellos gab, wäre nicht genug gewesen.

In den folgenden Jahren und besonders bei der Hilfe für arme Länder überall in der Welt wurde die amerikanische Politik von der fortdauernden Verbindung aus Mitleid, Idealismus und paranoider Furcht vor dem Kommunismus beeinflußt. Die Idealisten, die auf Kredite und direkte Hilfe für die armen Länder setzten und sogar so mildtätige Unternehmen wie das Friedenskorps waren in der Lage, die Angst vor dem Kommunismus auszunutzen und die erforderliche Zustimmung des Kongresses und die Unterstützung der Wirtschaft zu erlangen. Auf dieses Thema, in das ich ziemlich stark verwickelt war, komme ich noch zurück.

16

Die guten Jahre

In den Vereinigten Staaten stiegen die Preise in den Monaten nach Aufhebung der Preiskontrollen Ende 1946, wie schon erwähnt, sprunghaft an. Demgegenüber erschien der Krieg als Zeit relativer Stabilität. Danach gab es eine beträchtliche Inflation, die 1946 8,5 Prozent im Verbraucherpreisindex erreichte und bis auf eine Höhe von 14,3 Prozent im Jahr 1947 stieg. Die Produktion wurde ausgeweitet, und die Arbeitslosigkeit war sehr gering. Die Nachfrage wurde nicht nur von der durch den Krieg aufgestauten Kaufkraft gestützt, sondern auch durch den hohen Handelsbilanzüberschuß. Amerikanische Exporte waren sehr gefragt; Importe, und besonders jene aus Deutschland und Japan, waren äußerst bescheiden. Geld aus dem Marshall-Plan floß, wie schon gesagt, zurück in die Vereinigten Staaten, um damit amerikanische Handelsartikel und Industrieprodukte zu bezahlen. Die amerikanische Wirtschaft war die Achse, um die sich die Weltwirtschaft drehte.

So stellte sich die Lage 1948 dar, als Harry Truman unerwartet, nachdem er dreieinhalb Jahre von Roosevelts vierter Amtsperiode regiert hatte, selbst zum Präsidenten gewählt wurde. Die überall geäußerte Überraschung über seinen Sieg über Thomas E. Dewey hätte nicht so groß sein dürfen: Amerikanische Wähler entscheiden sich nicht gegen einen Präsidenten, in dessen Amtszeit Frieden und Wohlstand herrschen.

Allerdings hielt der Frieden nicht an. 1950 brachte der Einmarsch der Nordkoreaner in Südkorea und unsere sofortige Intervention einen kurzen Ansturm auf die Verbrauchermärkte; die

Leute erinnerten sich an die geringfügige Verknappung und mäßige Preissteigerung im Krieg und fürchteten, daß die Inflation zurückkommen könnte. Daraus erwuchsen Schutzmaßnahmen, und nun erschienen die notwendigen Reaktionen nicht mehr zweifelhaft. Der Kongreß verabschiedete die nötigen Gesetze – den Defense Production Act im September 1950 –, und Preiskontrollen wurden erneut in Kraft gesetzt. Die Märkte für Konsumgüter stabilisierten sich wieder. Die Arbeitslosigkeit blieb niedrig; der zivile Lebensstandard stieg, mit beachtlichen Ausnahmen, weiter an.

1953 waren die zwanzig Jahre demokratischer Präsidentschaft dann zu Ende. Die demokratische Regierung, die früher einen offensichtlich notwendigen Krieg geführt hatte, führte nun einen, der zunehmend auf Ablehnung stieß. Diese hatte sich noch verstärkt durch das spektakulär unverantwortliche Verhalten von General Douglas MacArthur, der die Chinesen aufforderte zu intervenieren und eine vernichtende Niederlage erlebte, als sie dies taten, der darauf drängte, den Krieg auszuweiten und dann aus seinem Kommando flog. Dwight D. Eisenhower mit seinem Versprechen, nach Korea zu gehen und die Wiederherstellung des Friedens zu versuchen, schien eine wohltuende Alternative. So wie Präsidenten in wirtschaftlich guten Zeiten nicht abgewählt werden, so überleben sie oder ihre Parteien keine unpopulären Kriege. Wirtschaftliche Leistungskraft ist Kern des politischen Erfolgs; aber gegenüber einem Krieg kann dieser Erfolg eine tief untergeordnete Rolle spielen.

In der Wahlkampagne von 1952 war der demokratische Kandidat, Adlai E. Stevenson, nicht sonderlich mit dem vertraut, was nun Makroökonomie genannt wurde. Seine Ausbildung an der Princeton-Universität war der frühen, streng klassischen Tradition gefolgt: ausgeglichener Haushalt, Goldstandard. Der keynesianische Ansatz, daß die Regierung in Zeiten hoher Arbeitslosigkeit ein Defizit verkraften müsse, um die Nachfrage anzukurbeln, hielt er für eine pure Ausrede für eine über die Maßen inkonsequente Finanzpolitik. Eine gute Regierung hatte zu jeder Zeit einen ausgeglichen Haushalt.

Dieser Glauben erwies sich jedoch nicht als schwerwiegende Beeinträchtigung. Seine wirtschaftspolitischen Reden spiegelten den modernen Geist wider, weil ich viele von ihnen schrieb. Ich verringerte darin keineswegs die Rolle der Finanzpolitik bei der Aufrechterhaltung der Vollbeschäftigung, und obwohl ich in einigen, meist freundlich geführten Debatten nachgeben mußte, war Stevenson meist einverstanden, wenn auch nach wie vor im Zweifel. Genausowenig wurde diese Sicht ernsthaft von Eisenhower oder anderen republikanischen Rednern in Frage gestellt. Marx, auf dem Umweg über Joseph McCarthy, war eine wichtige Stimme im Wahlkampf; die Ansichten von John Maynard Keynes waren eingegangen in das Gemeingut.

In dem günstigen wirtschaftlichen Umfeld und der Übereinstimmung über die Verantwortung des Staats dafür, daß es so blieb, wurde der Wahlkampf, wie später viele andere auch, stark über soziale Themen ausgetragen. Die relativ milden Beschränkungen der Organisation der Gewerkschaften und des Tarif- und Arbeitsrechts – der Taft-Hartley Act – war eine beherrschende Streitfrage. Das Bauernprogramm, die Stärkung der sozialen Absicherung und weitere soziale Probleme beherrschten die wirtschaftspolitische Diskussion. Die Frage war nicht die Leistungsfähigkeit der Wirtschaft insgesamt, sondern wie und an wen ihre Erträge verteilt werden sollten. In einem außergewöhnlich hohen Maß wurde akzeptiert, daß die Reichen aus ihren Vermögen Wesentliches beizusteuern hätten. Der Spitzensatz der Einkommensteuer, der im Krieg seinen Gipfelpunkt von 94 Prozent erreicht hatte, lag 1952 immer noch bei 92 Prozent. Seine nachteilige Wirkung auf den Leistungsanreiz wurde selten erwähnt; die günstige wirtschaftliche Lage vorausgesetzt, hätte man im Kampf für den Erhalt eines Einkommens nach Steuern vielleicht betonen können, daß dies einen positiven wirtschaftlichen Einfluß habe und größere Anstrengungen seitens der Manager und Unternehmer fördere. Ende der vierziger Jahre, in denen ich als Herausgeber des Magazins »Fortune« gearbeitet habe, wurde dies einmal gefordert, aber eher, um einen oder zwei der konservativeren Mitglieder des Herausgebergremiums zu ärgern. Während des Wahlkampfes wie überhaupt in den frühen fünfziger Jahren ging es um Hilfe für die Armen – den Wohlfahrtsstaat. Eine allgemein günstige Wirtschaftslage wurde mehr oder weniger als gegeben angenommen. Dwight Eisenhower, der 1953 ins Weiße Haus einzog, war am wenigsten ideologisch unter den Republikanern. Die Beschränkungen durch den Koreakrieg wurden beendet; sonst änderte sich wenig. Die guten Zeiten gingen weiter.

In Großbritannien begann die Regierung vorsichtig, die Rationierung und Preiskontrollen aus dem Krieg aufzuheben. Erst als dic Versorgung sich verbesserte, wurde das Marktgleichgewicht wiederhergestellt. Inzwischen wurden, wie Churchill während des Kriegs versprochen hatte und worauf der Beveridge-Report 1942 drängte, große Schritte unternommen, um den Wohlfahrtsstaat zu stärken und den einfachen Arbeitern und Bürgern ein angemessenes Minimum an Wohlstand zu sichern. Für den Kriegsdienst sollte es im Frieden eine Belohnung geben. In der englischsprachigen Welt wurde Großbritannien in dieser Hinsicht zu einem anerkannten Modell.

In Frankreich, Deutschland, Italien und anderswo auf dem Kontinent setzte sich die Erholung aus eigener Kraft fort, als die Marshall-Plan-Hilfe auslief. In Westeuropa wurden die ersten Schritte auf dem langen Weg zur wirtschaftlichen Einheit unternommen mit der Schaffung der Europäischen Kohle- und Stahlunion und der Wirtschaftsunion der Beneluxstaaten. Dieses war eine zivilisationsfördernde Maßnahme, um den wirtschaftlichen Wohlstand zu steigern durch die grenzüberschreitende Verlagerung der Produktion zu den effizientesten Herstellern und vor allem, um sich vom bitteren Nationalismus zu lösen, der die beiden Kriege und mit ihnen Tod und Entbehrung verursacht hatte. Große Anerkennung gebührt den führenden Politikern, am meisten Jean Monnet aus Frankreich und seinem engen Verbündeten George Ball aus den Vereinigten Staaten, die diese Vision mit Nachdruck verfolgten.

Jedoch sollte sich niemand über die tieferen Beweggründe hinwegtäuschen, die noch einmal betont werden müssen. Kapitalismus ist, wenn er sich voll entwickelt, grundsätzlich ein internationales System. Nicht nur werden seine Produkte über die Grenzen hinweg gehandelt, auch seine Unternehmen überschreiten die Grenzen; die erfolgreichen nationalen Unternehmen weiten ihre Industrieanlagen und die Arbeit ganz selbstverständlich auf andere Länder aus. So wird das transnationale oder internationale Unternehmen geboren. Und so verringert sich seine Identifikation mit einem einzigen Land oder einer einzigen Regierung. Der Ruf nach politischer Einheit erfolgt im Gleichschritt mit der wirtschaftlichen Entwicklung; nationale Identität und nationale Leidenschaft verringern sich unvermeidlich in einer derartigen Entwicklung.

Gleiches gilt für nationale Spannungen. Das transnationale Unternehmen kann keinen Streit zwischen zwei oder mehreren Nationalstaaten verursachen, weil es in beiden bzw. allen präsent ist. Im Gegenteil, es strebt nach Freundlichkeit und der größtmöglichen Bewegungsfreiheit für Menschen, Material und Produkte. Kommunikation, Reisen und Finanzen geben der Gemeinsamkeit zusätzlichen Sinn. Und Arbeiter schauen schließlich nicht nur auf die eigene Regierung als herrschende Macht, sondern auch auf die internationale Firma oder Institution, die sie beschäftigt und die ihre Löhne und Gehälter bezahlt. Es sind die Armen und weniger Privilegierten, die immer noch auf nationale und ethnische Appelle ansprechen. Eine der nach wie vor nicht gefeierten Errungenschaften des Kapitalismus ist, daß er viele Menschen über diese enge und potentiell gefährliche, kriegsähnliche Situation hinausträgt.

In den Jahren nach dem Zweiten Weltkrieg waren die Bedingungen in Westeuropa das erstrangige und lohnende Beispiel für die Wirkung dieser dem Nationalismus entgegengesetzten Kraft. Niemand, um es zu wiederholen, sollte jenen die Anerkennung absprechen, die auf politische und/oder wirtschaftliche Einheit drängten, eingeschlossen jene, die sie forderten als Bedingung für die Beteiligung am Nutzen des Marshall-Plans. Nichtsdestoweniger war es ebenso ihr Glück wie ihr gesunder Menschenverstand, die sie in der großen Gezeitenströmung der wirtschaftlichen Entwicklung hielten. Diese, nicht die Staatsmänner oder die Konferenzen und Verhandlungen, war entscheidend.

In den fünfziger Jahren erholten sich auch die Sowjetunion und Osteuropa wirtschaftlich, wenn auch weniger eindrucksvoll. 1958 besuchte ich Polen und Jugoslawien, um die Lage vor Ort zu betrachten und Vorträge zu halten, und im folgenden Jahr reiste ich in die Sowjetunion, dort von Taschkent nach Kiew und von Tiflis nach (wie es damals hieß) Leningrad. Man konnte nur beeindruckt sein von der Energie, die man dort dem industriellen Fortschritt widmete. Und auch von den deutlich sichtbaren Ergebnissen, die dem Besucher stolz gezeigt wurden. Der Fortschritt war besonders anschaulich im Hinblick auf Transport, Elektrizitätserzeugung, in der Stahlindustrie und generell in der Massenproduktion.

Es gab gute Gründe, warum diese Industrien bevorzugt behandelt wurden. Die Berechnung der erforderlichen Materialien, Bauteile und Arbeitskräfte war leicht, und die Leitung der Arbeiten konnte in militärischer Manier erfolgen. Planwirtschaftliche Produktion war daher sowohl theoretisch als auch praktisch möglich. Deswegen und genauso wegen der Neigung, in Stahlfabriken,

Elektrizitätsleitungen, Petrochemiebetrieben und ähnlichem die sichtbare Substanz des wirtschaftlichen Fortschritts zu sehen, gab es eine Betonung und Überbetonung der Schwerindustrie in der Sowjetunion und ihren östlichen Satellitenstaaten. Der Fortschritt war in der Konsumgüterindustrie weniger erkennbar und wurde weniger gepriesen, da die wechselnde Nachfrage der Verbraucher, die Rolle von Stil und Design und die Vervielfachung der dazugehörigen Dienstleistungen eine wirkliche Planung schwierig oder unmöglich machten. Fehler dort würden eines Tages politisch schwer wiegen, sogar katastrophale Folgen haben.

Im Licht späterer Entwicklungen wäre es persönlich angenehm, sagen zu können, ich hätte das schließliche systembedingte Versagen der sowjetischen Konsumgüterindustrie und der Landwirtschaft vorhergesehen. Nun, ich habe es aber nicht. Ich war vielmehr beeindruckt von der Zuversicht der Sowjets, daß noch mehr erreicht würde, und von der Entschiedenheit, mit der sie dies bekundeten. Von Wirtschaftswissenschaftlern, die in den Vereinigten Staaten herumreisten, erwartete niemand, daß sie einen Fuß in eine Fabrik setzten; in der UdSSR wurden wir jeden Tag gebeten, eine Fabrik zu besichtigen und zu sehen, wie stolz die Leute dort arbeiteten oder zu arbeiten schienen. Nur wenn wir ins Hotel zurückkehrten und uns mit unaufmerksamen und mitunter trägen Kellnern auseinandersetzen mußten und mit der Unsicherheit, welches Gericht auf der Speisekarte vorhanden sein würde, und sich so etwas wie Überraschung breitmachte, wenn der Fahrstuhl ankam, ahnten wir etwas von der dunklen Seite des sowjetischen Fortschritts. Damit hielt ich mich nicht auf.

In guten Zeiten liegen immer die Wurzeln künftiger schlechter Zeiten. Auffällig und bereits betrachtet ist die Spekulation an den Finanzmärkten, die den späteren Krach garantiert. In den guten Zeiten der späten vierziger und der fünfziger Jahre gab es drei Gründe für die Mißstände, die bald darauf in den Vereinigten

Staaten auftraten. Der erste war die Wiedergeburt des Glaubens an die Zauberkraft der Geldpolitik. 1951 wurde die Federal Reserve von ihrer langen kriegsbedingten Inaktivität erlöst. Geldpolitische Maßnahmen wurden wieder als Waffe gegen Inflation und Rezession eingesetzt. In der ernsten Notlage des Kriegs hatte man sich nicht auf die Geldpolitik verlassen, nun aber, bei den weniger drückenden Problemen im Frieden, wurde sie wieder hervorgeholt. Keine andere politische Maßnahme überlebte so erfolgreich jede Enttäuschung über ihre Wirksamkeit und sogar ihre fortwährenden Fehlschläge.

In diesen Jahren erfuhren auch die Gewerkschaften eine Stärkung, und das Nebeneinander von Gewerkschaften und Unternehmermacht gewann an Schärfe. Daraus ergab sich später die Bedrohung durch die Lohn-Preis-Spirale – Lohnforderungen bewirken höhere Preise, höhere Preise bewirken neue Lohnforderungen: die heftige Störung der Makroökonomie durch die Mikroökonomie als ein Grund der Inflation. Aber damals noch nicht.

Mit dem Fortschreiten der guten Jahre wurde in den Industrieländern offensichtlich, daß der allgemeine Wohlstand auch seine Schattenseite hatte. In den Vereinigten Staaten gab es eine beträchtliche Anzahl von Leuten, die nicht am Wohlstand teilhatten – jene, die isoliert in den Tälern und an den Flüssen der Appalachen lebten, im ländlichen Süden und in den dichtbesiedelten städtischen Slums.

Ebenfalls immer deutlicher wurde das Ungleichgewicht des, wie man es nennen könnte, Lebensstandards im weiteren Sinne. Private Güter und Dienstleistungen waren wundervoll reichlich vorhanden, die Dienstleistungen des öffentlichen Sektors weit weniger. Das Fernsehen entwickelte sich rapide; viele Schulen blieben mittelmäßig oder schlecht. Die Leute lebten in sauberen Häusern an schmutzigen Straßen. Autos waren hervorragend gestylt und mechanisch exzellent; gefahren wurden sie auf

Highways, die grauenhaft verunstaltet waren durch schlampige Geschäfte am Straßenrand und Anzeigetafeln. Und so weiter.

Dieses Wohlstandsgefälle und das Ungleichgewicht zwischen öffentlichem und privatem Lebensstandard zeigte ich 1958 in meinem Buch »Gesellschaft im Überfluß«[56] auf. Das Buch und meine sorgfältig gewählte Formulierung »die konventionelle Weisheit« – das Denken, das dieses Wohlstandsgefälle zu rechtfertigen versuchte – entgingen nicht der Aufmerksamkeit. Einige Millionen Exemplare wurden schließlich weltweit verkauft, und der Begriff »Überflußgesellschaft« wurde in den allgemeinen Sprachgebrauch übernommen. Geändert hat sich dadurch nicht viel. Die erfolgreiche Veröffentlichung eines Buches wirkt in hohem Maß positiv auf die Psyche des Autors. Und ebenso, ohne Zweifel, auf einige der Leser. Die größeren sozialen und politischen Konsequenzen sind allerdings schwer auszumachen.

Schließlich erlebte in den guten Jahren die sowjetische Wirtschaft, wie schon erwähnt, ihre Wiedergeburt und konnte so die ökonomische, wissenschaftliche, technische und militärische Macht des Sowjetreichs tragen. Am 4. Oktober 1957 schossen sowjetische Wissenschaftler und Techniker den Raumfahrtsatelliten Sputnik ins All, zur Überraschung und beträchtlichen Bestürzung der amerikanischen Bürger, nicht ausgenommen die Raumfahrtforscher und -techniker, die weit zurück lagen. Diese Leistung des Kommunismus beeindruckte diejenigen am meisten, die das System am wenigsten mochten. Konservative, besonders in den Vereinigten Staaten, wurden sowohl durch den Erfolg des Kommunismus als auch seine weltweite Herausforderung und seine Bedrohung in erhebliche Erregung versetzt. Davon ging der fortwährende Druck aus zur Erhöhung der Rüstungsausgaben in Friedenszeiten, zur Aufrüstung, zum Wettlauf im Weltraum und die keineswegs geringfügigen Folgen des kalten Kriegs.

17

Entkolonisierung, wirtschaftliche Entwicklung

In den Jahren nach dem Zweiten Weltkrieg setzte eine der spektakuläreren politischen Entwicklungen des 20. Jahrhunderts ein. Das war der allgemeine Verlust der Kolonien Europas und der Vereinigten Staaten rund um den Globus: Die Briten verloren Indien, die Vereinigten Staaten die Philippinen, Großbritannien und Frankreich den Nahen Osten, Großbritannien, Frankreich, Italien, Spanien, Belgien und schließlich Portugal wurden Afrika los, die Holländer Indonesien, die Franzosen Vietnam, die Japaner Korea. Einer Zahl von Inseln und Territorien wurde die Unabhängigkeit von diesen und anderen Nationen gewährt.

In der allgemeinen Überzeugung gab es zwei Gründe für diesen Wandel. Da gab es die weise und mitfühlende Erkenntnis in den Industriestaaten, daß die früheren Besitzungen ein natürliches Recht auf eine eigene Identität hatten und darauf, sich selbst zu regieren. Und da gab es das starke Drängen auf seiten der Kolonien nach Unabhängigkeit, und dieses wurde zu stark und zu kostspielig, um ihm widerstehen zu können. Vernünftigerweise ließ man die Brüder in Frieden ziehen.

All dies trifft ohne Zweifel zu; trotzdem aber war da noch ein weniger bekannter und womöglich entscheidenderer Faktor: Die Kolonien boten keinen ihre Existenz rechtfertigenden wirtschaftlichen Vorteil mehr. Früher hatten sie dies getan. Sie waren eine reiche Quelle von Rohstoffen und verschiedenen Konsumgütern. Und sie waren gleichzeitig ein bedeutender Markt für einfache Fertigprodukte. Wer so Handel trieb, war wirtschaftlich und politisch mächtig. Lenin konnte, wenn auch mit beträchtlicher Übertreibung, behaupten, daß die Arbeiter in den kapitalistischen Ländern auf dem Rücken der Menschen in den Kolonien lebten. Und zudem gab es die althergebrachte Überzeugung, daß Landbesitz das Unterpfand von Reichtum und Macht war.

Das war nicht mehr der Fall. Der Motor des wirtschaftlichen Wohlstands arbeitete nun in und zwischen den fortgeschrittenen Industriestaaten. Inländisches Wirtschaftswachstum – wie es nun gemessen und viel diskutiert wurde – wurde als viel wichtiger angesehen als der vormalige Kolonialhandel. Da die Bedeutung der Kolonialwelt stark geschrumpft war, war es ein Vorteil für alle, die Kolonien in die Unabhängigkeit zu entlassen.

Ein wirtschaftlicher Effekt in den Vereinigten Staaten durch die Gewährung der Unabhängigkeit für die Philippinen war nicht spürbar. Der Abschied von Indien und Pakistan machte in Großbritannien wirtschaftlich wenig aus. Holländische Wirtschaftswissenschaftler errechneten, daß der wirtschaftliche Effekt durch den Verlust des großen holländischen Kolonialreichs in Indonesien innerhalb weniger Jahre durch das Wirtschaftswachstum in der Nachkriegszeit ausgeglichen wurde. Das Ende des Kolonialzeitalters wird in den Geschichtsbüchern gefeiert als Triumph nationalen Bestrebens in den früheren Kolonien und als wohltuender gesunder Menschenverstand und guter Willen auf seiten der Kolonialmächte. Dahinter versteckte sich, wie so oft, ein starkes wirtschaftliches Interesse – oder, in diesem Fall, Desinteresse.

Nachdem die Kolonien entlassen waren, blieb ein Sinn von Verantwortung für ihr Wohlergehen wie auch das der Länder in Lateinamerika, die die Entkolonisierung einige Zeit zuvor erlebt hatten. Die reichen Länder mit ihrem offensichtlichen Überfluß akzeptierten nun, daß sie gegenüber den armen Ländern einige Verpflichtungen hatten. Sie sollten ihnen helfen und sie zu gleichem, vielleicht auch geringerem Wohlstand führen. So wurde im Zeitalter der Entkolonialisierung die Idee der wirtschaftlichen

Entwicklung geboren. Davor waren die Kolonien ihrer andauernden Armut überlassen worden. Jetzt, in der Unabhängigkeit, sollten sie vorankommen.

Tatsächlich wurden die ersten Schritte unternommen, bevor der Krieg beendet war, als 1944 auf der Konferenz von Bretton Woods die Internationale Bank für Wiederaufbau und Entwicklung (die Weltbank) mit einem Kapital von neun Milliarden Dollar geplant wurde, gemeinsam mit dem etwas geringer ausgestatteten Internationalen Währungsfonds. Die Weltbank sollte Geld für Investitionen im schwierigen Werk der wirtschaftlichen Entwicklung bereitstellen; der Währungsfonds, mit breiter gefächerten und weniger speziellen Aufgaben, sollte neuen und alten Ländern helfen, Zahlungsbilanzdefizite zu überwinden – wenn die Importe mehr kosten, als die Exporte einbringen, und dadurch Entwicklung bremsen oder verhindern – und die Binnenwirtschaft sowie die finanzpolitische Disziplin stärken, damit, mit Gebet und Hoffnung, das Ungleichgewicht korrigiert werde. Die Weltbank und der Währungsfonds, beide mit Sitz in Washington, sollten die Welt der ehrbaren Finanzwirtschaft in eine enge Verbindung mit den Aufgaben der wirtschaftlichen Entwicklung bringen.

Darüber hinaus gab es weitere Maßnahmen. Die Vereinten Nationen kümmerten sich von Anfang an sehr um die Verbesserung der wirtschaftlichen Situation ihrer ärmeren Mitglieder, ebenso ihre spezialisierten Unterorganisationen; die Diskussion des Problems, die häufig Handlungen ersetzte, war umfassend und intensiv. Ähnlich bemühten sich die Vereinigten Staaten. 1949 schlug Präsident Truman in seiner Antrittsrede vor, den armen Ländern beizustehen – das Vier-Punkte-Programm. In den folgenden Jahren erwuchsen daraus die bis heute existierenden Hilfsprogramme, die während des kalten Kriegs verstärkt durchgeführt wurden aufgrund der erwähnten Verknüpfung von Mitleid und Furcht vor dem Kommunismus.

1951, als ein Widerhall dieser Veränderungen, bemerkten einige junge Kollegen und ich eine erkleckliche Zahl von Studenten in Harvard aus armen Ländern, die die ausgetüftelten und für sie oft irrelevanten Modelle der modernen, fortgeschrittenen Wirtschaftswissenschaften studierten. Wir boten einen Kurs an über Wirtschaftsprobleme und ihre, wie wir hofften, Lösungen für die Länder, aus denen die Studenten kamen. Es war einer der ersten Kurse in den Vereinigten Staaten über die Ökonomie der Armut und wirtschaftliche Entwicklung. Später, als ich in Puerto Rico, an anderen Orten in Lateinamerika und in Indien, Pakistan und Ceylon, wie es damals hieß, über diese Fragen forschte und schrieb, wie sie sich damals darstellten, und dann auch als Botschafter in Indien, konzentrierte sich meine volle Aufmerksamkeit auf das Problem der Massenarmut und auf Konzepte, wie man ihr entkommen könnte. In Indien unterstand meiner Verantwortung eines der größten und ehrgeizigsten Programme in unseren Anstrengungen für wirtschaftliche Entwicklung, das seitdem als AID (Agency for International Development) bekannt ist.

Es gab einige bemerkenswerte Erfolge dieses weltweiten Bestrebens. Entlang der pazifischen Küste wurden große Fortschritte erzielt, in Korea, Taiwan, Singapur und später in Malaysia und Thailand. Eine bessere Technologie in der Landwirtschaft, Bewässerung und die Stützung der Preise für landwirtschaftliche Produkte halfen Indien, zum Selbstversorger bei Nahrungsmitteln zu werden und, was noch bemerkenswerter ist, Selbstversorger zu bleiben, obwohl sich die Bevölkerung mehr als verdoppelte. Auch anderswo waren die Bemühungen erfolgreich, einige Errungenschaften des modernen Wirtschaftslebens einzuführen.

Insgesamt gesehen allerdings ist der Fortschritt tief enttäuschend. Während die reichen Länder noch reicher wurden, bleiben die meisten armen Länder hoffnungslos arm. Der Unterschied zwischen reich und arm ist weiterhin groß und hat sogar noch zugenommen. Die Hilfsprogramme hatten dazu beigetragen, das Gewissen der Glücklicheren zu beruhigen; sie haben sehr viel weniger dazu beigetragen, die Verzweiflung zu mindern. Die eben erwähnten Länder, deren Wirtschaft aufgeblüht ist, wie die an der pazifischen Küste zum Beispiel, waren aufgrund der eigenen, inländischen Dynamik erfolgreich. Diese, nicht fremde Hilfe, war die entscheidene Kraft. Wo es an eigener Energie, Disziplin und Organisation gefehlt hat, konnten die Hilfsprogramme zur Linderung der Armut der Massen nur wenig ausrichten.

Sie hatten wenig Wirkung, weil sie den Fehler machten, wirtschaftliche Entwicklung als einen Prozeß mit auf sich selbst bezogenen Kontrollparametern zu sehen. Diesen Fehler teilten arme wie reiche Länder. Die erste Voraussetzung für die wirtschaftliche Entwicklung eines jeden Landes ist eine gebildete und folglich kompetente und sozial wie wirtschaftlich motivierte Bevölkerung. Die Bedeutung dessen war in den frühen Jahren der heute so weit entwickelten Industriestaaten klar erkannt worden. Kostenfreie Schulpflicht galt als Hauptvoraussetzung des wirtschaftlichen Fortschritts.

Ebenfalls als unabdingbar wurde in den reichen Ländern die Notwendigkeit betrachtet, daß Ruhe und Frieden im Land herrschten unter einer dauerhaften, verantwortungsbewußten und einigermaßen ehrlichen Regierung. Dieses war eine anerkannte Grundlage für den wirtschaftlichen Fortschritt, wie er damals genannt wurde. Auch heute trifft noch zu, daß nichts einer erfolgreichen Entwicklung mehr Schaden zufügen kann als eine inkompetente, unverantwortliche und korrupte Regierung; nichts erstickt Entwicklung wirksamer und verkehrt sie so wirkungsvoll ins Gegenteil wie interne Konflikte.

Einer der großen Fehler in der Geschichte ist der Glaube gewesen, daß die neuen Nationen selbstverständlich und sogar leicht von der kolonialen Herrschaft in ein sicheres System mit eigener Regierung finden würden. Ein Übergang von nahezu unglaublicher Komplexität könnte, so dachte man, mit einem Minimum oder überhaupt keiner Vorbereitung gelingen, ausgenommen einige wenige politisch fortgeschrittene Länder wie Indien. Eine stabile Demokratie würde sich mehr oder weniger von selbst einstellen. Daß Verwirrung, politische Konflikte, Aggressionen innerhalb eines Landes, wirtschaftliche Stagnation und Rückentwicklung und diverse Blutbäder die Alternative zur Kolonialherrschaft sein würden, wurde nicht vorausgesehen.

In der heutigen Zeit leben eigentlich alle reichen Länder in Frieden miteinander. Die armen, die nichts zu verlieren haben, nicht. Stammeskonflikte werden durch die Armut verschärft. Ebenso religiöse Konflikte. In den reichen Ländern ergibt sich die Politik in gewissem Maß aufgrund der wirtschaftlichen und der damit verbundenen kulturellen Leistungen und der Ausbildung. In den armen Ländern gibt es keinen derartigen Prozeß; die Macht kann zu leicht Schreihälsen und pathologischen Ignoranten zufallen.

In engem Zusammenhang mit den widrigen Umständen in den armen Ländern und diese verschärfend stehen die Fehler der hilfreichen reichen Länder. Der erste war, anzunehmen, daß das, was physisch in den entwickelten Ländern vorhanden war, auf die armen übertragen werden könne und daß diese dadurch wirtschaftlich entwickelt würden. Stahlfabriken, Generatoren zur Stromerzeugung, Chemiebetriebe und weitere schwere Ausrüstungen des entwickelten Kapitalismus sollten transferiert werden, und die Entwicklung würde unmittelbar einsetzen. Auch das stand in krassem Widerspruch zur Wirklichkeit und zu den Erfordernissen. Arme, nicht ausgebildete und des Schreibens und Lesens unkundige Menschen brauchen Nahrungsmittel, Kleidung und eine medizinische Grundversorgung. Statt dessen erhielten sie Fabriken und hellerleuchtete Flughäfen, die für ihr alltägliches Leben nichts bedeuteten.

In Indien war ich mit diesen Fragen direkt befaßt. Und ich war dauerhaft beeindruckt von der Neigung, mit denen einzelne gutwillig annahmen, daß ihre uramerikanischen Interessen oder ihre Tätigkeit in den Vereinigten Staaten auch in Indien angemessen seien. War sie oder er in den Vereinigten Staaten Experte für Management, Geflügelzucht, Hauswirtschaft oder Tiermedizin, hielt er oder sie es automatisch für wichtig auch in Indien. Es gibt viele Formen des Imperialismus; jener, in dem sich die Wichtigkeit der eigenen Kompetenz oder Begeisterung ausdrückt, gehört in seiner Wirkung nicht zu den am wenigsten aufdringlichen.

Es gab noch einen größeren Fehler. Er bestand darin, in den Wirtschafts- und Gesellschaftssystemen der entwickelten Länder – Kapitalismus, Sozialismus zusammen mit Kommunismus – konkurrierende Entwicklungsmodelle für die armen Länder zu sehen. In den armen Ländern, auf den ersten Stufen der Entwicklung, waren sowohl Kapitalismus als auch Sozialismus völlig fehl am Platz; für die eine wie die andere Gesellschaftsform mangelte es schlicht an ausgebildeten Leuten und staatlicher Disziplin.

Der Glaube, daß Sozialismus möglich sei, war besonders schädlich. In etlichen Ländern entstand durch ihn ein kopflastiger Apparat von staatlichen Initiativen, Erlaubnissen und Kontrollen, die Entwicklung feindlich gegenüberstanden. In Indien blieb die Landwirtschaft weitgehend der Initiative von Produzenten überlassen, und erhielten diese einmal Düngemittel, Hochleistungssamen und Bewässerung bei garantierten Preisen, dann arbeiteten sie, wie schon erwähnt, wundervoll erfolgreich. Der industrielle Fortschritt aber trug schwer an der Last der Regierungskontrollen, die dazu dienen sollten, ein bestimmtes soziales Muster der Entwicklung zu verwirklichen. Der Dirigismus wurde unterstützt durch die Angst vor einem neuen Kolonialregime unter der Herrschaft transnationaler Unternehmen. In jüngster Zeit hat es eine Bewegung gegeben in Richtung auf eine Liberalisierung der indischen Industrie – und auf eine Aufhebung der lästigen und umfassenden Kontrollen durch den Staat. Dies wiederum ist auf Widerstand gestoßen, vor allem der Bürokraten, die sich behaglich auf ihren Posten eingerichtet haben und sich einiger Einnahmen erfreuen, indem sie Ausnahmen erlauben von den Regularien, deren Verwaltung ihnen anvertraut ist. Der Ablaßverkauf endete nicht mit der Reformation.

In anderen Ländern führte das Konzept eines sozialen Plans in der Entwicklung zu einer bestimmten Diskriminierung gegenüber der Land- oder bäuerlichen Bevölkerung. Industrielle Entwicklung ist von der Sache her städtisch; die Arbeitskräfte sind das Proletariat, auf das sich soziale Maßnahmen konzentrieren. Daraus resultierte die zu einfache Entscheidung, besonders in Afrika, die Preise für landwirtschaftliche Erzeugnisse niedrig zu halten zugunsten der städtischen Massen. Und die niedrigen Nahrungsmittelpreise und die dadurch beeinträchtigten Anreize, etwas anzubauen, führten zur Behinderung landwirtschaftlicher Entwicklung und zur Verknappung von Nahrungsmitteln. Im größeren Prozeß der wirtschaftlichen Entwicklung sollte die Landwirtschaft, die die Grundbedürfnisse nach Nahrung und Kleidung befriedigt, einen erstrangigen Platz und keinen zweitrangigen haben. Auch das war dereinst eine anerkannte Erfahrung der heute entwickelten Länder.

Und das ist nicht alles. Die Feudalklassen, die früher den wirtschaftlichen Fortschritt in dem begünstigteren Teil der Welt so sehr behindert hatten, blieben in den weniger glücklichen der armen Länder an der Macht. So war es auf den Philippinen, im größten Teil Zentralafrikas und einem Teil Südafrikas, in Pakistan und anderswo. Jene, die die Macht innehaben, wollen Entwicklung nicht unbedingt; instinktiv, wenn nicht objektiv, sehen sie darin eine Bedrohung ihrer politischen Position und ihres wirtschaftlichen Wohlstands. In diesem Umfeld kann man wirtschaftlichen Fortschritt nicht erwarten. Entwicklung setzt die Entmachtung der Landoligarchie voraus. Das zu fordern gleicht allerdings dem Ruf nach Revolution. Vielleicht würde sich daraus eine Chance für die Kommunisten ergeben. Aus diesen Gründen konnte man nicht darauf drängen. Übrig blieb das fortwährende Gerede über wirtschaftlichen Fortschritt und die Akzeptanz eines wirtschaftlichen Stillstands.

Des weiteren gab es den äußerst nachteiligen militärischen Zusammenhang. Wie bereits aufgezeigt, waren die Hilfsbemühungen nach dem Zweiten Weltkrieg durch zwei Motive motiviert: aufrichtiges Mitleid und die tiefverwurzelte Furcht vor dem Kommunismus. Dieser rief nach Unterstützung der wirtschaftlichen Entwicklung; noch dringender rief er oder schien er nach militärischer Unterstützung zu rufen und, wenn die Gelegenheit sich ergab, nach militärischer Intervention.

Das Ergebnis war ein unbedingter Rückschlag für den wirtschaftlichen Fortschritt. Militärhilfe ersetzte zivile Wirtschaftshilfe. Die armen Länder wurden ermutigt, ihre inländischen und die knappen externen Ressourcen – die im Export erwirtschafteten harten Devisen – in den Kauf von Waffen umzuleiten. Daraus ergab sich ein ausgiebiger Handel mit Rüstungsgütern, und dieser Handel beeinträchtigte den zivilen Handel und die zivile Nachfrage. In vielen Ländern brachte das auch Militärs oder vom Militär kontrollierte Regierungen an die Macht. Diese besitzen alle Voraussetzungen, um die Erfordernisse der wirtschaftlichen Entwicklung mißzuverstehen oder zu ignorieren. Oder um Allianzen mit Feudalkräften zu knüpfen im wirkungsvollen Widerstand gegen den wirtschaftlichen Fortschritt.[57]

In den armen Ländern gab es außerdem eine Bevölkerungsexplosion. Wenige soziale Themen wurden häufiger diskutiert; die Gründe dafür liegen auf der Hand. Da ist der grundlegende Sexualtrieb, wahrscheinlich verstärkt durch das Fehlen der Unterhaltungs- und Freizeitmöglichkeiten der entwickelten Gesellschaft; da ist die Beherrschung von Malaria, Thyphus und Geschlechtskrankheiten und anderer Heimsuchungen der Menschheit mit AIDS als großer Ausnahme. Und da ist die elementare Mathematik der Demographie, die es zwei Elternteilen erlaubt, sich mehrfach zu vermehren. All dies ist wichtig.

Ein weiterer Grund wurde mir in meinen Jahren in Indien klar: Was unter wirtschaftlichen Erwägungen für einen Elternteil oder Eltern hoch vernünftig und wichtig ist, widerspricht vollständig den Interessen der Gesellschaft. Nachkommen in der armen ländlichen Gemeinschaft sind der Schutz gegen die Unannehmlichkeiten des Alters. Kinder sind dazu da, Sonne, Hitze und die mühselige Arbeit auszuhalten, wenn für die Älteren die Zeit kommt, Ruhe und Schatten zu suchen. Kinderlos in einer bäuerlichen Gesellschaft zu sein heißt, sich in späteren Jahren den Gefahren des Alters auszusetzen. Das trifft besonders dann zu, wenn der Landbesitzer das Recht hat, sein Land zurückzufordern.

In Indien ist die Geburtenrate in den Städten weit niedriger als auf dem Land, wo ungefähr drei Viertel der Bevölkerung leben. Dort und in anderen bäuerlichen Gesellschaften werden Söhne wegen ihrer überlegenen Muskelkraft Töchtern vorgezogen. (Töchter wurden früher in China und anderswo nach der Geburt wie eine unerwünschte Last beseitigt.) Hier haben wir den Grund dafür, warum das Drängen auf Familienplanung und Verhütung nur minimale Wirkung auf die armen ländlichen Gemeinschaften gezeigt hat. Und warum, mit fortdauernder Armut, das so bleibt.

In der Verallgemeinerung liegt immer eine Gefahr. In den Jahren seit der Entkolonialisierung hat es einige sehr bedeutende Beispiele für wirtschaftliche Entwicklung gegeben. Jene Koreas, Taiwans und der anderen pazifischen Länder wurde bereits erwähnt. Die Errungenschaften der indischen Landwirtschaft, die manchmal als Wunder oder »grüne Revolution« bezeichnet werden, wurden ebenfalls erwähnt. China hat den Sozialismus überlebt und ist in ein Zeitalter der raschen Entwicklung eingetreten, ebenso nicht ohne Hoffnung auf die Anreize des Markts.

In jüngster Zeit wurden einige frühere Fehler erkannt. Die große Industrie wird heute weniger als früher als das grundlegende Symbol wirtschaftlichen Fortschritts betrachtet. Die Bedeutung der Ausbildung wird weitgehend verstanden. Einer der Feinde der wirtschaftlichen Entwicklung, tatsächlich der zivilisierten Gesellschaft, war die Ansicht, daß nationale Souveränität sakrosankt sei, selbst wenn sie interne Konflikte schütze, die die Wirtschaft zerstörten und die Menschen töteten. Die Gemeinschaft der Nationen erkennt, wenn auch nur zögerlich, allmählich dieses Dilemma; Maßnahmen der Vereinten Nationen, die in inländische Konflikte eingreifen, selbst wenn sie noch unsicher und selten sind, erlangen eine gewisse Akzeptanz.

Eine dauerhafte Regierung ist eine Grundvoraussetzung für wirtschaftliche Entwicklung. Weitere Voraussetzungen sind Ausbildung und steigende landwirtschaftliche Produktion. Dieses sind die Dreh- und Angelpunkte für eine erfolgreiche Entwicklung. Langsam und schmerzhaft werden diese Tatsachen hoffentlich erkannt. Noch stehen wir nichtsdestoweniger am Anfang eines langen und steinigen Wegs.

18

Die Kennedy-Initiative

Ich wende mich nun wieder den Vereinigten Staaten zu und will einige Worte über meine lange Beziehung zu John F. Kennedy verlieren, zumal diese mit Wirtschaft zu tun hatte. Unsere persönliche Bekanntschaft begann in den dreißiger Jahren, als er Student in Harvard war und ich ein relativ junger Dozent; unsere Verbindung lief damals meistens über seinen älteren Bruder, Joseph P. Kennedy jr., der auch in Harvard studierte, und über die Söhne lernte ich den Vater kennen.

J. F. K. und ich wurden während des Kriegs getrennt, kamen aber wieder zusammen, um über wirtschaftliche und politische Fragen zu diskutieren, als er Kongreßabgeordneter und dann Senator wurde. Ich war nie einer seiner wichtigen Redenschreiber so wie für Stevenson; eine jüngere Generation von »Dichtern« hatte das Ruder übernommen. Allerdings wurde ich nicht selten gerufen, um mit Rat und Tat zu helfen.

Ich hatte mehr als wenig zu tun mit der wirtschaftspolitischen Position, die er bezog. Dabei hatte ich, merkwürdigerweise, die gelegentliche Unterstützung von Joseph Kennedy sen. Als ich einmal in New York eine Rede für J. F. K. vorbereitete, die er vor Wirtschaftsredakteuren und -reportern der Lokalpresse halten sollte, unterstützte mich der ältere Kennedy in einer Position, die liberaler war, als sein Sohn geneigt war, zu vertreten. Halb im Ernst fragte der Präsident hinterher: »Welchen Einfluß haben Sie, zum Teufel, auf meinen Alten Herrn?«

Kennedy ließ sich zu wirtschaftlichen Themen nicht so nebenbei beraten. Er bemühte sich sorgfältig, um das Thema oder die Themen zu verstehen, um die es ging; irgendwie außergewöhnlich, sogar eigenartig für einen Politiker, sah man bei ihm alle Anzeichen, daß er wirtschaftspolitische Diskussionen und die gelegentlich intensiven Debatten genoß.

In den letzten Jahren der Regierung Eisenhower waren die Preise leicht gestiegen, eine Folge der höheren Zinssätze der Federal Reserve. Es gab eine gemäßigte Steigerung der Arbeitslosigkeit von 4,3 Prozent 1957 auf 6,8 Prozent 1958. 1959 fiel sie dann auf 5,5 Prozent zurück, auf dem Niveau blieb sie auch 1960, dem Wahljahr.[58] Diese nur scheinbar ungewisse Lage hielten nicht am wenigsten Richard Nixon und seine politischen Verbündeten für den Grund ihrer Niederlage bei der Wahl, mit der die acht Jahre republikanischer Präsidentschaft endeten. So ernst war die Lage nicht; höchstwahrscheinlich war ihre Wirkung zu gering, um mit dem Wahlergebnis viel zu tun zu haben. Der entscheidende Umstand war, daß Kennedy persönlich und politisch eine bei weitem attraktivere Figur war als Nixon. Wirtschaftliche Themen spielten bei der Wahl zwischen ihnen keine große Rolle. Das minderte nicht die Rolle der Wirtschaftswissenschaftler und Wirtschaftswissenschaften in der neuen Regierung.

Im Gegenteil, weder vorher noch später waren Wirtschaftswissenschaftler so einflußreich in der Politik wie in der Amtszeit von John F. Kennedy und danach unter Lyndon Johnson – besonders Walter W. Heller von der Universität Minnesota, James Tobin von der Yale-Universität und Kermit Gordon vom Williams College. Heller und seine Kollegen im Council of Economic Advisers waren Gelehrte von hohem akademischem Rang und streng praktischer Orientierung. Sie genossen das Vertrauen des Präsidenten und beherrschten die Wirtschaftspolitik und die damit verbundenen Fragen.

Ich war im Weißen Haus in den ersten Monaten nach der Amtseinführung Kennedys, später von Indien aus und bei meinen häufigen Besuchen von dort in Washington mehr als ein Zuschauer in der Diskussion über Wirtschaftspolitik. Die entscheidende Macht, unnötig zu betonen, lag bei denen, die direkt damit befaßt waren.

Kennedys Wirtschaftswissenschaftler sahen sich drei wesentlichen Problemen gegenüber, solchen, die man bereits erlebt hatte und die hier erwähnt wurden und die alle im Rückblick zweifellos klarer sind als damals. Da gab es zuerst das Verhältnis zwischen makro- und mikroökonomischer Politik. Und innerhalb der Makroökonomie stellte sich die Frage nach dem Verhältnis zwischen Geld- und Finanzpolitik. Und in der Finanzpolitik war es die Frage Staatsausgaben gegen Steuern. Alle Fragen wurden intensiv, aber, insgesamt betrachtet, bemerkenswert zivilisiert diskutiert.

Die Debatte Makroökonomie versus Mikroökonomie betraf, zur Erinnerung, die Kontrolle der Inflation. Inflation bei guter wirtschaftlicher Lage kann makroökonomisch verursacht sein durch die gesamtwirtschaftliche Nachfrage nach Gütern und Dienstleistungen, die die Preise anziehen läßt. Sie kann auch mikroökonomisch verursacht sein durch Lohnforderungen, die Preissteigerungen erzwingen, und durch Preissteigerungen, die Lohnforderungen nach sich ziehen – die Lohn-Preis-Spirale.

In der fachwissenschaftlichen Betrachtung einer umfassenden Wirtschaftspolitik erfreut sich die Makroökonomie – das Management der gesamtwirtschaftlichen Nachfrage – eines hohen Ansehens. Für die mikroökonomische Politik in ihrem Bemühen, die Lohn-Preis-Spirale zu bremsen oder zu zähmen, gilt das nicht, und besonders nicht in der englischsprachigen Wirtschaftstradition. In der einen oder anderen Form macht sie die Einmischung ins Marktgeschehen, in die sonst unbeeinträchtigte Festsetzung der Preise und Löhne im Markt erforderlich. Der Markt aber ist heilig für die Rechtgläubigen in Fragen der Wirtschaft, und selbst theologisch weniger sattelfeste Wirtschaftsleute zögern, einzugreifen. Nichtsdestoweniger, in einer Wirtschaft mit starken Unternehmen und starken Gewerkschaften – wie sie auch die sechziger Jahre geprägt haben – wirken Löhne und Preise aufeinander ein, um im Ergebnis Inflation zu verursachen. Das ist nicht das klassische Konzept des freien Markts, und es dürfte staatliche Intervention rechtfertigen. Entsprechend wurde die wechselseitige Beeinflussung von Löhnen und Preisen in der Diskussion hochrangiger Experten und Politiker ignoriert oder wohlweislich unterdrückt. Es gab daher eine heftige Kollision zwischen den bevorzugten Sichtweisen und der wirtschaftlichen Realität.

In den ersten Tagen der Kennedy-Regierung wurde jedoch akzeptiert, daß die Lohn-Preis-Spirale unter Kontrolle gehalten werden müsse. Das erste Treffen zum Thema Wirtschaftspolitik fand im Cabinet Room bald nach der Amtseinführung statt; es war eine Zusammenkunft, an der ich teilnahm und die unter dem Druck stand, Maßnahmen einzuleiten, und diesem Gegenstand widmete sie sich weitgehend. In den folgenden Monaten wurden die wichtigsten Industriegewerkschaften, allen voran in der Automobil- und Stahlindustrie, gedrängt, ihre Forderungen zu mäßigen – ihre Lohnansprüche an das anzupassen, was aufgrund der gegebenen Preise auch bezahlt werden konnte. Die United Steelworker Union zeigte sich kooperativ und begrenzte im April 1962 während der laufenden Tarifverhandlungen ihre Forderungen deutlich. Dies sollte zu einem Vorbild für andere Gewerkschaften werden. Sofort danach aber verkündete der Chef der United States Steel Corporation, Roger Blough, in einer der dümmsten Aktionen jener Zeit, einen deutlichen Anstieg der Stahlpreise und rief liebenswürdigerweise den Präsidenten an, um ihm zu erzählen, was er angerichtet hatte.

Kennedy reagierte scharf: »Mein Vater hat mir immer gesagt, daß alle Geschäftsleute Hurensöhne seien; aber ich habe es bis heute nie geglaubt.«[59] Später, auf einer Pressekonferenz, verzichtete er klugerweise auf die Wiederholung der väterlichen Verdammung gegen die Stahlleute.

Unter schwerem Druck und nach verschiedenen Drohungen mit Antitrustschritten, nach Steuerprüfungen und weiteren Vergeltungsmaßnahmen und da kleinere Stahlfirmen schlau genug waren, nicht mitzuziehen, mußte U. S. Steel die Preisanhebung rückgängig machen. Für einige Zeit danach schien das herrschende Prinzip klar zu sein: Um auf einem hohen Beschäftigungs- und Produktionsniveau einer Inflation vorzubeugen, muß es eine Begrenzung von Löhnen und Preisen geben. Wie es in Europa und Japan schon längst selbstverständlich war, wurde das Beeinflussen von Preisen und Löhnen nun zum kurzlebigen Gegenstand amerikanischer Regierungspolitik.

Deutlich wurde unglücklicherweise die enorm komplexe, langwierige und kontroverse Natur jedes praktischen Versuchs, diese Beschränkungen durchzusetzen mit den damit verbundenen zeitraubenden und oft frustrierenden Verhandlungen. Wenn Wirtschaftsleute dieses mit der weit vornehmeren Souveränität von finanz- und geldpolitischen Maßnahmen verglichen – so etwa Prügelei in der Gosse gegenüber feinsinniger, ausgewogener makroökonomischer Entscheidungsfindung –, blieben sie davon nicht unberührt. Die Makroökonomie betrat die Bühne.

Die Politik in den Jahren Kennedys war offen und ohne Umschweife keynesianisch. Es muß einen Fluß der Gesamtnachfrage geben, der genügt, um die größtmögliche Annäherung an die Vollbeschäftigung zu erhalten. Letztere setzt die Grenzen für das, was die Wirtschaft produzieren darf. Produktivität – Produktionsausstoß pro Arbeiter – ist kein zentrales Thema. Das Ausbildungsniveau der Arbeitskräfte, das Angebot und die Qualität der Kapitalanlagen, die Rolle der Technologie und des technischen Fortschritts sind ganz andere Fragen. Sie stehen nicht im Mittelpunkt der Betrachtung.

Im Lauf der Kennedy-Jahre wurde das Grundkonzept der Wirtschaftspolitik klar. Mikroökonomie oder Marktbeschränkungen für Löhne und Preise spielten eine gewisse Rolle, die jedoch kleiner wurde, während, wie angedeutet, die makroökonomische Politik nach vorne rückte. In jenen Jahren verlor die Geldpolitik, die sich unabhängig innerhalb des makroökonomischen Rahmens behauptet hatte, ebenfalls an Bedeutung. Der Chef des Federal Reserve Board, William McChesney Martin jr., erwies sich als zugänglich. Nachdem er in den Treffen im Weißen Haus die rechtliche Unabhängigkeit der Federal Reserve und ihres Aufsichtsgremiums entschieden vertreten hatte, gab er dem Druck nach, die Zinsen dauerhaft auf einem vergleichsweise niedrigen Niveau zu halten. Als aktive Instrumente der Politik blieben daraufhin nur noch Steuern und Staatsausgaben – die Haushaltspolitik.

1961 erholte sich die Wirtschaft; aber nach wie vor bestand das Problem, eine Wachstumsrate zu gewährleisten, die für optimal gehalten wurde, eine Aussicht, der sich der Präsident und seine Berater in hohem Maße verpflichtet fühlten. Nichts konnte der sozialen Ruhe, dem politischen Erfolg und der Wiederwahl des Präsidenten dienlicher sein als eine Bevölkerung, die ihre wirtschaftliche Lage betrachtete und eine solide Verbesserung gegenüber früheren Jahren feststellte. Ein spezifisches Ziel wurde formuliert: Die Wirtschaft sollte ihre Gesamtproduktion von Gütern und Dienstleistungen jedes Jahr um fünf Prozent steigern. Da die Geldpolitik keine Rolle mehr spielte, sollten unterstützende Regierungsmaßnahmen die Wirtschaft durch Staatsausgaben zu Wachstum und Vollbeschäftigung stimulieren oder mit dem gleichen Ziel durch Steuererleichterungen mehr Einkommen in den privaten Verbrauch lenken. In meist rein verbaler Unterstützung des letztgenannten Kurses gab es bei einer Minderheit den Glauben, dieser würde auch zusätzliche Energie bei Unternehmern und Managern freisetzen für die Produktion von Waren und

Dienstleistungen, eine Energie, die durch die hohen Spitzensteuersätze vermutlich beschränkt würde.

Im Jahr 1962 begann die schärfste Debatte jener Zeit über Wirtschaftspolitik, und sie führte zu einer Entscheidung mit andauernder Wirkung. Diese Entscheidung war, die Wirtschaft durch Steuersenkungen anzukurbeln: Die Steuereinnahmen wuchsen schneller als die Ausgaben – laßt uns also die Steuern senken.

Die Alternative zu einer stimulierenden Steuersenkung waren höhere Sozialausgaben, da die soziale Not, wie immer, offenkundig und drückend war, besonders bei den Ärmsten in der Bevölkerung. Steuersenkung war im Gegensatz dazu ein konservatives Konzept, und es wurde eines, das künftige Konservative glücklich in Beschlag nahmen.

Es wird vielleicht nicht überraschen, daß ich meine Stimme in entschiedener Opposition erhob, aber sie war mehr als nur leicht geschwächt dadurch, daß sie aus dem fernen Indien erklang. Ich war jedoch nicht völlig ohne Einfluß.[60] Es war möglich, die endgültige Entscheidung einige Zeit hinauszuzögern, was mir mit Hilfe des Finanzministers Douglas Dillon gelang, der sich aus mehr orthodoxen, konservativen Gründen gegen jede Form der Steuersenkung wandte. Er wollte das Steuersystem reformieren; er glaubte, daß Steuern nicht gesenkt werden sollten, solange sich der Staatshaushalt nicht völlig im Gleichgewicht befand.

Das Ergebnis stand jedoch niemals ernsthaft in Zweifel, schon gar nicht, nachdem der Finanzminister auf Linie gebracht worden war. Die Entscheidung stand fest kurz vor dem Attentat auf den Präsidenten am 22. November 1963, und im folgenden Jahr trat die Steuersenkung in Kraft.

Es war ein Wendepunkt in der amerikanischen Wirtschaftspolitik. Zuvor, als die Unterstützung der Wirtschaft – der gesamtwirtschaftlichen Nachfrage – durch die Regierung angemessen erschienen war, hatten sich Denken und Handeln auf die Staatsausgaben gerichtet, wie während des New Deal. Fortan würden sie sich auf wirkungsvolle Weise der Steuersenkung als stimulierendem Faktor zuwenden. In den achtziger Jahren wurde die Steuererleichterung unter Kennedy als Präzedenzfall für die steuerpolitischen Maßnahmen Reagans gesehen, eingeschlossen die außergewöhnliche Belohnung der Reichen.

Es gab weitere wichtige wirtschaftspolitische Initiativen in den Kennedy-Jahren. Eine, unter Leitung des Staatssekretärs im Außenministerium George Ball, richtete sich auf die weitere Liberalisierung des internationalen Handels. Diese umfaßte auch die Unterstützung der politischen und wirtschaftlichen Einigung Westeuropas. Es waren Schritte in einem breiten Strom der Geschichte, sie gesellten sich zu den verschiedenen Faktoren, die eine enge Verbindung zwischen den hochentwickelten Industriestaaten förderten. Was die Handelsfragen betrifft, so wurden sie zum Gegenstand der bei diesen Fragen üblichen Redereien. Immer werden die Ergebnisse von Handelsverträgen *ex ante* eifrig diskutiert und für extrem wichtig gehalten; *ex post* geraten die Veränderungen außer Sicht. Das liegt daran, daß Handelsvereinbarungen normalerweise nur kleine Wellen in rauher See sind.

Es gab in jenen Jahren auch das neue und energisch verfochtene Programm, um den armen Ländern zu helfen, von dem ich bereits gesprochen habe. Die Gelegenheit, daran mitzuwirken, zog mich nach Indien. Die Allianz für den Fortschritt, die in Lateinamerika aktiv war, und eine ausdrückliche Anerkennung der Rolle der neuen afrikanischen Staaten auf der Weltbühne waren zentrale Punkte im Denken und Handeln der neuen Regierung. Die Sorge war leider größer als das Ergebnis.

Hier muß unterschieden werden zwischen symbolischen und wirklichen Regierungsmaßnahmen. So war die nicht am geringsten gepriesene internationale Initiative Kennedys die Schaffung des Friedenskorps. Die Entsendung eifriger und fähiger junger Männer und Frauen, um in den armen Ländern verschiedene Dienste zu leisten, vom Sprachunterricht bis zur Tiermedizin, wurde sowohl weithin bekannt gemacht als auch gut aufgenommen. Jenen, zu denen sie geschickt wurden, erwiesen sie keine geringe Hilfe. Von besonderer Bedeutung aber war der Eindruck vom Präsidenten, seiner Verwaltung und den Vereinigten Staaten, den das Friedenskorps in der Welt schuf.

Die Zahl jedoch der wirklich in das Experiment Einbezogenen und über es Informierten war insgesamt verschwindend gering im Verhältnis zur Zahl der amerikanischen Jugendlichen, und verschwindend gering war auch der Anteil der Armen in der Welt, denen so geholfen wurde. Das Friedenskorps (ebenso wie die Allianz für den Fortschritt) war reich an Symbolkraft, aber von begrenzter Wirkung im Verhältnis zu den enormen und hartnäckigen Problemen, die es zu lösen galt.

In den Kennedy-Jahren gab es jedoch auch den Beginn einer Aktion im eigenen Land, die große wirtschaftliche Bedeutung haben sollte, aber dies wurde so nur selten erkannt. Das war die Bürgerrechtsbewegung, auf die ich genauer eingehen muß.

In der langen Zeitspanne der Wirtschaftsgeschichte haben, worauf ich ausreichend hingewiesen habe, nur wenige Kräfte der wirtschaftlichen Entwicklung so erfolgreich widerstanden wie der Feudalismus – das Halten der Bevölkerung oder eines großen Teils von ihr in Isolation im Dienst des Landbesitzers. Das raubt jenen, die so eingegrenzt sind, wirksam den Sinn für persönliche Initiative und Verantwortung, die größeren Chancen und bessere Entlohnung in der Industrie und die erforderliche Ausbildung, die alle das Wesen des wirtschaftlichen Fortschritts ausmachen. Sie sind eigentlich die Gefangenen von Gegenwart und Vergangenheit. Und in wesentlichem Maß sind das auch ihre Arbeitgeber und Herren. Die Gefangenschaft ist noch wirkungsvoller, wenn den Arbeitern aufgrund ihrer Rasse oder Hautfarbe die Chance zur Änderung verweigert wird, wie sie sich durch die Ausübung politischer Rechte ergäbe. Der entscheidende Punkt ist eindeutig: Der amerikanische Bürgerkrieg beendete die Sklaverei; er beendete nicht die starren feudalen Strukturen des Südens.

In den sechziger Jahren brach dieses System jedoch zusammen. Wirtschaftlicher Wandel, vorangebracht durch die Mechanisierung der landwirtschaftlichen Produktion, besonders im Baumwollanbau, löste die Arbeiter von ihren früheren sozialen und wirtschaftlichen Fesseln. Viele von ihnen machten sich auf den Weg in die relative Freiheit des industrialisierten Nordens. Und nun wies die Bürgerrechtsbewegung – der Vorstoß für eine größere Gleichheit bei den Ausbildungsmöglichkeiten, der Angriff auf die gesetzlich unterstützte Trennung und Diskriminierung, die Forderung nach dem Wahlrecht, das Ende der egoistischen politischen Herrschaft der alten Landbesitzerklasse und ihrer Nachfahren – den Weg für weitere Industrialisierung und Wachstum unterhalb der Mason-Dixon-Linie.

Die Bewegung machte auch zum erstenmal die Existenz einer scheinbar neuen und verarmten Arbeiterklasse deutlich in den Südstaaten und mehr noch in den großen Städten des Nordens, in die sich die früheren Landarbeiter ebenso wie, wenn auch in geringerer Zahl, die früheren Sklaven geflüchtet hatten. Verteilt über die ländlichen Gebiete, in primitiven Hütten lebend, kaum ausgebildet, mit einem dürftigen Lebensunterhalt und ohne Bürgerrechte, waren die Armen des Südens lange Zeit weitgehend außerhalb der Wahrnehmung geblieben, so wie die unterprivilegierte Landbevölkerung bis heute. In den großen Stadtgebieten konnten sie nun nicht mehr so einfach ignoriert werden. Darüber mehr im nächsten Kapitel.

Davor muß folgender Punkt hervorgehoben werden: Die Bürgerrechtsbewegung wurde zu Recht für ihre humane und zivilisierende Wirkung gelobt. Aber sie war auch eine wirtschaftliche

Revolution, was heute als sicher gilt. Früher hinkten die Südstaaten weit hinter der wirtschaftlichen Entwicklung her; es wurde unterstellt, daß sie im Verhältnis zum Rest der Republik arm bleiben würden. Jetzt nicht mehr. Südstaatenstädte – ein hervorragendes Beispiel ist Atlanta – zeigen eine starke und stärkende wirtschaftliche Dynamik.

Wirtschaftspolitik beschäftigt sich nach allgemeiner Überzeugung mit Steuern, Staatsausgaben, Zinsen und dem Markt. An Martin Luther King jr. erinnert sich niemand wegen seiner wirtschaftlichen Intuition oder Wirkung. In Wahrheit erwuchs einer der größten und deutlichsten Beiträge zum wirtschaftlichen Fortschritt in der Regierungszeit Kennedys und dem ihm folgenden Johnson aus der zweiten Gleichberechtigung, dem konsequenten Drang der Schwarzen zur wirtschaftlichen und sozialen Beteiligung und, vor allem, aus dem Niedergang und dem Fall der alten, auf sich selbst bezogenen feudalen wirtschaftlichen und sozialen Struktur im Süden. Das ist eine Lektion: In Fragen der Wirtschaft muß man über den erklärten Zweck einer jeden Initiative immer deutlich hinausschauen, um ihre schließliche Wirkung zu erkennen.

19

Kampf gegen Armut und Krieg

Als Präsident Lyndon Johnson 1965 die Regierung übernahm, nachdem er für eine volle Amtsperiode gewählt worden war, konnte man glauben, daß die wirtschaftlichen Probleme der Vereinigten Staaten und damit die ihrer Handelspartner, die so stark vom amerikanischen Wohlstand abhingen, gelöst seien. Die Wirtschaft wuchs mit einer gesunden Rate; die Arbeitslosigkeit lag bei 5 Prozent, Tendenz fallend. (Wie jemand in den Jahren damals erklärte, sollte man das so verstehen, daß 95 Prozent einen Job hätten.) Obwohl sich die Preise nach oben bewegten, schien keine ernsthafte Inflation in Sicht zu sein.

Die Lohn-Preis-Spirale blieb eine mikroökonomische Bedrohung, aber intensive und durchgehend erfolgreiche Tarifverhandlungen in jenem Jahr zwischen Arbeitgebern und Arbeitern schienen diese Gefahr unter Kontrolle zu halten. In der letzten Phase der Kennedy-Regierung war ein negativer Trend in der Zahlungsbilanz sichtbar geworden, deshalb floß Gold ab. Auf besonderen Wunsch des Präsidenten formulierte ich nach meiner Rückkehr aus Indien in einem Papier einige Warnungen. Andere Wirtschaftswissenschaftler in der Verwaltung hielten die Tendenz für unbedeutend. Aus späterer und besserer Sicht war sie es. Der Hauptgrund war die wirtschaftliche Wiederbelebung in Übersee und damit die Wiederbelebung der Exporte, wie sie die Vereinigten Staaten angestrebt hatten.

Blieb das Problem, das ich am Ende des vorigen Kapitels bereits erwähnt habe – die sehr große Zahl von Amerikanern, die inmitten des Wohlstands immer noch entsetzlich arm war. Wenn sie anders keine Linderung finden konnten, erschien es möglich, daß sie gewalttätig durch die Straßen ziehen würden, was sie dann in einigen Städten auch taten.

Armut ist kein zentrales Thema in der Wirtschaftswissenschaft und in der Wirtschaftspolitik. Den Armen sind nicht viele Seiten in den Hochschullehrbüchern gewidmet, und sie genießen auch keine große Aufmerksamkeit in den Fachzeitschriften. Eine winzige Änderung der Zinssätze oder das Defizit im Staatshaushalt ist ein gefundenes Fressen für wirtschaftspolitische Diskussionen; die andauernde Armut in der Stadt und auf dem Land ist es nicht. Auch in diesem Fall folgen die Wirtschaftswissenschaftler einem starken Impuls, die schmutzigeren und hartnäckigeren Probleme in ihrem Fachgebiet zu verdrängen. In der herrschenden wirtschaftswissenschaftlichen Tradition kann es wohlformuliertes Mitleid für die Armen geben, aber über die Politik und die Maßnahmen, die notwendig sind, um ihnen zu helfen, wird in den maßgeblichen Kreisen der Wirtschaftswissenschaften nicht diskutiert.

Lyndon Johnson hatte mehr als John F. Kennedy ein Gespür für die Sorgen der Armen. Sie waren etwas, dem Kennedy persönlich nie begegnet war; Johnson hatte sie dagegen ausgiebig mit eigenen Augen in seiner Jugend gesehen.

Im Dezember 1963, wenige Wochen nach Präsident Kennedys Tod, versuchte ich in einer Rede in Washington die politische Aufmerksamkeit auf jene zu lenken, die nicht am allgemeinen Wohlstand jener Jahre teilhatten. Zwei oder drei Abschnitte dieser Rede sollen hier wiedergegeben werden:

»Über einen elementaren Punkt darf es keine Zweifel geben. Wenn ein Familienvater inmitten des Cumberland-Plateaus gestrandet ist, wenn er nie eine Schule besucht, nichts Vernünftiges gelernt hat, wenn er krank ist, wenn er als Jugendlicher dem Einfluß eines Slummilieus unterlag oder wenn man ihm, weil er ein

Schwarzer ist, keine Chance gibt (eine noch immer übliche Praxis), dann wird er arm sein, und dies vollkommen unabhängig davon, wie wohlhabend alle anderen werden.

Ebenso darf es keinen Zweifel daran geben, daß die Maßnahmen zur Rettung dieses Mannes oder seiner Kinder – Investitionen zur Entwicklung oder Erhaltung von Fähigkeiten, zur Unterstützung bei der Umsiedlung von Arbeitern, zur Förderung neuer Industrien, für erhebliche Verbesserungen im Erziehungswesen, bei der Berufsausbildung und Umschulung sowie bei der medizinischen und psychologischen Versorgung, Bereitstellung von Arbeitsplätzen für Jugendliche, in der Rechtsberatung, bei städtischen Erholungsangeboten, im Wohnungsbau, bei der Slumsanierung und der Sicherstellung voller bürgerlicher Gleichberechtigung –, daß alle diese Dinge Anstrengungen der öffentlichen Hand und öffentliche Gelder erfordern. Die Armut kann vertrieben werden. Aber allein durch eine simple Steigerung der Wachstumsrate wird sich dies ebensowenig durchsetzen lassen wie durch Beschwörungsformeln oder rituelle Fußwaschungen.

Nach allem, was wir wissen, gibt es keinen Ort auf der Welt, wo gut ausgebildete Leute wirklich arm sind. Warum wählen wir nicht, von Beginn nächsten Jahres an, die hundert Regierungsbezirke mit dem geringsten Pro-Kopf-Einkommen (bzw. im Fall der städtischen Slums kleinere Gebiete mit entsprechender Bevölkerung) aus und erklären sie zu besonderen Bildungsschwerpunkten? Sie sollten daraufhin mit wirklich hervorragenden Gesamtschulen, die sowohl die Primär- als auch die Sekundärstufe umfassen, ausgestattet (oder wieder ausgestattet) werden, zusammen mit Verkehrsmitteln und dem bestmöglichen Freizeitangebot. Die in dieser Phase des Projekts entstehenden Arbeitsplätze im Baugewerbe wären nicht unwillkommen. Danach sollte, nach dem Vorbild des Friedenskorps, aber mit großzügiger Bezahlung, eine Elitetruppe junger Lehrer aufgestellt werden, die bereit ist, in den abgelegensten Gebieten zu arbeiten, und über die Härte und Qualifikation verfügt, sich selbst in die schlimmsten Slums hineinzuwagen, die stolz darauf ist, nach Harlan County oder Harlem zu gehen.«[61]

Lyndon Johnson war von meiner Ansicht äußerst angetan[62], obwohl es ohne Zweifel auch andere Einflüsse auf sein Denken gab, nicht zuletzt seine bereits erwähnten eigenen Beobachtungen. Man beansprucht in solchen Dingen zu leicht Originalität und Überzeugungskraft für sich.

Ende 1963 entwarfen die Wirtschaftswissenschaftler im Stab des Weißen Hauses ein Pilotprogramm, um auszuprobieren, was im Kampf gegen die Armut möglich war; wenig beruhigt das liberale und wirtschaftliche Gewissen so kostengünstig wie ein Pilotprogramm. Präsident Johnson verwarf diesen Plan und schlug statt dessen vor, eine Milliarde Dollar in eine ernsthafte Anstrengung zu stecken, um die Armen auf dem Land und in der Stadt zu retten. Gemeinsam mit Sargent Shriver und wenigen Mitarbeitern ging ich im Hauptquartier des Friedenskorps daran, einen spezifizierten und detaillierten Plan zu erstellen. Später, als das Office of Economic Opportunity formal eingesetzt worden war, wurde ich in dessen Aufsichtsrat berufen. Meine Amtsdauer dort war zu Ende, als ich wegen meiner Opposition gegen den Vietnamkrieg nicht länger als Mitglied geduldet werden konnte, und Johnson widerrief meine Ernennung. Es war eine Metapher des Zwiespalts zwischen innenpolitischen und militärischen Zielen. Davon gleich mehr.

Das Poverty Program, wie es genannt wurde, war eine Mischung: Die Unsicherheit darüber, was getan werden mußte oder sollte, wurde zum Teil behoben, indem etwas von allem getan wurde. Oder indem, durch die Community Action Programs, den Armen selbst die Wahl gelassen wurde und man sie aufforderte, sich zu organisieren und Vorschläge zu unterbreiten, um das Elend zu lindern und einen Ausweg aus der Benachteiligung sicherzustellen. Das nötige Geld – für Ausbildung inklusive Vorschule für die ganz Kleinen und Ausbildung in grundlegenden wirtschaftlichen Fertigkeiten und für die Beschaffung von Gemeindeeinrichtungen – sollte von der Bundesregierung kommen. (In der späteren Praxis erwies sich dieser Geldfluß als übermäßig attraktiv für Kommunalpolitiker, die ausgiebig an die Stelle der sich selbst verwaltenden Armen traten.[63])

Aus dem Poverty Program erwuchs auch das Job Corps zum Training von Grundfertigkeiten, die man am Arbeitsplatz brauchte. Darüber hinaus gab es weitere Initiativen, eingeschlossen das Teachers Corps, das, wie ich glaube, aus meinem früheren Vorschlag zur Rettung der vernachlässigten Schulen und Schüler entstand. Gemessen am Ziel, waren sie alle wertvoll, gemessen an ihrer Ausführung waren sie in jeder Hinsicht wirkungslos. Unglücklicherweise blieb die Armut bestehen.

Zwei überaus wichtige Faktoren waren für diese Entwicklung verantwortlich. Der erste bestand in einer tiefverwurzelten, sogar theologisch begründeten Opposition gegen die Verteilung von Einkommen an die Armen. Der zweite war der Anspruch des Militärs, bei Zuwendungen und Ressourcen bevorzugt zu werden, was das verunglückte Abenteuer in Vietnam einschloß. Selten, wenn überhaupt, waren Prioritäten so offenkundig falsch verteilt.

Es gibt keine offensichtlichere Alternative zur Armut als ein Einkommen. Andererseits aber sind die Amerikaner von nichts mehr überzeugt als von den schädlichen Folgen, die Geld hat, wenn man es den Armen gibt. Wir haben das alleraufrichtigste Mitleid in unserer Sorge darum, was nicht durch Arbeit verdientes Geld den Unglücklichen antun könnte. Und wir erkennen eine praktische wie auch eine moralische Gefahr: Die Armen könnten Geld der öffentlichen Hand einer Arbeit vorziehen, und das würde eine Geisteshaltung der Abhängigkeit kultivieren, die einem Schlag gegen das Herz des Wirtschaftssystems gleichkäme.

Die Gefahr wird besonders bei den Unterprivilegierten gesehen; bei Menschen im Überfluß und bei Reichen wird Untätigkeit, Muße genannt, nicht vergleichbar beklagt. Im Gegenteil, die Gesellschaft zeigt sich entzückt über die Existenz einer Bevölkerungsschicht, die sich der Muße hingibt. Jene, denen es gelingt, sich der Muße zu erfreuen, werden bewundert, nicht verurteilt; sie haben gelernt, wie man gut lebt. Sie fördern als Mäzene der Künste oder der Literatur die Würde der Nation; sie setzen Beispiele für Stil und Benehmen, die gepriesen, wenn nicht gar gefeiert werden, für Neuheiten, Abwechslung und Extravaganz. Niemand oder nur wenige kritisieren ihr Genußleben.

Die Lage der Armen ist ganz anders. Bei ihnen wird, wie berichtet, befürchtet, daß Geld, das sie nicht durch Arbeit verdient haben, moralischen und sozialen Schaden anrichtet, was speziell für die Untätigkeit gilt, die Geld ihnen ermöglichen würde. Geld ohne Arbeit oder Untätigkeit wird den Armen nicht verziehen, nicht einmal unter dem Gesichtspunkt, daß es Arbeitsplätze als Alternative nicht gibt. Was für die Menschen im Überfluß gepriesen wird, wird für die Armen auf das schärfste verurteilt.

Die Neigung der Wirtschaftswissenschaften – und anderer Sozialwissenschaften –, sich an den Bedürfnissen und der Geisteshaltung der glücklicheren, sich besser vernehmbar machenden und politisch einflußreicheren Mitglieder der Gesellschaft auszurichten, wurde genügend beschrieben. Sie wird hier überaus deutlich. Es gab viel zu sagen für das Poverty Program der sechziger Jahre – für seinen Beitrag zur Great Society, eine Bezeichnung, die damals in Gebrauch kam. Es fehlte allerdings die Garantie, daß kein Amerikaner in einem Zustand unerträglicher Armut leben sollte, daß es, wie es in anderen Industrieländern der Fall war, ein zuverlässiges soziales Netz gab, durch das niemand fallen konnte.

Die Kosten wären nicht unerheblich gewesen, und einige Empfänger hätten eine derartige Hilfe in der Tat als Alternative zu einer besser bezahlten Beschäftigung betrachtet. Aber weder die Kosten noch der moralische Schaden hätten in Konkurrenz treten können zu dem verhängnisvollen geistigen Erbe des militärischen Unternehmens, das die Vision einer Great Society und dann auch die Präsidentschaft von Lyndon Johnson beendete. Und Erfolg wäre gleichbedeutend gewesen mit einem lohnenden Schutz vor Gewalt in den Städten, die, wie gesagt, in fast zwangsläufiger Verbindung mit wirtschaftlicher Benachteiligung steht.

Es war kein einzelner Faktor, der zur heute als Fehler eingestandenen Intervention und zur Katastrophe in Vietnam führte. Militärische Führungsschwäche und Schnitzer waren reichlich vorhanden. Besonders hatte niemand das einzigartig schwierige Problem vorhergesehen, einen Krieg in einem dichten tropischen Dschungel auszutragen. Dies war mein starker Eindruck von den Besprechungen der Militärs, als ich 1962 nach Vietnam geschickt wurde, um in einer von Präsident Kennedy angeordneten Mission dort Fakten zu sammeln. Die Grenzen der Wirksamkeit der Luftmacht, die bereits im Zweiten Weltkrieg und in Korea so offenkundig gewesen waren, wurden auch nicht anerkannt. Die Militärdoktrin, daß, wenn ein Land die Luftüberlegenheit besitzt, der Luftkrieg entscheidend sein müsse, war nach wie vor unbestritten.

Im Zusammenhang mit dem kalten Krieg und seiner häufig auftretenden Psychose hatte sich eine völlig übertriebene Meinung gebildet über die Einigkeit in der Zielsetzung der kommunistischen Staaten – der Sowjetunion, Chinas, Osteuropas – und über ihr Engagement für ein kommunistisches Ostasien. Daraus entstand die unsterbliche Dominotheorie – ein Bild beherrschte das Denken. Weiterhin wurde stark unterschätzt, in welchem Ausmaß jede fremde Einmischung in Vietnam, wie auch immer begründet, sich untrennbar anschloß an die Jahre der Fremdherrschaft – chinesischer, japanischer, französischer –, die das Land bereits erfahren und erlitten hatte.

Der folgenschwerste und am wenigsten entschuldbare Fehler bestand jedoch in der wirtschaftlichen und politischen Bewertung. Kommunismus, umfassender Sozialismus, wurde nicht nur für möglich gehalten, sondern auch für eine Flutwelle, die in Zukunft die ärmsten Länder erfassen würde, jene mit dem primitivsten Regierungsapparat. In Ländern, die den Kapitalismus nie erlebt hatten, würde der Kommunismus, wurde behauptet, eine nahezu unwiderstehliche Kraft sein, mit Gewißheit eine, die nur durch militärische Stärke eingedämmt werden könnte.

Daß diese Sichtweise des Kommunismus zur Grundlage einer rechten Paranoia werden konnte, ist längst festgestellt worden. Vielleicht war es unvermeidlich, wenn man bedenkt, wie Leidenschaft in das Denken eindringt. Diese angenommene wirtschaftliche oder, genauer, politökonomische Ansicht wurde weithin unterstützt und befürwortet. Kein wirtschaftliches und politisches System erfreute sich jemals derartiger Ehrfurcht und derartigen Respekts wie der Kommunismus Mitte der sechziger Jahre. Laßt Vietnam diesem unwiderstehlichen System anheimfallen, und ganz Südostasien würde folgen. Die Bedrohung würde sich auf Indien und Pakistan ausweiten und sogar auf Afrika.

Ein relativ gering entwickeltes Land kann mit relativ einfachen Waffen einen Krieg austragen, und das besonders im Dschungel. Es gibt Jahrhunderte der Erfahrungen darüber. Das moderne Wirtschaftsleben ist, im Gegensatz dazu, weit höher entwickelt und komplexer. Kommunismus konnte ohne qualifizierte Betriebsleiter und ausgebildete Arbeiter nicht erfolgreich sein, und schon gar nicht ohne Industrieanlagen. In einem unzivilisierten Land fehlte der komplizierte staatliche Verwaltungsapparat, den der Sozialismus brauchte, und er konnte auch nicht aufgebaut werden. Dieses alles wurde ignoriert. Ebenso die Gegenargumente jener, die die Probleme der armen Länder umfassend kannten oder aus anderen Gründen befähigt waren, Fragen zu erheben. Wir wurden mit einer Mischung aus Mißtrauen hinsichtlich unserer Urteilsfähigkeit und unverblümter Zurückweisung hinsichtlich unserer Schlußfolgerungen abgespeist.

Eine weitreichende Folge des Fehlers der amerikanischen Intervention in Vietnam bestand darin, daß das Militär den politischen Geist und die finanziellen Mittel beanspruchte, die ansonsten im Krieg gegen die Armut eingesetzt worden wären. Und, ein nicht unwichtiger Punkt, jene, die ihre Reden und ihre Energie anderenfalls gegen die Armut eingesetzt hätten, waren nun in der Opposition gegen den Vietnamkrieg gebunden.

Ein höchst wirksames Rezept, den Armen Beistand zu verweigern, besteht darin, die hehren Ansprüche des Kriegs, der Verteidigung, des Militärs in den Vordergrund zu schieben. Vor dem Vietnamkrieg hatte es bereits ähnliches gegeben. Der Erste Weltkrieg beendete die Ära Woodrow Wilsons, die dem Land die Federal Trade Commission brachte, den Clayton Act und weitere grundlegende Reformen. Der Zweite Weltkrieg lenkte die nationale Aufmerksamkeit von den New-Deal-Programmen ab; oder, wie Franklin D. Roosevelt sagte, Dr. New Deal trat für Dr. Gewinne-den-Krieg beiseite. Der Koreakrieg diente auf ähnliche Weise dazu, innenpolitische Reformen zu beschränken, und dazu, viele Reformer als Agenten der kommunistischen Verschwörung zu brandmarken und zahlreiche andere zu warnen, sich darauf einzulassen. Der Vietnamkrieg bewirkte nun das gleiche; und alles sollte sich wieder ereignen mit der Aufrüstung der Reagan-Regierung, wenn auch nicht mit offener Gewalt und Tod. Die nachhaltige Hinterlassenschaft dieser Aufrüstung sollten Haushaltsdefizite sein, die wirkungsvoll künftige zivile soziale Ausgaben beschnitten. Es fällt fraglos auf, daß viele Rüstungsausgaben, besonders jene für hochentwickelte Waffen, jene Menschen der Gesellschaft belohnen, die angenehm im Überfluß leben. Das wird für weit besser gehalten als Ausgaben, die den Charakter der Armen verschlechtern.

Ich beteiligte mich 1968 aktiv am Präsidentschaftswahlkampf als Helfer von Senator Eugene McCarthy, den ich als Fraktionsführer auf dem Konvent der Demokraten unterstützte, und trug dazu bei, daß sein Name in der Nominierungsdebatte nicht unter den Tisch fiel. Bei dieser wunderbar streitlustigen und in vielerlei Hinsicht entscheidenden Gelegenheit wurden Lösungen für die Probleme der Armen – die Great Society –, die einige Jahre zuvor einen zentralen Punkt in der Diskussion ausgemacht hatten, in keiner Weise behandelt. Der Vietnamkrieg hatte sie aus dem Bewußtsein der Liberalen wie auch der Konservativen gelöscht. Im Konflikt zwischen sozialen Erfordernissen und militärischen Ansprüchen war der Triumph der letzteren vollständig.

Bei den Wahlen 1972, der Krieg flaute ab, wurde das Armutsproblem kurzzeitig durch Senator George McGovern wieder in die öffentliche Diskussion gebracht. Als Kandidat der Demokraten schlug er eine Version der negativen Einkommensteuer vor, auf die Professor Milton Friedman als erster gedrängt hatte; dadurch wäre ein Grundeinkommen für alle Amerikaner geschaffen worden. Der Vorschlag wurde abgeschmettert, und nicht zuletzt durch einen Angriff aus der Demokratischen Partei selbst. Der frühere Vizepräsident Hubert Humphrey, der seine liberalen Glaubenssätze politischen Zwecken unterordnete, machte das Konzept während der Vorwahlen zu einem Hauptangriffspunkt. Der Vorschlag, der einmal hoch plausibel erschienen war und der seine Gegenstücke in anderen Industrieländern hat, wurde für immer begraben. Die Wohlfahrtszahlungen an die Armen gingen weiter, allerdings als bedingte und zweifelhafte Barmherzigkeit und nicht als soziales Recht.

Schließlich wurde der Vietnamkrieg beendet; die amerikanische Niederlage wurde relativ unverblümt zugegeben. Zu diesem Zeitpunkt war die Great Society längst tot. Und gegangen war auch ihr Vordenker, Lyndon Johnson. In diesem Bemühen und in seiner fortwährenden und überzeugenden Förderung der Bürgerrechte, die weit über die Initiative Kennedys hinausging und wirtschaftliche Erfolge bewirkte, die heute offensichtlich sind, war er einer der sozial sensibelsten und möglicherweise wirkungsvollsten Präsidenten der modernen Zeit. Sowohl er als auch sein Platz in der Geschichte aber wurden durch einen Krieg zerstört, der, wie heute anerkannt wird, das Ergebnis eines höchst professionell ausgeführten Irrtums war.[64]

20

Die schlechten Jahre

Die Jahre zwischen dem Ende des Zweiten Weltkriegs und der zweiten Hälfte der sechziger Jahre gelten bei Historikern als gute Zeiten der Weltwirtschaft oder, um genauer zu sein, der Volkswirtschaften der reichen Industriestaaten. Wie im vorigen Kapitel berichtet, gab es ein andauerndes Problem schwerwiegender Ungleichheit, besonders in den Vereinigten Staaten, aber, wie dort ebenfalls erörtert, war es für die maßgeblichen Wirtschaftskreise kein Gegenstand der Sorge. In den siebziger Jahren endete die günstige Einschätzung der Wirtschaftskraft gemeinsam mit der Wirtschaftskraft selbst.

In den Vereinigten Staaten wurden höhere Arbeitslosigkeit, relativ geringes Wirtschaftswachstum und anhaltende Inflation zum Bestandteil des Lebens. Die Sprache wurde um das Wort »Stagflation« erweitert – eine stagnierende Wirtschaft mit deutlicher Arbeitslosigkeit und schmerzhaften Preiserhöhungen. Sollte man den Zeitpunkt benennen, an dem der Abstieg der Vereinigten Staaten auf dem weltwirtschaftlichen Schauplatz spürbar begann, würde er in die gleiche dunkle Dekade der siebziger Jahre fallen.

Vier Faktoren standen dem Wohlergehen der amerikanischen Wirtschaft entgegen. Da gab es zuerst den andauernden Druck der Löhne auf die Preise und der Preise auf die Löhne – die nun schon langweilige Lohn-Preis-Spirale – und den Widerstand der ehrwürdigen Wirtschaftswissenschaften, sich damit wirksam abzugeben. Das bevorzugte Instrument war klar die makroökonomische Politik – Steuern, Staatsausgaben und besonders Geldpolitik – an Stelle der politisch schmutzigen direkten Verwicklung in Lohn- und Preisfragen. Die Beschäftigung mit letzterem, die in den sechziger Jahre marginal war, sollte, bis auf eine wichtige Ausnahme, in den siebziger Jahren völlig beiseite geschoben werden.

Zweitens gab es das äußerst spezifische Thema der Energiepreise. Aufgrund der politischen und militärischen Katastrophe im Nahen Osten und der daraus erwachsenen Macht der Organisation der erdölexportierenden Länder (OPEC) verdreifachten sich die Energiepreise in konstanten Preisen fast im Lauf des Jahrzehnts[65], was zu einer inflationstreibenden Kraft für die Wirtschaft insgesamt wurde.

Ihre Wirkung wurde erkannt, und zwar überreichlich; der Bezug auf die »Ölschocks« wurde zu einem herausragenden Bestandteil jeder Diskussion in jenen Jahren. Und für jene, die die persönliche Verantwortung für die armselige Verfassung der amerikanischen Wirtschaft loswerden wollten, war die politische Erkenntnis zwangsläufig: Es war mehr als angenehm, den Arabern die Schuld in die Schuhe zu schieben.

Dies war aber keineswegs der einzige Fluchtweg aus der Verantwortung. Man ging davon aus, daß die Inflation so große Schäden anrichten konnte, weil Lyndon Johnson es versäumt habe, die Steuern rechtzeitig dem Vietnamkrieg anzupassen. Als Folge davon sei es der Inflation erlaubt worden, wie eine eklige Virusinfektion in das Wirtschaftssystem einzudringen. Dieses war ausgemachter Unsinn, es wurde aber weithin akzeptiert.

Drittens gab es in den siebziger Jahren den Beginn eines deutlichen Wandels in der Einstellung der Öffentlichkeit gegenüber der Regierung, besonders der Bundesregierung. In den Kennedy- und Johnson-Jahren wurde Washington als eine starke, positive Kraft für den nationalen Wohlstand angesehen. Als Richard Nixon 1969 das Amt übernahm und besonders nach seiner Wiederwahl 1972 sollte sein perverses Genie diese Ansicht wandeln, zum Teil durch Worte, zum Teil durch Taten.

Der große Watergate-Skandal und die dadurch in Umlauf gekommenen vielfältigen Informationen über die schamlosen Vorgänge während Nixons Regierung, inklusive dessen, was auf den Tonbändern des Weißen Hauses zu hören war, ließ das Vertrauen in die Regierung allgemein schwinden. Sie hatte nun nicht mehr die Gestalt eines Instruments für die Verbesserung des Staats, sondern einer billigen und manchmal korrupten Verschwörung gegen das öffentliche Wohl. Diese Ansicht wurde 1976 bestätigt, als Jimmy Carter zum Präsidenten gewählt wurde, nachdem er versprochen hatte, das Land vor dem politischen und bürokratischen Establishment in Washington zu retten. Damit war der Weg bereitet für den sehr viel stärkeren Angriff auf die Regierung, der in den Reagan-Jahren folgte.

Schließlich wurde in jener Dekade die schlechtere Wettbewerbsposition der Vereinigten Staaten in der Weltwirtschaft deutlich. Darüber mehr im nächsten Kapitel.

Die Lohn-Preis-Spirale blieb als inflationstreibende Kraft in diesen Jahren weitgehend unbemerkt, mit einer spektakulären Ausnahme. Richard Nixon, der seine Erfahrungen mit starken Preissteigerungen in den frühen Jahren seiner ersten Amtsperiode gesammelt hatte und 1972 vor seinem Wahlkampf für die zweite Periode stand, zögerte mit Unterstützung seiner konservativen Wirtschaftsberater nicht. Sosehr sie ihr Engagement für den freien Markt beredt beteuerten, so war ihr Engagement für eine Wiederwahl doch größer. Dementsprechend froren sie im Sommer 1971 alle Preise und Löhne ein. Diese Aktion diente erfolgreich ihrem unmittelbaren wirtschaftlichen und politischen Ziel: Zwischen 1971 und 1972 waren die Verbraucherpreise im Prinzip stabil. Dann, 1973, nachdem die Wahlen gewonnen waren, wurden die Auflagen schlagartig aufgehoben. Wirtschaftswissenschaftler aus und um das Weiße Haus machten keinen Hehl aus ihrer politischen Motivation: Waren die Wahlen einmal entschieden, konnte der freie Markt wiederhergestellt werden. Das war nach jedem beliebigen Maßstab einer der größten Erfolge des politischen Zynismus der jüngsten Geschichte. Aus welchem Grund auch immer, vielleicht aber, weil sie klarmachte, daß Politik in einer dramatischen Weise die seriösen Wirtschaftswissenschaften überwältigen konnte, wurde dieser Aktion wenig Aufmerksamkeit zuteil in der nicht eben spärlichen Geschichte Richard Nixons und seiner Zeit. In der Wahlkampagne 1972 wurde George McGovern, wie wir gesehen haben, unentwegt und wirkungsvoll angegriffen, weil er vorgeschlagen hatte, den Armen ein Einkommensminimum zu zahlen. Richard Nixon wurde kaum oder gar nicht verurteilt dafür, daß er das gesamte System der freien Marktwirtschaft außer Kraft gesetzt hatte.

1976, in den Nachwehen des Watergate-Skandals, der Entlassung des Vizepräsidenten Spiro Agnew wegen ziemlich billiger Korruption, des Rücktritts Richard Nixons, um der Amtsenthebung zu entgehen, und seiner Begnadigung durch seinen Nachfolger Gerald Ford, errangen die Demokraten wieder die Präsidentschaft. Die Preise waren ständig gestiegen, nachdem sie von der Kontrolle befreit waren; die Produktion, das Bruttoinlandsprodukt, war in absoluten Preisen zwischen 1973 und 1975 im wesentlichen unverändert geblieben. Zusammen mit den Skandalen trug ohne Zweifel die magere Leistung der Wirtschaft, wenigstens am Rand, zur Niederlage der Republikaner bei. In den folgenden Jahren, denen von Jimmy Carter, wurde alles noch schlimmer.

Präsident Carter kam mit weniger Wissen um wirtschaftliche Zusammenhänge nach Washington als alle seine Vorgänger, wenigstens seit Dwight Eisenhower. Er war daher in fast einzigartiger Weise zugänglich für die Führung durch die Wirtschaftswissenschaftler in seinem Stab. Sie waren Gelehrte mit einem hohen fachlichen Ansehen und standen voll hinter dem, was nun die postkeynesianische Orthodoxie war. Um einem starken Preisauftrieb durch die Lohn-Preis-Spirale und besonders die steigenden Energiekosten zu begegnen, verließen sie sich weiterhin auf die Steuer- und Ausgabenpolitik und zusätzlich, und damals vor allem, auf die Geldpolitik. Einige leere Gesten wurden in Richtung auf eine Stabilisierung der Löhne und Preise gemacht – auf Lohn-Preis-Richtlinien, wie sie genannt wurden. Sie waren wirkungslos. Vorschläge, das Angebot zu rationieren und so die inländischen Preise für Erdölprodukte zu kontrollieren, die natürliche Antwort auf ein Embargo und eine externe Angebotskontrolle, wurden abgetan. Als ich bei einem Treffen von Wirtschaftswissenschaftlern in Camp David im Sommer 1979, die Ölpreiskrise näherte sich dem Gipfelpunkt, auf ein einfaches Programm zur Rationierung von Benzin drängte, gelang mir nichts weiter, als mich selbst zu einem milden Exzentriker zu stempeln. Ein vornehmer Wirtschaftswissenschaftler vom Conference Board, einer der einflußreichsten Wirtschaftsorganisationen, der am selben Tag auf derselben Veranstaltung sprach, sagte ganz im Vertrauen eine korrigierende Rezession für Sommer und Herbst 1980 voraus. Er beachtete nicht oder, wie man schlußfolgerte, dachte nicht einmal darüber nach, daß diese Rezession mit dem Wahlkampf und den Präsidentschaftswahlen zusammenfallen würde.

Die Verbraucherpreise stiegen um 13,3 Prozent vom Dezember 1978 bis zum Dezember 1979 und um 12,4 Prozent im folgenden Jahr. Der Geldpolitik wurde eine beherrschende Rolle zugewiesen. Der Diskontsatz der Federal Reserve, zu dem sie Geld an Banken verleiht, wurde 1979 auf 11 Prozent angehoben und erreichte im folgenden Wahljahr 12 Prozent. Niemals schien die Federal Reserve so bedeutend und mächtig zu sein. Die Arbeitslosigkeit, 1979 auf einem moderaten Niveau von 5,8 Prozent, stieg im folgenden Jahr scharf auf 7,1 Prozent an.[66] Carters Wiederwahl wurde, nicht überraschend, abgeschmettert. Die Wirtschaftswissenschaftler, die ihn geführt hatten, kamen ohne einen Kratzer an ihrer Reputation weg. Sie hatten bewiesen, daß ein guter Ökonom innerhalb der herrschenden Parameter der Wirtschaftspolitik angesehen bleiben kann, wie katastrophal das politische Ergebnis auch immer aussehen mag.

Als Präsident war Jimmy Carter ein Mann von Anstand und mitfühlendem Wesen. Auf Angelegenheiten, die von den Menschenrechten bis zum Frieden im Nahen Osten reichten, übte er einen stark positiven Einfluß aus, und seine grundsätzliche Integrität und Humanität blieben offenkundig, nachdem er den Stuhl geräumt hatte. Er hätte ein besseres Schicksal verdient als jenes, das ihm seine Berater zuteil werden ließen.

An anderer Stelle wurde beobachtet, daß vieles im wirtschaftlichen Leben von der Stimmung abhängt. Ist die öffentliche Stimmung optimistisch, geben die Leute Geld aus, die Firmen investieren, und das Ergebnis ist eine wachsende Wirtschaft. Sind die Leute verdrossen, niedergeschlagen, hat dies einen bedeutenden Bremseffekt auf Investitionen, Produktion, Beschäftigung und Wertpapierkurse. Das Vertrauen der Verbraucher ist gemäßigt, und dies wird einem hellhörigen, besorgten, sogar ängstlichen Publikum präsentiert. Eine Folge davon ist, daß Regierungsvertreter aller Ebenen, hoch und niedrig, überzeugt oder gezwungen sind, sich positiv über die Aussichten der Wirtschaft zu äußern. Derartige Kommentare sind weithin zum beliebtesten Instrument der Wirtschaftspolitik geworden. Es ist nicht klar, daß sie irgendeinen wahrnehmbaren Effekt auf die wirtschaftliche Leistungsfähigkeit haben, aber das beeinträchtigt ihre Urheber nicht. Während der langen Rezession *cum* Depression Anfang der neunziger Jahre verbreitete Präsident George Bush annähernd einmal in der Woche eine optimistische Einschätzung der wirtschaftlichen Aussichten, aber ohne irgendeine spürbare positive Reaktion. Vielleicht gab es eine negative Reaktion, wie sie bei ähnlichen Bemühungen Präsident Hoovers Anfang der dreißiger Jahre für wahrscheinlich gehalten wurden: Wäre die Lage nicht schlecht und würde sie möglicherweise nicht noch schlechter werden, gäbe es keinen Anlaß für solchen häufigen und übermäßigen Optimismus.

In diesem Zusammenhang war Jimmy Carter eine bemerkenswerte Ausnahme. Als sich die Aussichten der Wirtschaft Ende der siebziger Jahre und den letzten Jahren seiner Amtszeit verdüsterten, sprach er offen über die schlechte Situation der Wirtschaft und prägte dabei den Ausdruck der »ökonomischen Malaise«. Ebenso, wie es keinen Beweis dafür gibt, daß aufbauende Erklärungen die wirtschaftliche Leistung verbessern, gibt es auch keinen dafür, daß Carters Worte sie verschlechterten. Trotzdem stehen sie für einen erinnerungswürdigen Beitrag zur öffentlichen Ehrlichkeit. Nicht oft, vielleicht nie hat ein Präsident etwas Ähnliches gesagt, wenn das Wirtschaftsleben nicht zufriedenstellend war.

Die Wirtschaftspolitik der späten siebziger Jahre hatte nicht nur innenpolitische Wirkungen. Es hätte kein besseres Rezept für die Schwächung der Wettbewerbsfähigkeit in der großen Handelswelt außerhalb des Landes geben können. Die Maßnahmen der Federal Reserve wurden bereits geschildert. Der Kreditzins für erste Adressen stieg 1979 auf 12,5 Prozent und ein wenig darüber und betrug 1980 durchschnittlich 15,3 Prozent.[67] Die Wirkung solcher Zinssätze sind kein Geheimnis; bedeuten sie doch, daß die Kreditaufnahme für wirtschaftliche Zwecke, besonders für neue oder bessere Industrieanlagen, unerträglich teuer ist und dadurch die Veralterung von Maschinen und Ausrüstungen in der Industrie des Landes gefördert wird. Dies passierte in einer Zeit, als die amerikanische Industrie sich bereits einer wachsenden Konkurrenz effizienterer ausländischer Hersteller gegenübersah. Anfang der siebziger Jahre hatte es einen allmählichen wertmäßigen Anstieg der Einfuhren gegeben, den Spezialfall der Ölimporte nicht berücksichtigt. Dann, ab 1977, stiegen sie steil an. Die

Autoimporte wuchsen stark; zahlreiche andere Einfuhren nahmen exponentiell zu. Die Vereinigten Staaten, die lange Zeit die wichtigste und beste Quelle für die Industrieprodukte waren, die die Amerikaner benutzten und verbrauchten, waren auf den eigenen Märkten nicht mehr konkurrenzfähig. Und sie wurden es immer weniger. Unter den neuen Konkurrenten waren, was nicht einer gewissen Dramatik entbehrt, die Länder, die im Zweiten Weltkrieg zu unseren Feinden gezählt hatten. Deutschland und Japan wurden nun zu starken Mächten in der Weltwirtschaft, ebenso wie Italien. Den neuen Industriegiganten und den Wurzeln ihrer Stärke widme ich mich im nächsten Kapitel. Zuvor aber muß ich eine Anmerkung zur amerikanischen Wirtschaftspolitik der siebziger Jahre loswerden.

Damals wie später in den Reagan-Jahren wurde ein Konzept der staatlichen Deregulierung als Regierungspolitik entwickelt. Die Rolle des Staats war, so wurde es gesehen, viel zu stark ausgebaut worden; der Markt sollte wiederhergestellt werden in seiner früheren Gestalt und Macht, sieht man einmal von Präsident Nixons Wahlkampfbedürfnissen ab. In der amerikanischen Erfahrung sollte dies ein starkes und besonders schädliches Beispiel für den Irrtum sein, der darin besteht, ein Grundprinzip zu ersetzen, das wie immer an eine Glaubensfrage grenzt, wegen wichtigen, auch drängenden Überlegungen.

Die Konsequenzen dieser allgemeinen Zuflucht zur herrschenden Lehre der Deregulierung, wie sie auf Banken, Investmentbanker und die heute berüchtigten Spar- und Darlehensvereine angewendet wurde, werden in einem folgenden Kapitel in allen Einzelheiten beschrieben. Erwähnt werden muß hier ihre katastrophale neue Form der Anwendung auf die Luftfahrt, wie sie Ende der siebziger Jahre begann.

In den Jahren nach dem Zweiten Weltkrieg hatten die Vereinigten Staaten ein geordnetes, fähiges und technisch fortschrittliches

Luftfahrtwesen aufgebaut, das finanziell stabil war und wirtschaftlich vernünftige Preise forderte. Die Preise und die Zuteilung der Routen wurden durch eine Behörde beaufsichtigt, den Civil Aeronautics Board.

Diese Regulierung stand in vollem Einklang mit der herrschenden hochentwickelten Wirtschaftstheorie. Wo, im Wesen eines Wirtschaftszweigs begründet, nur wenige Betriebe miteinander konkurrieren – Oligopole also –, kann es entweder eine stillschweigende Übereinkunft über Preise und Leistungen geben, um den Monopolgewinn zu maximieren, oder einen furchtbaren Preiskampf durch einen unberechenbaren, unkontrollierten Wettbewerb. Das waren die offenkundigen Möglichkeiten im Hinblick auf den Luftverkehr. Daher die Notwendigkeit einer Regulierung.

Nichtsdestoweniger kam nun eine andere Doktrin, genauer ein Dogma, dazwischen. Es besagte, daß der Markt, wie unvollkommen die Wettbewerbsstrukturen auch waren und folglich wie unvorhersehbar oder ausbeuterisch das zu erwartende Verhalten auch war, letzten Endes doch Vorteile brachte. Unter großem Getöse wurde verkündet, daß die Fluglinien von den staatlichen Reglementierungen hinsichtlich der Preise und der Routen befreit werden müßten. Und so geschah es. Es war der Triumph des Dogmas über den einfachen gesunden Menschenverstand und selbst über die etablierte Wirtschaftstheorie.

Einige unmittelbare Wirkungen schienen vorteilhaft. Neue Gesellschaften wurden von Optimisten und Unbelehrbaren gegründet und traten in den Markt ein; neue Verbindungen wurden eröffnet, einige Flugpreise verringert. Gut möglich, daß ein paar neue Kunden die unzweifelhaften Vorzüge einer Flugreise zu schätzen lernten. Binnen kurzer Zeit jedoch gingen die neuen Fluggesellschaften pleite oder wurden von anderen übernommen; sie und ihre Investoren waren die ersten Opfer der herrschenden Doktrin. Bald darauf gerieten auch ältere Fluggesellschaften in Schwierigkeiten.

Gesellschaften, die lange am Markt waren – Eastern Airlines, Pan American –, wurden hoffnungslos zahlungsunfähig und machten schließlich dicht. Unter denen, die übrigblieben, grassierte der Bankrott. Diese Flucht in den Konkurs zog erhebliche Verluste nach sich, und in einigen Fällen wurden ausländische Fluggesellschaften zur finanziellen Rettung gesucht. Die Fluglinien, die so wiederauflebten oder auf andere Weise überlebten, hatten die Hoffnung, daß ein Monopol ihnen schließlich doch eine gewisse Stabilität gewähren würde. In der Zwischenzeit blieben Routen und Flugpreise in einem heillosen Durcheinander. Die Ticketkosten für kurze Strecken waren unverschämt hoch, wenn es keinen Wettbewerb gab. Die Ticketpreise für längere Flüge waren, wenn es zwei oder mehrere Fluggesellschaften auf der Route gab, unvorhersehbar niedrig. (Allgemein gilt die Regel: Je größer die Entfernung, desto höher die Flugpreise; je geringer die Entfernung, desto niedriger die Preise für die Flugscheine.) Unnötig zu sagen, daß neue Investitionen in die Fluggesellschaften ausblieben; Pleiten oder drohende Pleiten haben einen deutlich negativen Einfluß auf Kapitalanleger.

Im Hinblick auf einen Aspekt der Industrie wurde die Reform begrenzt. Die Sicherheitsstandards wurden nach wie vor von der Regierung verstärkt, obwohl dies der vorherrschenden Doktrin widersprach. Die überzeugtesten Ideologen benutzen bekanntlich Flugzeuge, und sie ziehen es vor, sich in Fragen der Sicherheit der Autorität des Staats zu unterstellen.

21

Sieg durch die Niederlage

Die schlechte Verfassung der amerikanischen Wirtschaft in der jüngsten Vergangenheit wurde mehr als ausführlich diskutiert, wie auch die bis in unsere Tage vorzügliche Verfassung der deutschen und japanischen Wirtschaft und, obwohl weniger überwältigend, die sehr bemerkenswerte wirtschaftliche Leistung der Italiener. Es gibt etliche Gründe für beides: für die negativen Berichte aus den Vereinigten Staaten und den englischsprachigen Ländern insgesamt und für den Erfolg ihrer einstigen Gegner. Der Tendenz, gar der Zwang, jene Faktoren hervorzuheben, die der persönlichen Vorliebe entsprechen, kann man am besten begegnen, indem man alle Gründe für die Leistungen betrachtet.

Am Anfang steht die Frage von Einstellung und Hoffnung. Die Vereinigten Staaten und ihre Verbündeten kamen siegreich und beherrschend aus dem Krieg. Deutschland und Japan waren vernichtend geschlagen, und das galt ebenso, wenn auch nicht ganz so umfassend, für Italien. Für die Vereinigten Staaten ergab sich die Notwendigkeit, die zu offensichtliche Notwendigkeit, den Erfolg fortzusetzen; für Deutschland und Japan waren Wandel und Verbesserung notwendig: die Psychologie der Zufriedenheit auf der einen Seite, die Macht der Hoffnung auf der anderen.

Weitere Gründe für die Unterschiede in der wirtschaftlichen Leistungsfähigkeit gehen in das vergangene Jahrhundert zurück und sogar noch ein bißchen weiter. Zumindest ein Datum kann man genau angeben. Für die englischsprachigen Länder war 1776 das entscheidende Jahr, als Adam Smiths Buch »Der Wohlstand der Nationen« in Großbritannien veröffentlicht wurde. Smith, der sich vehement gegen die zahlreichen Handelsbeschränkungen der merkantilistischen Ära wandte, in der er lebte, hinterließ der englischsprachigen Welt den dauerhaften Eindruck, daß der Staat eine natürliche Bedrohung des Wirtschaftslebens sei. Was für den unberechenbar interventionistischen Staat seiner Zeit auch zutraf. Nach Smith waren Regierung und Wirtschaft in der englischsprachigen Welt als natürliche Widersacher anzusehen; nichts konnte für den wirtschaftlichen Erfolg so wichtig sein wie die Befreiung der Wirtschaft von der erstickenden Wirkung des Staats. Bis zu einem bestimmten Grad dreht sich die britische und die amerikanische Politik unserer Zeit in Reden und in Taten um dieses Problem. Jene, die die Notwendigkeit einer staatlichen Intervention befürworten, und jene, die die Wichtigkeit einer freien Wirtschaft unterstreichen, damit diese ihren ihr innewohnenden optimalen Zweck erreiche, stehen in natürlicher und lautstarker Opposition zueinander.

Eine radikal andere Tradition herrscht in Deutschland und Japan, besonders in Japan. In beiden Ländern spiegelt sie paradoxerweise den größeren Einfluß von Karl Marx wider und besonders seine unsterbliche Formulierung, daß der Staat der geschäftsführende Ausschuß der Kapitalistenklasse sei. Was könnte natürlicher, sogar unvermeidlicher sein, als daß er im Dienst der Wirtschaft steht? Jenen, die das Wirtschaftsleben anführen, der Gemeinschaft der Unternehmer, gehört zweckmäßigerweise die Regierung. In Japan wird Marx an den Universitäten weit intensiver studiert als die klassischen Wirtschaftswissenschaftler, die auf Smith folgten. In Deutschland leitet sich eine strenge historische Tradition im wirtschaftlichen, politischen und sozialen Denken ebenfalls in einem gewissem Maß von Hegel und Marx ab, und sie gesteht dem Staat eine beherrschende wirtschaftliche Rolle zu.

In der Praxis bedeutet dies, daß der Staat die Notwendigkeit vorhersehen muß, Investitionen durch öffentliche Aufträge zu stärken – was inzwischen nicht gerade elegant Infrastruktur genannt wird. Und er muß in jene Forschung und Entwicklung investieren, die, aus Kostengründen oder wegen eines zu weit in der Zukunft liegenden oder unwahrscheinlichen Gewinns, für marktorientierte Geschäftsbetriebe nicht profitabel ist. Das Ganze nennt sich mittlerweile Industriepolitik. Und außerdem gibt es ein allgemein kooperatives Verhalten von Regierung und Geschäftswelt.

Die Vereinigten Staaten sind nicht unerschütterlich in ihrer Opposition gegen eine solche Politik; in besonderen Fällen leisteten sie sogar die Pionierarbeit. Um mit dem vergangenen Jahrhundert zu beginnen, stellte die Regierung der Landwirtschaft große Ressourcen zur Verfügung, die für diverse Forschungs- Ausbildungszwecke eingesetzt wurden, darin inbegriffen waren auch die erweiterten landwirtschaftlichen Dienstleistungen. In jüngerer Zeit gab es für die Bauern die Garantie einer Kapitalrendite durch Stützung der Preise für landwirtschaftliche Produkte.

Der beherrschende Grund für diese Intervention war nicht, daß der Markt in der Landwirtschaft unvollkommen arbeitet. Im Gegenteil: Dieser Wirtschaftszweig ist, wie bereits gesagt, die engste noch existierende Annäherung an das reine Wettbewerbsmodell der klassischen und neoklassischen Wirtschaftswissenschaften. Dieses Modell erlaubt es dem einzelnen Bauern jedoch nicht, kostenintensiv zu forschen. Und die Instabilität der Marktpreise und das damit verbundene Risiko sind ein Haupthindernis für Investitionen in moderne und teure Ausrüstungen oder sogar in Tiernahrung.

Die Industriepolitik hatte, was die Landwirtschaft betrifft, in den Vereinigten Staaten überragenden Erfolg. Der Produktivitätszuwachs in der Landwirtschaft hat im Lauf der Jahre jenen in der Industrie weit überholt. Amerikanische Agrarprodukte sind auf dem Weltmarkt stark wettbewerbsfähig geblieben; der Bedarf an Arbeitskräften für die Landwirtschaft als Anteil an der Summe aller Erwerbstätigen ist nahezu bis zur Bedeutungslosigkeit geschrumpft. Wird allerdings über die Industriepolitik im allgemeinen diskutiert, geht es nur selten um die Errungenschaften in der Landwirtschaft. Normalerweise ist die Landwirtschaft, wie schon gesagt, eine eigene Welt innerhalb der Volkswirtschaftslehre; selbst diejenigen, die sich für die Vorzüge einer staatlichen Industriepolitik aussprechen, führen selten die Landwirtschaft als Argument an.

Was in der amerikanischen Landwirtschaft speziell zu sein scheint, ist eine Selbstverständlichkeit für einen Großteil der Industrie in Japan und, in geringerem Umfang, in Deutschland. Staatliche Unterstützung, besonders durch Investitionen, die in ihrem Resultat verschiedenen Industriebranchen nutzen und längerfristig sind, als es bei privater Finanzierung der Fall wäre, ist von erstrangiger Bedeutung. Das erklärt einen Teil, vielleicht sogar viel, von dem Vorsprung, dessen sich diese beiden Volkswirtschaften erfreuen.

In den Vereinigten Staaten gab es jedoch eine weitere, intensivere Anwendung der Industriepolitik: in der Rüstungsindustrie. Hier waren die Wirkungen, im Gegensatz zu jenen in der Landwirtschaft oder allgemein in Japan und Deutschland, nicht hilfreich, sondern nachteilig.

Nachdem sie im Zweiten Weltkrieg eine tiefe Niederlage erlitten hatten, waren Deutschland und Japan nicht in der Stimmung für weitere militärische Abenteuer oder Rüstungsausgaben; beides war ihnen direkt nach dem Krieg ja auch verboten. In den Jahrzehnten nach dem Krieg betrugen die deutschen Rüstungsausgaben durchschnittlich 3 Prozent des Bruttosozialprodukts, die japanischen lagen unter 1 Prozent. Die amerikanischen Militärausgaben lagen dagegen zwischen 1952 und 1986 bei durchschnittlich 7,7 Prozent. Sie betrugen annähernd 26,5 Prozent der gesamten Staatsausgaben. Hinter diesen Zahlen verbarg sich eine sehr unterschiedliche Verteilung der Ressourcen. Was in Deutschland und Japan für die zivile Industrie zur Verfügung stand – Kapital, Arbeitskräfte, industrielle Forschung und Entwicklung, Ausbildung, unterstützende Maßnahmen für die Infrastruktur –, wurde in den Vereinigten Staaten in die Militärmacht gesteckt und besonders in die Entwicklung von zunehmend exotischeren Waffen. Einigen Schätzungen zufolge wurden ein Drittel aller amerikanischen Ingenieure und Wissenschaftler in der Rüstung beschäftigt. Dieses Engagement wurde während der Aufrüstung in den achtziger Jahren strikt beibehalten.

Eine derartige Verwendung von Geld und Fähigkeiten für militärische Zwecke war, das sollte angemerkt werden, nicht in irgendeinem annehmbaren Sinn Ergebnis demokratischer Entscheidung. Als er 1961 aus dem Amt schied, warnte Dwight D. Eisenhower in seiner nachhaltigsten Erklärung als Präsident vor der sich entwickelnden Gefahr eines militärisch-industriellen Komplexes, vor einer Verbindung von militärischer und industrieller Macht, unabhängig von den üblichen demokratischen Verfahren und Beschränkungen des politischen Prozesses. Seine Mahnung war mehr als gerechtfertigt. In den folgenden Jahren übernahmen es die Militärs, die Waffen auszusuchen, die sie entwickeln und einsetzen wollten, und sie entschieden, welche Schlagkraft die Streitkräfte erreichen sollten. Die höheren zivilen Autoritäten nahmen es hin oder unterstützten es; die zivile Führungsspitze des Pentagon sah ihre Funktion und ihren Zweck nicht darin, Beschränkungen aufzuerlegen, sondern die Entscheidungen der Militärs zu unterstützen und zu verteidigen. Der Kongreß, stark beeinflußt durch das Ansehen des Militärs und die spezifischen Interessen an Rüstungsausgaben und den Arbeitsplätzen in den damit bedachten Unternehmen, sorgte für die erforderliche staatliche Kaufkraft. Liberale versuchten zu zeigen, daß sie pragmatisch, nüchtern und realistisch waren, indem sie die militärischen Ziele und die Rüstungsaufträge akzeptierten.

Übt ein Teil der Öffentlichkeit die Kontrolle aus über die Entscheidungen, was hergestellt und was sonst noch getan wird, und über das Geld, um zu kaufen, was er braucht, ist seine Autorität vollständig. Die Demokratie mit ihren unbequemen Beschränkungen wird beiseite geschoben. So ist es gewesen mit dem mächtigen amerikanischen militärisch-industriellen Komplex.

Von dieser Art Macht waren die Deutschen und die Japaner auf das günstigste frei; ihre Streitkräfte waren politisch und wirtschaftlich begrenzt, begleitet von den gerade erwähnten wirtschaftlichen Vorteilen. Die Rüstungsausgaben, die stark expansive Kraft der amerikanischen Wirtschaft im Zweiten Weltkrieg erwiesen sich nun als ein hemmender Faktor in der langfristigen Entwicklung der amerikanischen Wirtschaft. Deutsche und Japaner waren die klaren wirtschaftlichen Gewinner der eigenen Niederlage.

Ein weiterer Faktor, der zum deutschen und japanischen Vorteil gereichte, kann in der Natur der Führungsdynamik im modernen Unternehmen gefunden werden. Das muß genauer beleuchtet werden.

Mit der Zeit und einer zunehmenden Differenzierung der Arbeitsverläufe, so wird es seit langem beobachtet, geht die Macht von den Anteilseignern auf das Management über. Der Aufsichtsrat, nominell die Stimme der Anteilseigner, wird zum passiven Instrument des Managements, das auch über seine Zusammensetzung bestimmt. Dann, nicht überraschend, weil die Gewinnmaximierung ein erklärter Anreiz im Marktsystem ist, geht das Management dazu über, eigene Ziele zu verfolgen, um seinen Gewinn zu maximieren. Dies erhält üblicherweise Vorrang als direktes, wichtiges Ziel gegenüber den Interessen der Anteilseigner, der nominellen Besitzer, die sowohl machtlos als auch unwissend sind. Daß der einzelne im Marktsystem auf diese Weise das eigene Interesse verfolgt, muß der dem klassischen Glauben anhängende Konservative, ganz im Vertrauen, zugeben.

Für sich selbst verantwortlich, die eigene Position schützend, Diener der eigenen Interessen, ist das Management an hohen Einkommen, sicheren Posten und Privilegien interessiert. Das Interesse des Managements, seine Einkünfte gegenüber unfreundlichen Übernahmen zu verteidigen und die eigene Macht durch Kauf und Verkauf von Firmen auszuweiten, erhält den Vorrang vor der effizienten Arbeit des Unternehmens.

Wird das Interesse des Managements von der effizienten Arbeit abgelenkt, verharrt ein modernes großes Unternehmen in einem bürokratischen Stillstand, in einer nach innen gerichteten bürokratischen Unbeweglichkeit. Denken und notwendige Änderungen werden der herrschenden Politik untergeordnet. Initiative wird verwischt durch die Organisation und nicht im Hinblick auf ihre Wirkung geprüft, sondern auf ihre Übereinstimmung mit dem, was schon immer so gemacht wurde.

Und es gibt auch eine nicht nachlassende Tendenz der Unternehmensbürokratie, sich aufzublähen. Nichts ist so angenehm, wie die schwierige Tätigkeit des Denkens oder Entscheidens an Untergebene zu delegieren; daher kommt die natürliche Neigung des Managementapparats, sich selbst zu vergrößern.

Die dämpfenden Tendenzen, die hier beschrieben werden, sind nicht auf die Vereinigten Staaten beschränkt, aber diese sind der wichtigste Fall. Amerikanische Unternehmen sind im allgemeinen älter, besonders verglichen mit japanischen; der Prozeß der Lähmung ist daher bereits weiter vorangeschritten. Noch wichtiger ist, daß sowohl in Deutschland als auch in Japan ein enger Zusammenhang besteht zwischen Management und den Interessen der Finanziers und Eigentümer; dies zeigt sich in der Kontrolle durch Banken, und das Management ist streng rechenschaftspflichtig; so wird die Tendenz, in einer Form der Selbstbedienung zu versinken, weitgehend aufgehoben. Die Macht von außen ist immer gegenwärtig und stark interessiert an Leistung und Gewinn.

Diesen Themen gegenüber zeigte sich die anerkannte und angesehene Wirtschaftswissenschaft außergewöhnlich widerständig. Einige Jahrzehnte lang habe ich, tatsächlich seit 1967, versucht, meine Umwelt zu überzeugen, daß die Trennung von Eigentum und Kontrolle in den modernen Großunternehmen von überwältigender Bedeutung sowohl für die Theorie als auch für die praktischen Ergebnisse ist.[68] Die Theorie konzentriert sich, wie gesagt, auf die Maximierung des Gewinns; keine andere Motivation ist so stark oder, in diesem Fall, überhaupt bekannt. Doch die persönliche Profitmaximierung durch ein Management, das umfassend die Macht besitzt, dieses Ziel zu verfolgen, und die Schlußfolgerungen daraus sind von geringer Bedeutung für die »offizielle« Volkswirtschaftslehre. Hier wird, und das ist keine Ausnahme, systematisch ignoriert, was in der anerkannten Wirtschaftswissenschaft nicht einfach unterzubringen ist.

Begünstigt wurden Deutschland und Japan schließlich durch das Arbeitskräfteangebot, eine weithin ernsthaft mißverstandene Angelegenheit.

Es gibt keinen Kommentar über den industriellen Erfolg Japans, der nicht die einzigartig gut ausgebildeten und willigen Arbeiter hervorhebt. Wenn auf eine höhere Investition im amerikanischen Bildungswesen gedrängt wird, wird dieser Vorzug Japans immer zitiert.

Bildung, Grundlagen der Sprache und der Mathematik, ist nicht unwichtig. Aber für die Produktion von Massengütern sind, wie eine Fülle von klaren Beispielen zeigt, die wichtigsten Qualifikationen Disziplin und Einsatz jener, die, im Gegensatz zu früheren Zeiten, Befriedigung und Entlohnung im städtischen, industriellen Leben finden. Jene, die sich so darstellen, sind willige und fügsame Arbeiter.

Traditionellerweise ist eine solche Arbeiterschaft vor nicht zu langer Zeit der stärkeren Bedrängnis der primitiven Existenz auf dem Land entflohen. Wie bereits erwähnt: Der einzelne, der als Bauer arbeitet, ist sich selbst gegenüber ein harter Arbeitgeber wie auch gegenüber den Mitgliedern seiner Familie. Da mag es ebenso die erzwungenen Abgaben an einen Großgrundbesitzer geben. Das ist oft ein von der Gesellschaft getrenntes und einsames Leben. Eine besser bezahlte Beschäftigung in einer Fabrik, vielleicht leichter hinsichtlich der körperlichen Anstrengung und weit überlegen hinsichtlich der sozialen Situation in der Stadt, wirkt über die Maßen anziehend. Alle diese Bedingungen kommen zusammen, um die ideale industrielle Arbeitskraft zu schaffen. In den folgenden Generationen ändert sich die Lage. Eine andere Arbeit, körperlich weniger belastend, geistig anspruchsvoller und gesellschaftlich angesehener, übt eine größere Anziehungskraft aus. Diese Generationen verlassen die Montagebänder und die Drehbänke für eine höher eingeschätzte Betätigung. Diejenigen, die bleiben, fordern Löhne und Vergünstigungen, die weit hinausgehen über das, was jene gedacht und erhofft hatten, die dereinst aus der ländlichen Armut ausgebrochen waren.

Die hier beschriebene Stufenfolge trat in den Massenproduktions-Industrien der Vereinigten Staaten dramatisch zutage. Detroit ist dafür ein sehr deutliches Beispiel. Früher arbeiteten an den Automontagebändern und in den Karosserieschneidereien Menschen von den umliegenden Bauernhöfen in Michigan und Ohio oder aus den weiter entfernten ländlichen Gebieten Polens und des sonstigen Osteuropas. In Detroit fanden diejenigen, die sich hatten anwerben lassen, eine bis dahin unvorstellbar gute Entlohnung. Ihre Nachfahren aber suchten sich körperlich und finanziell attraktivere Beschäftigungen anderswo. Ihren Platz übernahmen neu Zugewanderte, die, wie gesagt, aus den Appalachen kamen – die armen Weißen – und dann aus dem tiefen Süden. Detroit wurde eine Stadt mit einer schwarzen Bevölkerung. In den Automobilfabriken gab es keine niedrig bezahlte Arbeitskraft mehr; sie wäre noch teurer geworden ohne die Zuwanderung zuvor; aber nun war die Zuwanderung weitgehend beendet.

In den Jahren nach dem Zweiten Weltkrieg arbeiteten in der deutschen Industrie fleißige Arbeiter aus der Türkei und Jugoslawien. (In anderen europäischen Ländern – Frankreich, der Schweiz, in gewissem Umfang sogar in Skandinavien – hingen die Massenproduktion und andere niedrigere Arbeiten ebenfalls von im Ausland angeworbenen Arbeitskräften ab.) Diese Arbeitskraft wurde erneuert, als die älteren Arbeiter nach Hause zurückkehrten und neue an ihre Stelle traten. Japan stand auf einer früheren Stufe; in dieser Zeit verfügte es über eine Fülle williger Arbeiter aus den dichtbesiedelten ländlichen Gebieten. Sowohl Deutschlands als auch Japans Industrien wurden so vortrefflich versorgt aus einem sich auffrischenden Arbeitskräfteangebot, wahrscheinlich besser versorgt als die Vereinigten Staaten mit ihrer hauptsächlich internen Migration.

Es ist nicht klar, ob dieser Vorteil für Deutschland und Japan andauern wird. Die Anwesenheit eines großen ausländischen Bevölkerungsanteils ist in Deutschland heute eine Quelle für soziale Spannungen, obwohl sich die Feindseligkeit mehr gegen die häufig aus der Mittelklasse stammenden politischen Emigranten aus Osteuropa richtet als gegen die etablierten »Gastarbeiter«, die in der Industrie arbeiten. Der interessanteste Fall heutzutage ist allerdings Japan. Sein Angebot an einheimischen Arbeitskräften aus den ländlichen Gebieten ist erschöpft, und aufgrund der Insellage und ethnozentrischer Überzeugung wird legale Einwanderung nicht ermutigt. Schon wird häufig über eine Verknappung des Arbeitskräfteangebots dort gesprochen. In der Zwischenzeit sind andere pazifische Staaten, die noch eine industrielle Reservearmee in ihrer Landwirtschaft haben – wie Korea, Taiwan, Hongkong, Thailand und Malaysia –, in früher japanischen Märkten aktiv geworden. In Japan und vielleicht auch in Deutschland dürfte ein früherer industrieller Vorteil hinsichtlich des Arbeitskräfteangebots ein Ende finden. Daß er in den vergangenen Jahrzehnten gute Dienste geleistet hat, steht außer Frage.

Ein paar Sätze müssen nun einer weiteren, wenn auch bemerkenswert wenig begeisterten ehemaligen Kriegsmacht gewidmet werden, Italien. Wie Deutschland und Japan hat auch Italien einen bemerkenswerten wirtschaftlichen Erfolg in den Jahren nach dem Zweiten Weltkrieg erlebt mit Wachstumsraten, die zu den höchsten in Europa gehören, und einem Lebensstandard, der heute dem der Briten vergleichbar ist.

Niemand hat diese wirtschaftlichen Errungenschaften der Richtigkeit der Wirtschaftspolitik in Rom zugeschrieben. Oder einzigartig kooperativen Gewerkschaften. Oder im Hinblick auf die größeren Industrieunternehmen, einschließlich der großen staatlichen Unternehmensverbünde – IRI, INI –, einem besonders qualifizierten Management. Die Gründe für den italienischen Erfolg müssen woanders gesucht werden.

Es gibt drei. In Italien standen wie in den schon erwähnten Ländern neu angeworbene und eifrige Industriearbeiter zur Verfügung – in diesem Fall ehemalige Bauern aus dem ländlichen Süden, dem *Mezzogiorno*. Durch sie wurden die Arbeitskräfte aus dem industriellen Norden umfassend verstärkt, so, wie sie heute durch Arbeiter aus Nordafrika vermehrt werden. Mit den letzteren entstand, wie festgehalten werden darf, was inzwischen als normale Spannungen zwischen Bevölkerungsgruppen betrachtet wird.

Während Italien nicht weniger als andere Länder unter den bremsenden und bürokratischen Tendenzen im Management seiner größeren Unternehmen gelitten hat, erlebte es eine bemerkenswerte Entfaltung von kleinen Unternehmen, von denen nicht wenige außerhalb der offiziellen Besteuerung und der regulären

Wirtschaft arbeiten. In Italien fand, mehr vielleicht als in irgendeinem anderen europäischen Land, die machtvolle Wiedergeburt des vielgepriesenen Unternehmergeists statt.

Schließlich, und das ist am wichtigsten, gibt es die italienische Kunsttradition. Durch den Rückgriff auf dieses unwiderstehliche Erbe haben italienische Konsumgüter einen merklichen Vorsprung im Design. Und das illustriert eine universelle und ungenügend beachtete Dynamik: Konsumgüter müssen nicht nur gut zu gebrauchen sein und gut funktionieren, sie müssen auch gut aussehen – sie müssen das Auge an- und der Mode entsprechen. Nach dem Ingenieur kommt der Künstler. Dieses ist die wahre Quelle der italienischen Leistung: Mehr als jedes andere Volk haben die Italiener erkannt, daß die Künste nicht nur dem Vergnügen dienen, sondern, in den Kategorien der Industriegesellschaft betrachtet, auch hoch funktional sind.

Diese funktionale Rolle der Kunst, gemeinsam mit den eifrigen einheimischen Arbeitern und einer wachsenden Einwanderung aus Nordafrika, war auch bei der industriellen Wiederbelebung Spaniens von Bedeutung. Es gibt eine Lektion für die älteren Industrieländer. Solche teuren Zentren der Wirtschaftsaktivität wie New York, Paris und, unnötig zu sagen, Hollywood hängen stark von ihrem künstlerischen Engagement ab. Ohne dieses wären sie kleiner, ärmer, existierten sie gar nicht.

Es gibt weithin ein vorherrschendes Bild vom Wirtschaftsleben. Es ist das Bild von rauchenden Schornsteinen von Unternehmen, die Güter für die Massen herstellen. Man billigt diesen Unternehmen zu, daß sie im Lauf ihres Daseins ein höheres technisches Niveau erreichen. Die Fabrik ist jedoch der anerkannte Zweck der wirtschaftlichen Leistung – des Wirtschaftsprozesses und des Fortschritts. Daß es eine weitere Stufe gibt, auf der Design und Unterhaltung von zentraler Bedeutung sind, erfährt wenig Aufmerksamkeit oder Anerkennung. Da gibt es etwas Beiläufiges oder gar Nichtiges bei dieser Vorstellung; Wirtschaft hat mit wirklicher Produktion zu tun, mit wirklicher Arbeit. Hier wie an anderer Stelle bestätigen die Wirtschaftswissenschaften massiv, vielleicht sogar stolz, die eigene Überalterung.

In Japan, Deutschland und Italien hat der Erfolg der Vergangenheit keine stabil weiterlaufende Entwicklung gewährleistet. In allen drei Ländern ist der Optimismus der achtziger Jahre heute merklich zurückgegangen. In Italien hat sich die Korruption von Regierung und Unternehmen als vielfältig, als manchmal einfallsreich, aber immer als extrem gezeigt. Deutschland sieht sich einer Rezession gegenüber in Verbindung mit den Problemen, die sich aus dem Zusammenschluß von zwei zuvor getrennten Staaten ergeben. Als schlimmster Fall von allen leidet Japan unter dem abrupten Ende der bemerkenswertesten Spekulation aller Zeiten – im japanischen Sprachgebrauch: dem Platzen der großen Blase der Spekulation. Immobilienpreise, Wertpapiermärkte, Industriemärkte, sie alle haben ihren Tag der Abrechnung gehabt, ein klassischer Fall von Euphorie und den stets voraussagbaren Nachwehen. Die langfristigen Wirkungen sind längst nicht klar; die direkten Folgen sind außergewöhnlich bedrückend.

Damit aber greife ich der Geschichte vor; ich kehre zurück in die Vereinigten Staaten der achtziger Jahre.

22

Reagans Erfolg

Es hat nur wenige Perioden in der amerikanischen Geschichte oder der Weltgeschichte gegeben, die Jahre Roosevelts und des New Deal wahrscheinlich ausgenommen, die unter wirtschaftlichen und sozialen Gesichtspunkten schonungsloser unter die Lupe genommen wurden als die achtziger Jahre. Viele der abschließenden Bewertungen, obwohl natürlich nicht alle, waren negativ. Die Steuersenkung für die Wohlhabenden, übertrieben erhöhte Verteidigungsausgaben und ein großes Defizit im Staatshaushalt waren erstrangige Offenbarungen der Fehler. Damit verbunden war ein großes und dauerhaftes Defizit in der amerikanischen Zahlungsbilanz, das dazu führte, daß die Vereinigten Staaten vom ehemals größten Gläubiger der Welt zu ihrem mit weitem Abstand größten Schuldner wurden. Die Position im internationalen Wettbewerb wurde beschädigt, es gab soziale Spannungen in den großen Städten, Finanzspekulationen und -manipulationen, die sich ausweiteten zu einem weitverbreiteten und plumpen Diebstahl, und am Ende die schmerzhafte Rezession *cum* Depression Anfang der neunziger Jahre. Schließlich kam die politische Abrechnung: Reagans Partei und sein Amtsnachfolger wurden entmachtet.

Natürlich kann man behaupten, das eben Gesagte sei die Meinung eines Liberalen; das stimmt, darüber hinaus aber wurde sie durch nichts weiter beeinflußt. Es handelt sich dabei um eine Ansicht, die ernstlich untertreibt, was die Regierung Reagan, berücksichtigt man ihre Ziele und die ihrer Förderer, geleistet hat.

Man kann nicht behaupten, daß Ronald Reagan und seine Gefolgsleute eine in sich geschlossene klare Sicht der Wirtschaft oder der Wirtschaftspolitik hatten. Jeder aber, der die achtziger Jahre als Übung in unschuldigem wirtschaftlichem Fehlverhalten sieht, liegt völlig falsch. Diese Jahre zeichneten sich in Wahrheit durch eine größerenteils wohlüberlegte und, nach den eigenen Maßstäben, erfolgreiche Wirtschaftspolitik aus. Es gab natürlich einen sozialen Anstrich über dem tieferen Zweck. Das sollte niemanden irreleiten. Das darunterliegende Ziel war klar, und es wurde weitestgehend auch erreicht.

Das Ziel der Regierung, die in der neuen Dekade die Geschäfte aufnahm, war, nicht überraschend, ihrer Klientel dienlich zu sein. Dabei handelte es sich um eine wohlabgegrenzte Gemeinschaft, die aus denen bestand, die im Wirtschaftsleben gut verdient hatten, bis zu jenen, die eingestandenermaßen reich waren. Sie hatten dies erreicht dank eines sich jahrzehntelang verbessernden allgemeinen Wohlstands und waren nun, durch ihre gestärkte politische Stimme und ihre mit dem Geld verbundene Macht, zu einer bedeutenden Kraft im amerikanischen Staatswesen geworden. Es war diese Klientel, der die neue Regierung diente. Zwei wohlbekannte Gefahren bedrohten die weitere Dauer der Behaglichkeit, eine innenpolitische und wirkliche und eine von außen, die an religiösen Glauben grenzte, und gegen beide wendete man sich.

Die innenpolitische Gefahr ging von der Bundesregierung aus und betraf besonders ihre Macht, Steuern zu erheben, sofern dies jenen zugute kam, die außerhalb der Gemeinschaft der Bevorzugten lebten. Die Armen in der Republik konnten eine teure Last sein; die progressive Einkommensteuer konnte die persönlichen Einkünfte der Menschen im Überfluß schmerzhaft beanspruchen. In vergangenen Zeiten hatte die Regierung die Verpflichtung übernommen, manchmal in Wirklichkeit, manchmal in Reden, sich um das Wohlergehen der Benachteiligten zu kümmern. In Verbindung mit der ohnehin schon erheblichen Einkommensteuer bedeutete diese Verpflichtung eine entschiedene Gefahr für den Wohlstand der Begünstigten, so wurde es jedenfalls gesehen.

Die tiefer gründende oder religiöse Furcht war die vor dem Kommunismus. Der Kommunismus ächtete und zerstörte offen und absichtlich den persönlichen Wohlstand und persönliches Einkommen. Irgendwann hatte er als eine Alternative für die Vereinigten Staaten gegolten; für einige war er immer noch die Gefahr, die hinter dem Liberalismus, der Linken lauerte. Die Furcht jedoch vor der militärischen Stärke und dem militärischen Können der Sowjetunion war größer. Dem mußte man gewachsen und überlegen sein. Von eher akuter Bedeutung war die Furcht, daß der Kommunismus möglicherweise die verwundbaren Länder in Lateinamerika, Afrika und Asien unterwerfen könnte. Daraus ergäbe sich eine ernste, wenn auch weitgehend unspezifizierte Bedrohung der Vereinigten Staaten, und auf jeden Fall mußten die so bedrohten Völker vor diesem Leid geschützt werden. Das war es, was der Führer der freien Welt als einfachen Akt des guten Willens zu tun hatte. Hinter diesen bedrohlichen Möglichkeiten stand, ihrem früher gegebenen Versprechen zur Hilfestellung bei Kriegen für die nationale Befreiung verpflichtet, die Sowjetunion.

Aus der Erfahrung mit den Steuern in der Vergangenheit und aus Angst vor höheren Steuern in der Zukunft zugunsten der Armen entstand in bemerkenswerter Konsistenz das innenpolitische Programm Reagans. Die Armen sollten soweit wie möglich aus dem öffentlichen Bewußtsein verschwinden. Steuern zu ihren Gunsten sollten auf das entschiedenste verdammt werden. Die bestehenden Steuern sollten gesenkt werden. Es sollte kein Zögern geben, die Spitzensteuersätze zu verringern.

Wenige Bemühungen in der amerikanischen politischen Geschichte waren erfolgreicher. Die Steuern wurden gesenkt, und in den achtziger Jahren war jede Andeutung einer Steuererhöhung sowohl bei den Demokraten als auch bei den Republikanern gleichbedeutend mit politischem Selbstmord.

In der Zwischenzeit, in Reaktion auf die größeren Befürchtungen hinsichtlich der internationalen Lage, wurde die kommunistische Bedrohung nachhaltig in eine Regierungsaufgabe umgesetzt. Da man davon ausging, daß das grundlegende Instrument gegen den Kommunismus die Armee war, wurde das Militär sowohl hinsichtlich der Zahl als auch hinsichtlich der Bewaffnung zu einer in Friedenszeiten unvergleichlichen Stärke aufgerüstet. Wie ich schon früher erwähnt habe, trugen die dadurch erforderlichen Ausgaben mehr als zufällig zur Bereicherung eines ohnehin schon reichen Teils der Bevölkerung bei. Solche Ausgaben hielt man nicht für eine Rechtfertigung dafür, die Steuern anzuheben – lieber ein bedeutendes Defizit im Staatshaushalt hinnehmen. Das Defizit wiederum wurde zu einer unabhängigen Macht (und ist es immer noch) mit einem eigenen Recht darauf, die Sozialausgaben niedrig zu halten. Diese, im Unterschied zu den Rüstungsausgaben, würden angeblich das Land unerbittlich in noch größere Schulden stürzen.

Zwei andere Bereiche der zivilen Ausgaben blieben unantastbar. Die Aufwendungen, mit denen zusammengebrochenen Geldinstituten aus der Patsche geholfen wurde, besonders den Spar- und Darlehnsvereinen, und Aufwendungen zum Erhalt des Systems der sozialen Sicherheit – die Bereitstellung oder Garantie von Altersrenten. Beide dienten einem wohlhabenden oder wirtschaftlich zufriedenen und politisch ausdruckskräftigen Teil der nationalen Gemeinschaft. Dementsprechend waren auch sie von jeder Kürzungsbemühung ausgenommen. Derartigen Ausgaben wurde eine ehrenhafte Rolle zugestanden, die jede Sorge über ihre Wirkungen auf das Defizit auslöschte.

Schaut man auf Reagans Wirtschaftspolitik und -programm als Ganzes, kann man seine Stimmigkeit in Form und Zweck nicht bezweifeln. Eine Regierung, die den Interessen der Wohlhabenden und Reichen verpflichtet war, reagierte in bemerkenswert wirksamer und umfassender Weise. Es gab jedoch bestimmte symbolische und förmliche Grenzen, die im Zusammenhang mit diesem massiven Vorstoß der Politik beachtet werden mußten.

Besonders wird es in den Vereinigten Staaten nicht für akzeptabel gehalten – im heutigen Jargon: für politisch korrekt –, über irgendeine Maßnahme offen zu sagen, ihr Zweck sei, den Reichen zu dienen. Ausdrücklich kann der Wunsch geäußert werden, etwas für die Mittelklasse zu tun; über Hilfe für die Reichen muß vornehm geschwiegen werden. Ebensowenig kann man gegen Hilfe für die Armen sein, wenn sie das erklärte Ziel verfolgt, den eigenen Wohlstand zu schützen. Ausgesprochen feindlich zu sein oder selbst zu offenkundig unentschlossen oder mitleidslos ist ebenso sozial inkorrekt wie politisch unangemessen. Folglich müssen die Politik für die Reichen und die Politik gegen die Armen eine Tarnlehre haben. Diese Verkleidung muß ernst genommen werden; ihre Rolle ist weitgehend als eine verbale und symbolische erkannt. Eine Verkleidung kann aber eine Verkleidung bleiben, obwohl sie als solche erkannt wurde.

Für die Hilfe für die Reichen – die starke Verringerung der Grenzsteuersätze 1981 – war Reagans Verkleidung die erklärte Notwendigkeit, die Energie, die Initiative und die Investitionen anzuregen. Die Bemühungen der bereits Gutsituierten seien durch die hohen Spitzensteuersätze erstickt worden. Es wurde in einer schärferen Formulierung behauptet, daß die Energie, die die Steuersenkung freisetze, zu einer stärkeren wirtschaftlichen Aktivität führen würde, zu wachsenden Staatseinnahmen und einem geringeren Haushaltsdefizit. Dies zeigte die hochgelobte Laffer-Kurve, nach der oberhalb eines bestimmten Punkts Steuern die wirtschaftliche Aktivität bremsen und Einkommen sowie Steuereinnahmen senken würden. Sie zeigte außerdem, ohne empirischen Nachweis, daß die Vereinigten Staaten diesen Punkt bereits überschritten hätten; dementsprechend würden geringere Steuern nun höhere Einnahmen bedeuten. Nicht jeder nahm Professor Arthur Laffers Kurve ernst; das wurde nicht erwartet. Ihre Funktion war, als Verkleidung für das wirkliche Ziel zu dienen, nämlich die Steuern für die Reichen zu senken. Selbst ein zugegebenermaßen so dürftiger Deckmantel über dieser Absicht wurde der Alternative vorgezogen, gar keinen zu haben.

Professor Laffer wurde durch die hochgelobte Arbeit von George Gilder, »Wealth and Poverty«, bestärkt, in der dieser erklärt, daß »der materielle Fortschritt unvermeidlich elitär ist: Er macht die Reichen reicher und vergrößert ihre Zahl, indem er die wenigen außergewöhnlichen Männer erhöht, die Wohlstand produzieren können für die demokratischen Massen, die ihn konsumieren.«[69] Auch dieses wurde nicht von vielen geglaubt; aber es war wiederum ein Deckmantel, gleichgültig, wie durchsichtig er war.

Ähnlich und vielleicht erfolgreicher war die Position im Hinblick auf die Hilfe für die Armen. Hier wurden Einkommen, tatsächlich aber Zuwendungen in fast jeder Form, für schädlich gehalten für den Charakter, die Initiative und die Anstrengungen und damit für das Wohlergehen der Verarmten. So, wie die Reichen den Anreiz durch noch mehr Geld brauchten, so brauchten die Armen den Anreiz durch noch weniger Geld. Als Professor Laffer und Gilder ihre Stimmen erhoben, um die höheren Einkommen der Reichen zu rechtfertigen, meldete sich der ebenso ehrenwerte Dr. Charles A. Murray, um mit weit ausholenden wirtschaftlichen und sozialen Begründungen die Einstellung der Hilfe für die Armen zu rechtfertigen. Ideal wäre seiner Meinung nach, »die gesamte staatliche Wohlfahrts- und Einkommensstützungsstruktur für Leute im arbeitsfähigen Alter« zu beseitigen.[70] Da er bemerkte, daß das doch etwas hart wäre, zog er den Schluß, daß das Arbeitslosengeld beibehalten werden könne und die private Wohltätigkeit ermutigt werden solle. Darin muß es eine Spur von Mitgefühl geben.

Gilder fügte an dieser Stelle noch mit seiner wohlvernommenen Stimme hinzu: »Um tatsächlich auch Erfolg zu haben, brauchen die Armen mehr als alle anderen den Ansporn ihrer Armut.«[71]

Über diese Verschleierung der tieferen Absicht breitete Präsident Reagan manchmal noch lebhafter seinen eigenen Deckmantel. Der Staat, versicherte er, sei nicht die Antwort auf die sozialen Probleme; er sei das Problem. Eine Anekdote sollte die Sinnlosigkeit der Hilfe für die Armen beweisen. Einige, die scheinbar obdachlos waren, zogen in Wirklichkeit nur vor, draußen auf der Straße auf den Gittern über der warmen Abluft zu schlafen; es war ihre Form von unabhängiger Selbstbestimmung. Reagan zitierte mit nicht geringem Vergnügen den Fall einer Frau, die dabei beobachtet worden war, wie sie für ihre Familie Nahrungsmittel auf Gutschein kaufte, nachdem sie ihr eigentlich dafür ausreichendes Geld in eine Flasche Wodka gesteckt hatte. Und wieder die Symbolik als Verschleierung der Wirklichkeit.

Es gab einen weiteren vielbeachteten Dienst Präsident Reagans und seiner Wirtschaftswissenschaftler für ihre Klientel. Das betraf die Zerschlagung der Macht der Gewerkschaften, um wirkungsvoll die Lohn-Preis-Spirale zu beenden, die in den vorausgegangenen Jahren ein so hartnäckiger Grund für die Inflation gewesen war.

Zum Teil wurde diese Bemühung direkt und unverblümt unternommen. In den ersten Monaten der neuen Regierung riefen die Fluglotsen auf den wichtigsten Flughäfen einen Streik aus. Sie leisteten einen herausragenden und fraglos wichtigen Dienst. Die neue Regierung reagierte prompt und ersetzte die streikenden Arbeiter, bestrafte sie ausdrücklich mit Arbeitslosigkeit und versicherte gleichzeitig, den Flugverkehr aufrechtzuerhalten. Dies tat sie mit merklichem Erfolg. Es war eine eindrucksvolle Demonstration, wie die Macht der Gewerkschaften, die viele für unerschütterlich gehalten hatten, tatsächlich eingedämmt und gebrochen werden konnte. Die Lehre daraus war eindeutig für andere Arbeitgeber und ebenso für die Gewerkschaften.

Allgemeiner in seiner Wirkung war, was die neue Regierung in der Geldpolitik betrieb. Diese, die in den Jahren Carters bereits restriktiv gehandhabt worden war, wurde 1981 und 1982 rigoros gestrafft. Die Zinsen stiegen steil an; die Kreditvergabe der Banken sank rapide. 1982 fiel die gesamtwirtschaftliche Produktion – das Bruttosozialprodukt – dramatisch, und die Arbeitslosigkeit stieg ebenso dramatisch an. So sieht die wirkungsvolle Rolle der Geldpolitik aus, wenn man auf dieser Saite spielt.

Dies mag nicht einmal ein beabsichtigtes Ergebnis gewesen zu sein. Die Regierung hatte sich kurzerhand von dem beeindrucken lassen, was als der große Augenblick des Monetarismus galt: dem von Professor Milton Friedman ausgehenden Gedanken, daß Preise stabil blieben und alles in der Wirtschaft gut laufe, wenn das Geldangebot, wie es durch Kredite und die damit einhergehende Geldschöpfung entstehe, entschieden kontrolliert werden könne. Hemmende Zinssätze – knappes Geld –, die von Krediten und ihrer Geldschöpfung abschreckten, würden dieses Ziel erreichen.

Erreicht wurde statt dessen eine scharfe Rezession, in der Professor Friedmans optimistisches Konzept zurechtgestutzt wurde. Es gab jedoch ein praktisches Ergebnis der Rezession, und das war der weitere starke Druck auf die Lohnforderungen der Gewerkschaften. Das geschah, als sowohl die Moral als auch die Schlagkraft der Gewerkschaften durch Arbeitslosigkeit geschwächt war und die Unternehmen gezwungen waren, im Interesse ihres Überlebens Lohnerhöhungen abzulehnen. Es wurde niemals ausreichend festgestellt, daß starke Gewerkschaften vor allem starke Arbeitgeber erfordern. Nichts schwächt die Forderungen einer Gewerkschaft so sehr wie der Zwang für die Arbeiter, den Arbeitgeber am Leben zu halten.

Die Arbeitsmarkt- und Geldpolitik bewirkten in diesem Fall gemeinsam das Ende der Lohn-Preis-Spirale, die die makroökonomische Politik in den vergangenen Jahren geplagt hatte. Die Gewerkschaftsbewegung, lange Zeit eine Bedrohung eines wichtigen Teils von Reagans Klientel, wurde ebenfalls ins politische Abseits zurückgedrängt. Ebenso wie einige der arbeitgebenden Unternehmen. Die Regierung von Herrn Reagan war sich nicht zu schade, auch einige ihrer Freunde zu opfern.

In den Wirtschaftswissenschaften ist das Verhältnis zwischen einer Politik und ihren Folgen häufig bedauerlich subjektiv. In den Reagan-Jahren war dies nicht der Fall; Ursache und Wirkung standen in engem und sichtbarem Zusammenhang.

Wie berichtet, wurde das Defizit, das so wirkungsvoll gegen Sozialausgaben ins Feld geführt werden konnte, nicht für nachteilig gehalten, wenn es um militärische Zwecke ging. Und die Rüstungsausgaben hatten wiederum eine stark stützende Wirkung auf die Wirtschaft. Das Ergebnis war eine recht solide Wirtschaftswachstumsrate, die von 2,5 Prozent bis zu 6,2 Prozent 1983 reichte, und eine geringere, wenn auch nach wie vor erhebliche Arbeitslosenquote.

Präsident Reagan war angesichts der stützenden Rolle der Staatsausgaben der klarste Keynesianer seit den Kennedy-Jahren, vielleicht seit John Maynard Keynes selbst. Hätte Keynes noch gelebt, wäre er mehr als ein bißchen überrascht gewesen über seinen modernen Jünger. Er hätte sicherlich darüber nachgedacht, warum Politiker, die sich so der Defizitfinanzierung verschrieben hatten, sich so häufig von seiner Sicht distanzierten. Wie auch immer, die praktische Durchführung zählt; und die stimulierende Wirkung der Staatsausgaben in diesen Jahren steht außer Frage.

Daß es auch langfristige Folgen geben könnte, eine Zeit, in der die Summe der öffentlichen Schulden und die mit ihr verbundenen Kapitalkosten ein Problem darstellen würden, wurde nicht ernsthaft in Betracht gezogen. Es war ein Glaubenssatz in Reagans Politik, daß, mit etwas Glück, die langfristigen Wirkungen dieses Falls wie vieler anderer Fälle – ein herausragendes Beispiel bilden die Bedrohungen für unsere Umwelt – sich nicht einstellen würden. Während der achtjährigen Amtszeit Reagans taten sie das auch nicht. Wiederum hatte ein Einfall oder ein Zufall das gewünschte Ergebnis erzeugt.

Die herausragende Leistung der Politik Reagans war jedoch, die Vermögen der Begünstigten und Reichen noch zu steigern, während die Armen vernachlässigt wurden. Hier stehen die Ergebnisse außerhalb jeder Frage. Niemand wird jemals ernsthaft daran zweifeln, daß Reagan seiner Klientel die Treue gehalten hat.

Die langfristigen Folgen traten natürlich schließlich doch ein, und George Bush war der unglückliche Erbe der Reagan-Jahre. Es sollte keine gute Hinterlassenschaft sein. Bevor ich aber darauf zurückkomme, ist es notwendig, eine hoch bedeutsame Entwicklung in der weiten Welt der Wirtschaft und Politik zu betrachten. Es handelt sich dabei um den Zusammenbruch des Kommunismus in der Sowjetunion und in Osteuropa und die Wiederbehauptung der ethnischen und wirtschaftlichen Identität durch die Bevölkerungen in diesen Ländern.

23

Die große Implosion

In der westlichen oder nichtsozialistischen Welt waren die achtziger Jahre, wie wir gesehen haben, eine Zeit sich anhäufender Probleme, Probleme, die im folgenden Jahrzehnt ernst und schmerzhaft werden sollten. Darauf werde ich im nächsten Kapitel eingehen. Sie waren jedoch von geringer Bedeutung, verglichen mit den Umwälzungen, die so unglaublich wie unvorhersehbar waren und die sich zur gleichen Zeit in Osteuropa und in der Sowjetunion vollzogen.

Mein Interesse am und meine Aufmerksamkeit für das wirtschaftliche und politische Leben in jenem Teil der Welt währen bereits seit 1959 und meiner ersten Fahrt, die ich, wie ich bereits beschrieben habe, unternahm, um junge Wirtschaftswissenschaftler an den Universitäten und Forschungsinstituten der Sowjetunion zu besuchen und mit ihnen zu sprechen. Bei verschiedenen späteren Gelegenheiten kehrte ich dorthin zurück, einmal, um einen Ehrendoktortitel der Universität Moskau in Empfang zu nehmen. Mit einem ausgezeichneten sowjetischen Wirtschaftswissenschaftler, Stanislaw Menschikow, habe ich eine Monographie über die wirtschaftlichen Probleme der zwei Systeme geschrieben.[72] Nichts davon aber bereitete mich auf die Dramatik dessen vor, was schließlich eintrat. Nicht vor dem Frühherbst 1989, als ich, etwas überraschend, zu Vorträgen in Leipzig und Budapest eingeladen war, spürte ich, wenn auch nur leicht, daß zumindest in Osteuropa das politische und soziale Gefüge schwächer wurde. Ein herausragender Professor der damaligen Deutschen Demokratischen Republik und mein Gastgeber in Leipzig sagte, als er den Weggang von DDR-Studenten in die Bundesrepublik kommentierte: »Sie werden noch ein sehr angemessenes Auditorium vorfinden.«

Wer behauptet, diese ungeheuerliche Entwicklung wahrhaftig vorhergesehen zu haben, verdient Mißtrauen. Die umfangreichen und ausgeklügelten Bemühungen der Geheimdienste zu erfahren, was hinter dem Eisernen Vorhang passierte, waren hochgradig sinnlos. Nichts kam darüber heraus, was geschehen könnte. Die dafür investierten Millionen warfen keinen Ertrag ab. Nicht zuletzt war es die bemerkenswerte Eigenschaft dieser modernen Revolution, daß sie nicht vorhergesehen wurde.

Es gab zwei Gründe für dieses Versagen. Erstens die Vielfalt der Einstellungen in der westlichen Welt gegenüber dem Kommunismus, inklusive seiner besonderen Erscheinungsform in der Sowjetunion. Einerseits gab es den gemeinsamen Glauben und die Überzeugung, daß es sich um ein dürftiges Wirtschaftssystem handele, das dem Kapitalismus sicher weit unterlegen sei. Andererseits war da die Angst, daß dieses aufgrund der ihm innewohnenden Macht und Attraktivität schließlich die Welt verlocken, verschlingen und beherrschen könnte. Die letztgenannte Möglichkeit war der Grund für die starke Unterstützung des Militärs und der Geheimdienste und diverse intellektuell verkleidete Interessen. Auf diese Weise war der Kommunismus in der Vorstellung seiner Gegner sowohl erfolglos als auch gefährlich erfolgreich.

Zweitens gab es die fast völlige Unfähigkeit, jene revolutionären Kräfte zu verstehen, die angesichts der wirtschaftlichen Entwicklung in der kommunistischen Welt aktiv waren. Jedes dieser Themen erfordert ein paar ergänzende Sätze.

Das Wirtschaftssystem der Sowjetunion und das seiner osteuropäischen Satelliten war tatsächlich stark und schwach zugleich. Wenn man es analysierte, beging man einen grundlegenden Fehler, wenn man Dinge verallgemeinerte. An dieser Stelle muß ich einige Punkte wiederholen, die ich bereits beschrieben habe. Die Stärke des Wirtschaftssystems, besonders in der Sowjetunion, lag in der Grundstoff- oder Schwerindustrie: Stahl, Mineralöl, Transporte, Chemie und, unnötig zu sagen, Waffen. In den mehr als vierzig Jahren seit dem Zweiten Weltkrieg hatte sich die Sowjetunion etabliert als Industrie- und Militärmacht, die an zweiter Stelle hinter den Vereinigten Staaten lag. Nun gab es zwei Supermächte in der Welt, und die Sowjetunion war eine von ihnen. Das war keine geringe Leistung.

In der Schwer- und Rüstungsindustrie funktionierte das sowjetische Plan- und Herrschaftssystem mit sichtbarer Wirkung, ein Punkt, der bereits hervorgehoben wurde. Die Befehle gingen von Moskau aus; Rohstoffe und Bauteile wurden zugewiesen; fertige Produkte entstanden und wurden verwendet. Die industrielle Planung funktionierte gut, und daraus ergab sich die wirtschaftliche Entwicklung innerhalb der Sowjetunion, die auch für den Rest der Welt sichtbar war. Daraus erwuchsen verständlicherweise ebenso einige der Befürchtungen seitens der Außenstehenden. Weitgehend übersehen wurden die Bereiche der Unzulänglichkeit und des Versagens, wie sie blieben und wie sie das Verhalten der Menschen im Land prägten.

Zur Erinnerung: Die grundsätzlichen Fehler wurden im Umgang mit den Bedürfnissen der sowjetischen Verbraucher und in der Landwirtschaft begangen. Eine erfolgreiche Konsumgüterwirtschaft produziert oder erfordert eine verwirrende Zahl von Waren und Dienstleistungen. Die Produkte sind nicht nur zahlreich, sondern auch unterschiedlich in ihrer Natur, ihrem Stil und ihrem Design, und die Nachfrage nach ihnen ist wechselhaft. Die erforderlichen Dienstleistungen unterscheiden sich hinsichtlich

Ausbildung und Vorbereitung, und die Nachfrage nach ihnen ist ebenfalls wechselhaft. Das kommunistische System der zentralen Planwirtschaft, das für die Herstellung von Stahl, chemischen Produkten, Panzern und Nuklearwaffen geeignet war, funktionierte nicht bei der Herstellung von Konsumgütern; es war zu starr und zu fest, unfähig, sich an Vielfalt und Wandel anzupassen. Daher die Unzulänglichkeit der Produkte und Dienstleistungen – Kleidung, Möbel, Restaurants, Reparaturdienste, Unterhaltung und vieles mehr.

Da Konsumgüter in der allgemeinen Meinung als wenig bedeutend und sogar wertlos betrachtet werden, verglichen mit den Produkten der Schwerindustrie, und da die Menschen in der Sowjetunion die grundlegenden Dinge des Lebens hatten, wurde die Verknappung im Angebot von Konsumgütern in vielen Diskussionen über das sowjetische Wirtschaftssystem im Westen nicht ernst genommen. Die Abhängigkeit einer modernen Bevölkerung von der Konsumgüterwirtschaft wurde stark unterschätzt. Dieses war ein ernster Fehler. Wertlos oder nicht, vielfältige, funktionierende, gut gestylte und reichlich vorhandene Konsumgüter und die sie begleitenden Dienstleistungen sind es, was die Leute wollen.

Die schlechte Stimmung in der sowjetischen Bevölkerung wurde verstärkt durch die unübersehbare Fähigkeit der westlichen kapitalistischen Volkswirtschaften, sowohl Güter als auch Dienstleistungen in großer Vielfalt anzubieten. Fernsehen, Presse und unablässig besser werdende Kontakte bezeugten umfassend ihren Erfolg. Der moderne Lebensstandard ist, um es zu wiederholen, weit tiefer in der Psyche der Öffentlichkeit verwurzelt, als gemeinhin angenommen wird. Bürger im Westen, die mit der augenfälligen Extravaganz und der häufig auftretenden Leere der eigenen Lebensweise beschäftigt sind, bemerkten die Dringlichkeit nicht, mit der diese in Osteuropa und der Sowjetunion ersehnt wurde.

In der Sowjetunion gab es außerdem das offenere Versagen in der Landwirtschaft, und auch dies wurde kaum begriffen. Wie bis dahin festgestellt, hat die Landwirtschaft traditionell als ein Wirtschaftsunternehmen nur dann gut funktioniert, wenn die Arbeiter und ihre Familien sich effizient selbst ausbeuteten. Die höhere Zivilisation hat eine ambivalente Einstellung gegenüber der Arbeit verstärkt. In der Industrie werden schon seit langem Arbeitszeitregelungen und vernünftige, annehmbare Arbeitsbedingungen als notwendig erachtet; in der Landwirtschaft wurde dagegen die Tugend der harten Mühe vom Morgengrauen bis zur Dämmerung vorausgesetzt. Derjenige, der sich dem unterwarf, ebenso seine Frau, seine Familie und die angeworbenen Arbeiter, war ein guter Bauer.

Die Sowjetunion hat diese Ausbeutung abgeschafft und ersetzt durch Arbeitsbedingungen in den Kolchosen und Sowchosen, die mehr Freizeit boten, sozial erträglicher und, man kann sogar sagen, zivilisierter waren. Dieses weniger bedrückende Leben, verbunden mit andauernden und ungelösten ernsten Problemen bei der Versorgung mit Düngemitteln, Maschinen und Ersatzteilen und den Schwierigkeiten, die landwirtschaftlichen Erzeugnisse effizient auf den Markt zu bringen, verwandelte Rußland, einst die Getreidekammer Europas genannt, auf Dauer in einen großen Getreideimporteur. Die weitverbreitete Unzulänglichkeit im landwirtschaftlichen Sektor wurde zum anderen Punkt, in dem der Sozialismus versagte. Nur die privaten Anbauten und die Märkte für privat erzeugte Produkte, wo die Verantwortung des einzelnen sowie dessen und seiner Familie Selbstausbeutung erhalten geblieben waren, waren erfolgreich, und sie trugen weit überproportional zur Versorgung bei.

Wie schon beschrieben, steht die Landwirtschaft mit ihren Problemen in einer modernen Wirtschaftswelt jedoch außerhalb des Erkenntnisinteresses der Ökonomie. Landwirtschaft ist ein Fall für Agrarspezialisten, wirtschaftlich ist sie ein Fall für Agrarwirtschaftswissenschaftler. Das Versagen der sowjetischen Landwirtschaft war reichlich augenfällig und Gegenstand vieler Kommentare, die tieferen Gründe für ihr Versagen aber wurden relativ selten erwähnt.

Der zweite und in mancher Hinsicht entscheidende Faktor, der zum Zusammenbruch des Kommunismus beitrug, waren die Menschenrechte, wie sie heute genannt werden. Auch in diesem Fall gab es ein großes Mißverständnis.

In der modernen Welt der Industrie werden Menschenrechte – die Freiheit des Wortes, die Unverletzlichkeit des Individuums, die Beteiligung an staatlichen Entscheidungen und Prozessen – weithin als Selbstverständlichkeit betrachtet. Sie gehören zu dem, was eine gute und zivilisierte Gesellschaft anbietet. Sie sind bindend für alle Regierungen und stehen allen Menschen gleichermaßen zu. Es stimmt zwar, daß einige Regierungen gegen sie verstoßen, sich ihnen widersetzen und sich unterdrückerisch verhalten; das gibt es nun einmal. Wirtschaftliche Entwicklung jedenfalls, so glaubt man, hat wenig mit der Garantie oder der Verweigerung von Menschenrechten zu tun.

Tatsächlich aber sind die Menschenrechte oberhalb eines bestimmten wirtschaftlichen Niveaus nicht nur ein Recht, sondern sie werden unvermeidlich. Sie sind das Produkt oder zumindest weitgehend das Produkt nicht einer ursprünglichen Tugend, sondern einer unausweichlichen Notwendigkeit. Nirgendwo arbeitet der wirtschaftliche Determinismus, die herrschende Rolle der Wirtschaft im menschlichen Leben, unerbittlicher und nirgendwo wird er so wenig erkannt.

Der Umstand seiner Vorherrschaft liegt offen zutage. Von Natur aus schafft der wirtschaftliche Fortschritt mehr gebildete Männer und Frauen, als praktisch von einer Rolle im öffentlichen Leben ausgeschlossen werden können. Schriftsteller und Dichter, Künstler, Wissenschaftler und Ingenieure, Journalisten und Fernsehkommentatoren, Universitätsprofessoren und besonders ihre Studenten, Rechtsanwälte, Physiker und andere Berufe, Industriemanager, Arbeiterführer und selbsternannte ehrgeizige Staatsmänner – sie alle verdanken der wirtschaftlichen Entwicklung ihre Existenz und Unterstützung. Sie sind es, was die wirtschaftliche Entwicklung sowohl braucht als auch hervorbringt. Einmal da und zahlreich, kann man ihnen praktisch nicht verweigern, ihre Stimme zu erheben. Ebensowenig können sie von Entscheidungen in nationalen Angelegenheiten ausgeschlossen werden. Man muß ihnen erlauben, zu reden und sich zu beteiligen. Das ist die einzige Lösung; öffentliche Meinungsäußerungen und die Beteiligung am öffentlichen Leben müssen erlaubt sein.

So ist es ohne Ausnahme in allen Ländern gewesen, die sich wirtschaftlich entwickelt haben. So war es in jüngerer Zeit in Spanien, Portugal, Griechenland, Südkorea, Taiwan und in erheblichem Ausmaß in Thailand und Malaysia. Und so war es in der Sowjetunion und in Osteuropa. Dort gab es mehr ausgebildete, beruflich oder künstlerisch qualifizierte Menschen mit mehr Interessen und Ideen, als noch länger zum Schweigen verurteilt und von der Beteiligung an Staatsangelegenheiten hätten ausgeschlossen werden können. Unterdrückung ist, wie an früherer Stelle festgestellt, möglich in Ländern mit einer bäuerlichen Bevölkerung und in jenen mit geringer oder primitiver Industrialisierung. Dort überwiegt der tägliche Kampf um das Überleben gegenüber dem Drang, sich zu artikulieren, und Diktatur ist eine praktische Möglichkeit. Bei wirtschaftlicher Entwicklung trifft dies nicht mehr zu.

Der Kommunismus versuchte, wirtschaftliche Entwicklung, beträchtlich, obwohl unvollkommen, mit Unterdrückung zu verbinden, und diese Kombination war nicht existenzfähig. Stark ungünstige Faktoren können, wie bemerkt werden sollte, im Kapitalismus Unterdrückung, Totalitarismus, erzeugen und entwikkeln. Das war klar in Italien und Deutschland in den Jahrzehnten zu sehen, die auf den Ersten Weltkrieg folgten und zu Mussolini und Hitler führten. Die Gefahr mag bestehen, während dies geschrieben wird, in der wirtschaftlichen Unordnung des nachrevolutionären Rußland. Das bestätigt nur die Aussage: Wirtschaftliche Entwicklung ist ein Fundament der Menschenrechte.

Es ist bemerkenswert, daß die große Revolution der achtziger und neunziger Jahre in der Sowjetunion und in Osteuropa fast keine Menschenleben kostete. Die Revolution 1917 war außerordentlich blutig gewesen; dagegen verlief die letzte fast völlig friedlich. Die Toten, die diese Zeit forderte, wurden nicht durch den Übergang vom Kommunismus zu einem alternativen Wirtschaftssystem verursacht; sie waren die Folge nationaler, ethnischer und religiöser Konflikte zwischen Völkern, denen nun das Recht auf Selbstbestimmung gegeben wurde. Diese Kräfte, und nicht die Bewegung weg vom Kommunismus, waren der Brennpunkt der Unordnung.

Wirtschaftliche Entwicklung wird normalerweise in materiellen Werten gesehen; man erwartet von ihr, daß sie die Menschen mit den Notwendigkeiten und Annehmlichkeiten des Lebens versorgt. In Wirklichkeit, und viel wichtiger, verschafft sie dem Leben selbst ein bestimmtes Maß von Sicherheit. Das Rußland von 1917 war ein armes Land; da sie arm waren, konnten die Menschen überredet werden, sich gegenseitig entschlossen abzuschlachten. 1989 und in den darauffolgenden Monaten schloß der wirtschaftliche Fortschritt in der Sowjetunion, wie unvollkommen er auch immer war, wenigstens zeitweise ein derartiges Verhalten und einen solchen Horror weitgehend aus für jene, die in Gefahr waren.

Die Geschichte der zweiten russischen Revolution ist nicht vollendet, während dies geschrieben wird. Ebensowenig jene der anderen Staaten, die einst die Sowjetunion gebildet hatten. Sie wird, das kann man schon sagen, nicht als überwältigender Beweis menschlicher Intelligenz gefeiert werden. Es war ein Übergang, der Beherrschung erfordert hätte, sorgfältige Analyse und vor allem Nachdenken. Statt dessen gab es Aktionen, die sich an Metaphern und Heilslehren orientierten.

Die Hoffnung war, daß eine plötzliche, dramatische Veränderung – eine Schocktherapie – die magische Wandlung zum Kapitalismus bringen würde. Eine kurze Zeit des Schmerzes, und das neue System würde erfolgreich errichtet sein. Zahlreiche Leute, einschließlich einer beachtlichen Zahl westlicher Berater, glaubten, daß dieses nicht die gemischte Wirtschaft Westeuropas, der Vereinigten Staaten und anderer Staaten in der entwickelten Welt sein sollte, sondern lieber der idealisierte Kapitalismus der freien Unternehmen von Friedrich von Hayek, Ludwig von Mises und Milton Friedman. Ideologisch motivierte Gelehrte aus dem Westen fanden Verbündete in enthusiastischen Konvertiten im Osten.

Das wäre nicht mein Konzept oder Ziel gewesen; auf einem Treffen mit europäischen Sozialisten 1990 in Brüssel und später bei weniger offiziellen Anlässen stemmte ich mich heftig dagegen. So ein gigantischer Wandel, erklärte ich, sollte durch Denken geleistet werden, nicht durch eine Doktrin. Zuerst wiederhergestellt und an den Markt gebracht werden solle die Konsumgüterindustrie, die Dienstleistungen und, wenn möglich, die Landwirtschaft; alles, was im Sozialismus schlecht funktioniert hat. Eine Gruppe engagierter Unternehmer, viele schon in verantwortlicher Position, stand bereit, um die Aufgabe zu übernehmen. Die großen Industrien sollten schrittweise in den Markt zurückgeführt werden, erst nachdem man sich alternative Formen von Unternehmenseigentum und -leitung ausgedacht hätte. In der Zwischenzeit sollten die Renditen kontrolliert und die grundlegenden Lebenshaltungskosten beschränkt werden, eine solide Bemühung, um das Leiden des Übergangs zu verringern. Vor allem sollte eine mächtige internationale Hilfe zur Verfügung stehen, gespeist aus den früheren und inzwischen überflüssigen Rüstungsausgaben des kalten Kriegs.

Dies alles sollte nicht sein. Was vorgeschlagen wurde und was dann stattfand, hätte kaum ein besseres Rezept dafür sein können, wie sowohl der Kapitalismus als auch die Demokratie in Verruf gerieten. Der große antikommunistische Aufstand nahm von der Welt die schreckliche Bedrohung, die in den gegnerischen Systemen des kalten Kriegs steckte. Aber es gibt noch eine dunklere Seite, die zutage treten sollte und über die berichtet werden muß.

24

Das ungewisse Wunder

Der Anfang der neunziger Jahre wurde, nicht überraschend, von der Revolution in der Sowjetunion und in Osteuropa beherrscht. Ein unvollkommenes Wirtschaftssystem war beseitigt und gewissermaßen durch überhaupt kein System ersetzt worden. Die bestimmende Tatsache schien jedoch offensichtlich: Der Kommunismus hatte versagt – und dort, wo er überlebte, wie in China, unterzog er sich einer wesentlichen Wandlung. Der Kapitalismus, das Marktsystem, triumphierte. An Reden zu diesem Thema mangelte es nicht; nichts nährt die Redekunst so sehr wie Allgemeinplätze.

Die Redekunst wurde in diesem Fall allerdings mehr als üblich übertrieben. Der Kapitalismus, besonders in der Form, in der er sich in den Vereinigten Staaten darstellt, aber auch in Westeuropa und Japan, stieß, wie wir gesehen haben, ebenfalls auf Schwierigkeiten. Es gab, neben vielem anderen, die andauernde Rezession.

Zu sagen, daß eine Rezession andauert, heißt, sich widersprechende Begriffe zu benutzen. Eine Rezession wird als zeitweilige Abweichung von der Norm betrachtet – von der Vollbeschäftigung arbeitswilliger Arbeiter und einer stetigen Steigerung des Produktionsausstoßes. So sah es aber nicht aus, als dieses Buch entstand.

Angefangen im Sommer 1990 in den Vereinigten Staaten, gab es eine gedämpfte wirtschaftliche Lage, die Arbeitslosigkeit war hoch, sie erreichte mehr als sieben Prozent der Erwerbstätigen zuzüglich der vielen, die die Suche nach einem Arbeitsplatz aufgegeben hatten und nun in den Statistiken nicht mehr aufgeführt wurden. Wirtschaftliche Stagnation und eine hohe Arbeitslosenquote blieben während der folgenden Monate bestehen und wurden eine dauerhafte Erscheinung. Die Rezession breitete sich nach Westeuropa und Japan aus. Ich habe einen nicht unbeträchtlichen Teil meines Lebens vor Ausschüssen des Kongresses verbracht. Nun, mit der Rezession, wurde wieder nach mir gerufen. Welches waren ihre Gründe? Welche Medizin gibt es? Ich ließ mich auf den Glauben nicht ein, daß die Wirtschaft, wenn man sie sich selbst überließe, schon bald wieder in Ordnung komme.

Ein wesentlicher Beitrag von John Maynard Keynes zum wirtschaftswissenschaftlichen Denken war, zu erklären, daß die moderne Wirtschaft ein Gleichgewicht bei Unterbeschäftigung und geringer Leistung erreichen könne. Dieses war eine lebendige Tatsache in der Zeit der Großen Depression. Nun, bei der Betrachtung des Weltschauplatzes sechzig Jahre später, konnte man den Lohn der Geschichte erkennen: Es ist klar, daß, was früher geschehen ist, wieder geschehen kann.

Wie bemerkt, lautet die anerkannte wirtschaftliche Norm hohe Beschäftigung und eine lohnende Rate des Wirtschaftswachstums. Von einer anderen Tendenz zu sprechen ist unerhört pessimistisch. Vielleicht ist es sogar wirtschaftlich schädlich. Politiker und selbst Gelehrte sollten Vertrauen zeigen; die Wirtschaft sollte von allen Verantwortlichen positiv betrachtet werden. Wirtschaftlicher Pessimismus (und nichts könnte pessimistischer sein als die Idee eines Unterbeschäftigungs-Gleichgewichts) zerstört das Vertrauen und hemmt die Nachfrage der Konsumenten und die Investitionen in der Industrie. Er ist, auf eine unschuldige Weise, subversiv. Nichtsdestoweniger dauerte die »Rezession« 1993, als dieses Buch geschrieben wurde, schon drei Jahre und länger, und die Möglichkeit eines depressiven Gleichgewichts hinsichtlich der Arbeitslosigkeit kann nicht länger ignoriert werden. Trotzdem ist es notwendig, zwischen den Ursachen zu unterscheiden, die offenkundig zeitlich befristet, und jenen, die möglicherweise von Dauer sind.

Es gab wirtschaftliche Hinterlassenschaften der achtziger Jahre, die in ihrer Wirkung von Natur aus zeitlich befristet waren; während sie die Rezession sowohl beschleunigten als auch vertieften, befreiten sie mit der Zeit die Wirtschaft von ihrem depressiven Einfluß. Daher wurde dieses Jahrzehnt zu einer Periode massiver Spekulation auf den Finanzmärkten und besonders auf dem Immobilienmarkt. Der Immobilienboom von Florida in den zwanziger Jahren feierte Wiederauferstehung in fast allen großen Städten des Landes, und die Banken, kleine, große und sehr große, zogen mit und finanzierten ihn. Nach dem Zusammenbruch dieser Spekulation, wie alle Spekulationen einmal zusammenbrechen, blieb ein wirtschaftliches Wrack zurück – leerstehende Bürogebäude, eine aufgeblähte Bauwirtschaft, Banken, überhäuft von notleidenden Darlehen und gebeutelt von neu aufgedeckten Führungsfehlern, und eine überaus restriktive Vergabe neuer Kredite.

Zu den depressiven Effekten des Bankensystems und der Spekulation, die es finanziert hatte, kam, noch besser sichtbar, die negative Wirkung der Spar- und Darlehensvereine, abgekürzt die berüchtigten S & L. Diese waren ebenso wie die Fluglinien einige Jahre zuvor in Verfolgung des Regierungs-Grundsatzes von der Regulierung befreit worden. Aber als beredtes Beispiel dafür, wie unterschiedlich soziale Anliegen sein können, aus denen soziale Aktivitäten entstehen, sogar Sozialismus, wenn es zugunsten der Wohlhabenden ist, war den S & L ein direkter Zugang zu öffentlichen Mitteln ermöglicht worden durch die staatliche Garantie ihrer Einlagen. So ausgestattet, gaben sie sich einem beispiellosen Spekulationsrausch hin, der mit einer keineswegs feinsinnigen Mischung aus Pflichtverletzungen und unumwundenem Diebstahl verknüpft war. Vorschläge, die Regulierung wiedereinzusetzen, wurden von Angehörigen der Reagan-Regierung entschieden zurückgewiesen.

Das unvermeidliche wirtschaftliche Ergebnis aus dem folgenden Zusammenbruch und Skandal bestand nicht nur in einem verringerten Kreditangebot für Hausbau und -kauf, sondern auch in einem Überhang von Immobilien, die den Unternehmen gehörten, die die Regierung übernommen hatte, um sie abzuwickeln.

Mit der Zeit werden die depressiven Wirkungen der Immobilienspekulation, der Banknöte und der S & L-Katastrophe zu Ende gehen. Ein neues Vertrauen wird sich bilden, und die nächste Episode spekulativer Euphorie wird anbrechen. So ist es gewesen, so wird es sein. Die Zeit heilt alle Wunden.

Ein ähnliches Beispiel für die heilenden Kräfte der Zeit ist die Fusions-und-Kauf- sowie die Leveraged-buyout-Manie*. Sie wirkten ebenfalls depressiv, wenn auch nicht dauerhaft.

Es ist hinreichend beschrieben worden, daß in einem modernen Großunternehmen die Befehlsgewalt unter normalen Umständen in den Händen des Managements liegt. Und alle anerkannten Lehrmeinungen gehen – ohne Zweifel zu Recht – davon aus, daß das wichtigste Ziel eines Industriebetriebs die Maximierung des Gewinns ist. Die große Fusions-und-Kauf-Manie der achtziger Jahre in ihren unterschiedlichen Erscheinungsbildern resultierte aus dem Wunsch, den Gewinn zu wahren und zu vergrößern und ebenso das Ansehen und die Macht der Manager – des Vorstands. Ähnlich schützten die Leveraged buyouts das Management vor internen Gegnern – vor denen, die auf der Suche nach eigenem Wohlstand und Beförderung die Positionen, das Ansehen und die Gewinne des bestehenden Vorstands bedrohten. (Leveraged buy-

* Leveraged buyout: Firmenaufkauf mit einem hohen Anteil von oder gänzlich mit Fremdkapital, teilweise unter Einbeziehung des Managements der Firma, die übernommen werden soll; Anm. d. Red.

outs bescherten auch Investmentbankern und Rechtsanwälten, die diesen Prozeß anschoben, finanzierten oder leiteten, satte Gewinne.)

Das gängige Ergebnis der Fusions-und-Kauf-Aktionen und der Leveraged buyouts war die Vergrößerung der Unternehmensschulden. Geld wurde geliehen, um die Anteile der Unternehmen zu kaufen, die ins Auge gefaßt worden waren, oder um präventiv Aktien zu kaufen, die Konkurrenten Befehlsgewalt und damit Gewinn und Ansehen hätten verleihen können. In beiden Fällen konnten die Aktienverkäufer mit einem zeitweiligen Geldgewinn rechnen; langfristig wurden die neu erworbenen Firmen und die Firma, die von ihrem Management aufgekauft worden war, mit den Schulden aus diesen Aktionen belastet. Die Bedienung der Kredite hatte wiederum eine stark depressive Wirkung. Investitionen mußten beschnitten werden, besonders die, die langfristig angelegt waren wie die in Forschung und Entwicklung.

Wenig erfolgversprechende Unternehmensteile wurden verkauft oder geschlossen. Die Gehaltslisten wurden aggressiv gestrafft und so die ohnehin schon wachsende Arbeitslosigkeit erhöht.

Mit der Zeit verlieren auch diese nachteiligen Wirkungen an Einfluß. Die Forderungen aus Schulden verringern sich, die Zuversicht in neue Investitionen steigt, Beschäftigung und Einkommen nehmen zu.

Die Junk-bond-Episode* der achtziger Jahre wird ähnlich kurze Nachwirkungen haben oder hatte sie vielleicht schon. An dieser Verirrung war nichts Bemerkenswertes; einfach gesagt, war wieder einmal erkannt worden, daß einzelne oder Institutionen, die gut bei Kasse sind oder in anderer Form Geld besitzen, Wertpa-

* Junk bond: Schuldverschreibung, in den USA aufgrund des hohen Risikos hochverzinst. Junk bonds werden üblicherweise verwendet, um Firmenaufkäufe zu finanzieren; Anm. d. Red.

piere kaufen ohne Rücksicht auf das Risiko, wenn die Zinsgewinne hoch genug sind. Für Junk bonds waren diese Gewinne sehr hoch, sie betrugen mehr als fünfzehn Prozent; wenn man davon ausging, daß es keine Verluste geben würde, waren sie sehr attraktiv. Die Möglichkeit von Verlusten wurde ignoriert. Investmentbanker, allen voran die damals so bewunderte Firma von Drexel Burnham Lambert, unterschrieben die Schuldverschreibungen, das heißt, sie akquirierten sie, um sie einem weitgehend ahnungslosen Publikum zu verkaufen. Als, wie immer, der Tag der Abrechnung kam, brach der Markt für Schuldverschreibungen zusammen, und die weniger Glücklichen standen da mit wertlosen Papieren. Drexel Burnham Lambert machten Bankrott; ihr herausragendster und reich belohnter Spekulant, Michael Milken, landete im Gefängnis. Für die Wirtschaft insgesamt gab es einen weiteren depressiven Effekt durch jene, die frisch verarmt übrigblieben, aber dies wird auch, wie so vieles andere, mit der Zeit vergessen werden.

Dieses waren die direktesten und deutlichsten Ursachen für die Rezession Anfang der neunziger Jahre, und in ihnen liegt die Hoffnung begründet, daß sie sich als ein befristetes Phänomen erweisen wird. Die Erinnerung an die Episode der großen Spekulation verblaßt. Der Geist der Finanzwelt wendet sich von der Vergangenheit ab und dem nächsten Erfolg zu.

Konkreter, Schulden werden getilgt durch Nichtzahlung oder in dem Maß, in dem die Firmenzusammenbrüche ihren Lauf nehmen. Leere Bürogebäude finden schließlich wieder Mieter. Banken, die ihre notleidenden Kredite abgeschrieben haben, vergeben wieder neue Kredite. Dieses alles ist Teil einer gesicherten Erfahrung. Das ist es weitgehend, was dem Begriff Konjunktur Bedeutung gibt. Das ist es, warum das Wort »Rezession« eine Nebenbedeutung besitzt, und zwar die einer *befristeten* Abweichung von einer besseren Norm.

Wenn man sich jedoch die Nachwehen der achtziger Jahre und die Bedingungen Anfang der neunziger Jahre betrachtet, gibt es eine weniger günstige Möglichkeit. Vielleicht haben die amerikanische Wirtschaft und die Weltwirtschaft eine neue Phase in der wirtschaftlichen Entwicklung erreicht; vielleicht gibt es die bereits erwähnte Tendenz innerhalb einer Volkswirtschaft, ihr Gleichgewicht nicht bei Vollbeschäftigung und einer hohen Rate des Wirtschaftswachstums zu finden, sondern, in Abwesenheit umfangreicher staatlicher Maßnahmen, auf einem Niveau mit hoher Arbeitslosigkeit und einer geringen Wachstumsrate.

Diese Möglichkeit kann teilweise bis zur Verteilung der Einkommen verfolgt werden. Unter sozialen Gesichtspunkten ist eine leidlich gleiche Verteilung der Einkommen traditionell gefordert; sie ist eine Frage der Fairneß und Ausdruck sozialer Gerechtigkeit. Eine derartige Überlegung aber wird heftig verurteilt und ohne Umschweife zurückgewiesen von jenen, die einem konservativeren, politisch vorsichtigeren Glauben anhängen. Für sie verletzt dieser Gedanke das Prinzip, wonach das, was man bekommt, entweder ein Menschenrecht ist oder ein notwendiger Anreiz; er zerstört und verdrängt eines der hohen Prinzipien der Marktwirtschaft.

Nicht erwähnt wird in dieser anhaltenden und oft hitzigen Debatte die Möglichkeit, daß eine höchstgradig ungleiche Einkommensverteilung unzweckmäßig sein kann im Hinblick auf die Leistungsfähigkeit des Wirtschaftssystems. Das kann gut der Fall gewesen sein in den Vereinigten Staaten in den letzten Jahren.

Wenn Einkommen gleich verteilt ist, gibt es typischerweise kaum Fragen hinsichtlich seiner letztlichen Verwendung. Entweder wird es ausgegeben oder gespart, investiert und so angelegt. Es gibt keine umfangreichen Gelder, die zurückgehalten werden, weil niemand oder nicht viele über genügend Einkommen verfügen, um sich an Kapitalanhäufungen zu beteiligen.

Die Vereinigten Staaten wiesen in jüngster Zeit eine ungleiche

Einkommensverteilung auf, und die Ungleichheit wuchs weiter. Paul Krugman schätzt, daß in den achtziger Jahren »70 Prozent des Anstiegs des durchschnittlichen Familieneinkommens dem 1 Prozent aller Familien mit dem höchsten Einkommen zufiel. (...) Das 1 Prozent der Familien mit den höchsten Einkommen bezieht insgesamt 12 Prozent des gesamten Einkommens vor Steuern, während das wohlhabendste 1 Prozent der Familien etwa 31 Prozent des Nettowerts hat.«[75]

Die typische Folge dieser Konzentration von Einkommen und Wohlstand ist die schädliche Unzuverlässigkeit von deren Verwendung. In den etablierten und orthodoxen Wirtschaftswissenschaften werden Ersparnisse nicht weniger verläßlich investiert und ausgegeben als das Geld, das in den Supermarkt getragen wird. Im wirklichen Leben muß Geld, wenn es in großen Stücken an einzelne geht, weder ausgegeben noch investiert werden. Es kann auch in flüssiger Form aufbewahrt werden; etwas davon könnte, wie in den achtziger Jahren, durch sinnloses Schuldenmachen absorbiert werden so wie das Geld, das benutzt wurde, um Fusionen und Firmenkäufe und Leveraged buyouts zu finanzieren.

Mit der Rezession und ihren Nachwehen entsteht eine weitere Beeinträchtigung für Ausgaben und Investitionen. Als Ergebnis der wirtschaftlichen Unsicherheit wächst der Zwang, persönlich flüssig zu sein. Das Einkommen wird ausgezahlt; aber es fließt nicht zurück in Verbraucherkaufkraft oder Investitionen. Die Armen geben aus, was sie in guten und in schlechten Zeiten erhalten. So verfahren, insgesamt gesehen, auch die Bezieher mittlerer Einkommen. Die Reichen haben die Wahl. Wenn sie ihr Geld weder ausgeben noch investieren, entsteht ein neues Gleichgewicht durch die geringere Nachfrage. Um die Vollbeschäftigung zu erhalten, gibt es in diesem Fall keine Alternative zur Unterstützung durch Staatsausgaben – zum Defizit.

Dieses geschah ohne Absicht in den achtziger Jahren. Die Steuersenkung steigerte generös das Einkommen der Reichen; ebenso die Spekulation. Um das von ihnen so wirkungslos angehäufte Einkommen auszugleichen, verschuldete sich der Staat in einer Höhe von 128 bis 221 Milliarden Dollar. (Zuvor, unter Präsident Carter, hatte das Defizit zwischen 40,2 und 79 Milliarden Dollar gelegen.) Nichts unterschied Präsident Reagan mehr von seinen Vorgängern als sein Beitrag zum Schuldenmachen. Ohne diese staatliche Unterstützung für die Wirtschaft als Ausgleich für die untätigen, nicht ausgegebenen Einkommen – ein guter Teil bestand in den Staatsausgaben für die Aufrüstung – wäre das Wirtschaftswachstum sehr viel geringer ausgefallen und die Arbeitslosigkeit sehr viel höher. Reagans Wiederwahl zum Präsidenten wäre ohne die sieben fetten Jahre nicht erfolgt. Die Rezession, die auf den Zusammenbruch des Spekulationsbooms der achtziger Jahre folgte, wäre ohne diese Unterstützung erheblich ernster ausgefallen.

Nichts davon ist groß diskutiert worden. Es bleibt, um es zu wiederholen, die tiefe Verpflichtung des Staats und der Wirtschaftswissenschaftler auf die Norm der Voll- oder hohen Beschäftigung. Dorthin, so glaubt man, wird die Wirtschaft immer aus eigener Kraft zurückkehren. Oft wird das bildhaft ausgedrückt: »Die Volkswirtschaft kämpft sich ihren Weg frei aus der Rezession.« »Sie kämpft, um sich zu erholen.« Daneben gibt es einen starken Widerstand dagegen, die Einkommensverteilung hinsichtlich ihrer Funktion zu betrachten – als einen Faktor, der auf die Leistungsfähigkeit der Wirtschaft einwirkt.

Es gibt zweifellos ein Problem, wenn man das staatliche Defizit benutzt, um den Fluß der Kaufkraft – der gesamtwirtschaftlichen Nachfrage – zu stärken, und es liegt klar auf der Hand. Falls erforderlich, kann die so gewährte staatliche Unterstützung kurzfristig wirken; aber dann kommt die lange Sicht. Es wird notwendig, einen größeren Teil der Staatseinnahmen zu verwenden, um die nationalen Schulden zu bedienen. Dieser eigentlich fruchtlose

Anspruch ist oder scheint vorrangig zu sein gegenüber gesellschaftlich sinnvolleren Aufgaben des Staats.

Vor dem Hintergrund der Neigung der modernen Volkswirtschaft, bei fehlender staatlicher Unterstützung ihr Gleichgewicht auf einem unangemessenen Niveau der Beschäftigung zu finden, müssen die tieferen Ursachen und damit die Heilmittel aufgedeckt werden. Der Verteilung und Verwendung des Einkommens gebührt mit unabwendbarer Notwendigkeit die Aufmerksamkeit des Staats. Es gibt, wie ich gesagt habe, einen sozialen Grund für die Gleichverteilung der Einkommen, diese ist aber auch notwendig, damit die moderne Marktwirtschaft wirksam funktioniert. Es sollte niemanden überraschen, daß die Rezession *cum* Depression der neunziger Jahre zuerst in den Vereinigten Staaten auftrat und sich von dort aus in der Welt verbreitete; im Hinblick auf weit gestreutes und daher zuverlässig ausgegebenes Einkommen – das Wesentliche im modernen Kapitalismus – sind wir weit vom besten Zustand entfernt.

Betrachtet man die gegenwärtige Landschaft, so ergibt sich eine weitere Möglichkeit, eine, die in unserer Zeit nur selten erwähnt wird. Im modernen Staatswesen wird eine Rezession mit dauerhafter Arbeitslosigkeit und allgemein niedrigem Wirtschaftswachstum von vielen bevorzugt (und besonders von denen, die ein politisches Mitspracherecht und politischen Einfluß haben) gegenüber einer kräftigen Ausweitung der Beschäftigung und besonders den Maßnahmen, die notwendig sind, um diese zu erreichen.

In der modernen Wirtschaft lebt ein einflußreicher Teil der Bevölkerung in einer relativ sicheren Position, was Einkommen und Verdienst angeht. Es gibt eine große Unternehmensbürokratie. In schlechten Zeiten wird viel geredet über die Arbeiter, die entlassen werden; wenig erwähnt wird die bequeme Position derjenigen, die sie hinauswerfen. Außerdem gibt es die große staatliche

Bürokratie und die zahllosen Geistesarbeiter: Ärzte, Rechtsanwälte, Akademiker, Wirtschaftsprüfer, die Liste ist fast unendlich lang. Auch in dieser Gruppe wird eine Rezession nicht als so schlimm empfunden oder gefürchtet; für viele und vielleicht die meisten Selbständigen sind Position und Bezahlung sicher, und die stabilen Lebenshaltungskosten in einer Rezession sind nicht unwillkommen.

Außerdem gibt es noch die große Zahl derer, die von sozialer Unterstützung oder Renten leben, und sie berührt Arbeitslosigkeit weder positiv noch negativ und daher genausowenig Rezession oder Stagnation. Unter solchen Bedingungen werden ihre festen Einkommen weniger von der Inflation bedroht. Arbeitslosigkeit wird zwar bedauert, aber weniger, wenn sie Unbekannte trifft. Vielen Arbeitgebern steht in Zeiten hoher Arbeitslosigkeit ein sehr viel arbeitswilligeres, einsatzfreudigeres, sich weniger widersetzendes, stabileres Arbeitskräfteangebot zur Verfügung.

Besonders Unterbeschäftigung wird den Maßnahmen vorgezogen, die sie bekämpfen könnten. Die Staatsausgaben gegen die Arbeitslosigkeit kämen zum Defizit hinzu, und daraus könnte das Gespenst einer künftigen Steuererhöhung entstehen. Niedrige Zinssätze, selbst wenn sie gegen Rezession und Arbeitslosigkeit nicht sonderlich wirkungsvoll sind, sind nachteilig für Zinseinkommen. Sie senken auch die Preise, zu denen die Banken ihre Leistungen verkaufen, besonders die Preise für Kredite. Der Einfluß der Banken und der Zentralbank wird, im Schutz scheinbarer Neutralität, normalerweise genutzt, um sich gegen sogenanntes »leichtes Geld« auszusprechen. Langfristig angelegte Maßnahmen, um die wirtschaftlich unzweckmäßige Verteilung der Einkommen zu korrigieren, wären bei allen höchst unwillkommen, die davon betroffen wären.

Es ist in einer Welt wie heute nicht möglich, den Anschein zu erwecken, daß man von Arbeitslosigkeit profitiert. Dies offen auszusprechen, würde als überaus exzentrisch empfunden. Die

Tatsache bleibt bestehen, und sie übt einen mächtigen Einfluß auf die staatliche Politik aus: Für einen großen und sehr einflußreichen Teil der Bevölkerung eines modernen Industriestaats ist das Unterbeschäftigungs-Gleichgewicht keine nachteilige Erscheinung und, um es zu wiederholen, zieht dieser Teil es Gegenmaßnahmen vor. Dieses Phänomen wirft ebenfalls einen Schatten auf das Wunder des modernen Kapitalismus.

25

Das letzte Kapitel

Ich komme ans Ende der Reise. Wenn man die derzeitige Landschaft betrachtet, ist nicht alles schwarz oder grau. Die große Konfrontation zwischen Kommunismus und Kapitalismus, die die gesamte Welt erfaßt hatte, gehört der Vergangenheit an. Man muß nur noch einmal die Geschichte der Dulles- und Kennedy-Jahre lesen, um zu erkennen, aus welcher Gefahr die Welt gerettet wurde und wie viele Menschen in den Vereinigten Staaten und sicherlich ebenso in der Sowjetunion ihre hohen Positionen ihren ausgeklügelten Plänen der verschiedenen Strategien der gegenseitigen und umfassenden Vernichtung verdanken.

Haben wir vergessen, daß sowohl unter der Regierung Eisenhower als auch unter der Regierung Kennedy das Volk angewiesen wurde, Bunker gegen die Atombombe und den radioaktiven Niederschlag zu bauen, alles für den Tag der Apokalypse? Als ich von Präsident Kennedy nach meiner Meinung gefragt wurde, half ich, ihn davon zu überzeugen, daß er sein Veto einlegte gegen die Veröffentlichung einer kleinen illustrierten Broschüre, in der gezeigt wurde, wie man einen Bunker im Hinterhof gräbt, und in der eine nette amerikanische Familie abgebildet war, die vor der nuklearen Gefahr in ihrem Boot floh. Jene, die in dreistöckigen Mietshäusern wohnten oder in Hochhäusern, hatten keine derartige Chance.

Mitte der neunziger Jahre gibt es die andauernde und schwere Bedrohung durch Armut und politische Wirren in Osteuropa und in der früheren Sowjetunion in den Nachwehen der Revolution. Dies könnte in den kommenden Jahren den Frieden dort und in der ganzen Welt gefährden. Und Frieden in den armen Ländern unseres Planeten ist so sehr eine Ausnahme wie die Regel. Darauf muß ich genauer eingehen.

Der Gegensatz zwischen den begünstigten Ländern und jenen, die es nicht sind, ist ein beherrschender Fakt in der heutigen Welt. Er kann sich verschärfen, wenigstens insoweit er von der Hilfe der Reichen für die Armen abhängt. Diese Hilfe war in der Vergangenheit, besonders seitens der Vereinigten Staaten, eine Folge des kalten Kriegs. Sie war das Ergebnis einer weniger als angenehmen Allianz zwischen den Besorgten und den Paranoiden – zwischen denen mit dem ernsten Wunsch zu helfen und jenen, die in einer solchen Hilfe eine Verteidigung gegen die Ausbreitung des sowjetischen Einflusses und des Kommunismus sahen.

Jetzt nicht mehr: Diese Allianz ist für immer vorbei. Hilfe für die Armen ist heute nur noch eine Frage der Sorge und des Gewissens. Sie dringt in die Kultur der Zufriedenheit ein und beschwört das Risiko einer höheren Besteuerung, ein Thema, dem ich mich gleich widmen werde.

Ein paar glückliche Länder, die schon erwähnt wurden – Taiwan, Korea, Singapur, Thailand, Malaysia, Indonesien, in großem Umfang China und in gewissem Umfang Indien –, sind der völlig desolaten Armut der Vergangenheit entronnen. Für andere, besonders in Afrika, reichen die Aussichten von hart bis entsetzlich. Es muß den Druck von Menschen mit gutem Willen geben, damit die Hilfe weiterläuft, mit, wie bereits ausgeführt, besonderer Betonung der Ausbildung – Investitionen in Menschen. Ohne das Gespenst des Kommunismus wird dies allerdings nicht ganz einfach sein.

Gleichzeitig muß eine der katastrophalen Hinterlassenschaften des kalten Kriegs ein Ende finden, nämlich die Versorgung der armen Länder mit Waffen und der Waffenhandel ganz allgemein. Die Aufrüstung der armen Nationen als Instrument gegen die sowjetische Macht und den Kommunismus war schon immer völlig sinnlos. Heute ist die Sinnlosigkeit der Militärhilfe komplett. Und sie bindet Ressourcen, die dringend für wirtschaftliche Entwicklung und, mehr noch, als Alternative gegen den Hungertod gebraucht werden. Die Aufrüstung heizt Konflikte an, die sowohl für die Menschen als auch für die Wirtschaft und den sozialen Fortschritt überaus schädlich sind.

Was den sozialen Fortschritt angeht, muß es künftig einen anderen Blick geben auf die Souveränität der einzelnen Nation, die bis heute und besonders in der postkolonialen Ära als unantastbar gilt. Als solche hatte sie als Schutzschild für grausame und gesellschaftlich verheerende interne Konflikte herhalten müssen, alle begangen unter dem Schutz der nationalen Souveränität.

Das kann so nicht weitergehen. Es muß möglich sein, daß Souveränität zeitlich befristet von einer internationalen Autorität aufgehoben wird, wenn es notwendig ist, ein Blutbad in einem Land zu stoppen. Das muß, unnötig zu sagen, von den Vereinten Nationen getan werden; es ist nicht das Recht oder die Verpflichtung eines einzelnen Staats, auch nicht der Vereinigten Staaten. In Somalia und in zögerlicher Form auf dem Balkan, ist diese internationale Verantwortung bereits offenkundig geworden, während dieses Buch entsteht. Sie muß weiter gelten, nicht als Ausnahme, sondern als normale Reaktion auf unbeschreibliche Gewalttaten. Es ist nicht das souveräne Recht eines Landes, ein anderes anzugreifen; kein Staat hat mehr das Recht, das eigene Volk umzubringen.

Ungeachtet der Hilfe und internationaler Interventionen, um Konflikte und Bürgerkriege zu stoppen, wird der Gegensatz zwischen den Reichen und den Armen bleiben.

Ich wende mich nun wieder dem begünstigteren Teil der Welt zu.

Der herrschende Kapitalismus, wie er in Europa, den Vereinigten Staaten und anderen englischsprachigen und pazifischen Staaten existiert, ist ein im Grundsatz friedliches System. Und das wird er auch bleiben, abgesehen von den Spannungen, die auftreten aufgrund einer längeren Depressionsphase.

Die moderne, fortgeschrittene Wirtschaft ist einerseits friedlich, weil, wie hinreichend beschrieben, der glücklichere Teil der Bevölkerung etwas zu verlieren hat. Die Reichen oder die Menschen im reinen Überfluß sehen sich wie das Kamel vor dem biblischen Nadelöhr und setzen sich nicht leichtfertig dem Risiko ihres persönlichen Ablebens aus. Die Armen lassen sich eher darauf ein oder haben keine Alternative. In der Zeit des Vietnamkriegs bildeten die glücklicheren jungen Leute an den amerikanischen Universitäten den Kern des Widerstands. Ebensowenig zeigen sie heute große Begeisterung, sich zum Dienst in der Armee zu melden. Der Dienst sei etwas, wie man glaubt, für die weniger vom Glück Begünstigten, die Minderheiten und die Armen, ein Thema, dem ich eine gewisse Aufmerksamkeit gewidmet habe.[76]

Genereller, das moderne Wirtschaftsleben überschreitet nationale Grenzen, um eine umfangreiche und verschlungene Verbindung herzustellen, die ein wirksames Zersetzungsmittel gegen den aggressiven und rückschrittlichen Nationalismus darstellt. Handel, Investitionen, Kommunikation, Reisen und transnationale Unternehmen dienen alle diesem Zweck. Daraus ergibt sich die erste Dialektik unserer Zeit.

Einerseits gibt es einen breiten Vorstoß zur engeren wirtschaftlichen und politischen Einheit. Das wird in seiner am weitesten entwickelten Form in Europa deutlich, in der EU, der Europäischen Union, mit ihrer irgendwie rudimentären Regierung in Brüssel, aber es gibt auch die Nordamerikanische Freihandelszone (NAFTA) und eine noch in den Anfängen steckende Entwicklung wie zwischen den asiatischen Pazifikländern und Australien.

Diesem Trend wirkt nun die soziale und wirtschaftliche Funktion des modernen Staats entgegen. Die Gewährleistung von medizinischer Versorgung, Bildung, Wohnung und vielem mehr und damit der Haushalt, die Besteuerung, die makroökonomische Politik und die Aufrechterhaltung des Beschäftigungsniveaus liegen in der Verantwortung der einzelnen Regierungen. Diese Bemühungen variieren stark in ihrem jeweiligen Geltungsbereich, in den Kosten und Fähigkeiten und hinsichtlich der staatlichen Leistungen und der Wirkung der Steuerpolitik, inklusive des Haushaltsdefizits.

So ist die Dialektik. Auf der einen Seite steht der starke Aufruf zu einer größeren politischen und wirtschaftlichen Gemeinschaft – Großbritannien, Frankreich und Deutschland nicht länger im Konflikt miteinander, sondern in enger, harmonischer, zivilisierter und politisch sicherer Verbindung miteinander und mit anderen europäischen Staaten. Auf der anderen Seite stehen die sozialen Aufgaben und die Verantwortung der einzelnen Nationen und, wie gesagt, die damit verbundenen unterschiedlichen makroökonomischen Leistungen hinsichtlich Haushalt, Steuern, Ausgaben und Schulden. Dem Verlangen nach einem größeren Zusammenschluß widersetzt sich auch das althergebrachte und andauernde Gefühl für die Identität der Sprache und der Nation.

Das sind keine Dinge, die einer entfernten, vielleicht gestaltlosen Regierung der Union bereitwillig übergeben werden. Der Konflikt zwischen den Befürwortern der Vereinigung und den Befürwortern der souveränen Staaten ruft intensive Debatten und große Meinungsverschiedenheiten hervor. Am meisten unter Beschuß steht der Plan einer einheitlichen Währung. Das ist ein sehr attraktives Ziel, aber eines, das definitiv zurückgestellt werden muß, bis die Wirtschafts- und Sozialpolitik und damit die Finanzpolitik der einzelnen Staaten koordiniert werden. Ohne eine solche Koordination ist eine gemeinsame Währung ein äußerlich überwältigender, aber müßiger Traum.

Die Debatte über die NAFTA in den Vereinigten Staaten und in Kanada dreht sich sehr viel grundsätzlicher um das Ausmaß, in dem innenpolitische gesellschaftliche Aufgaben, besonders Beschäftigung, Umwelt und andere nationale Fragen, einer größeren, politisch zivilisierten Vereinigung geopfert werden sollen mit offenkundigen Vorteilen für einflußreiche wirtschaftliche Interessen.

Diese Debatte wird nicht mit der günstigsten Entscheidung enden. Die grundlegende Dialektik – die Rechte der nationalen Souveränität gegen die Vorteile eines engeren Zusammenschlusses – wird in der einen oder anderen Form weiterbestehen.

Die zweite, tiefere Dialektik dieses Jahrzehnts besteht innerhalb des modernen Staats. Früher gab es den alles umfassenden und fortwährenden Kampf zwischen Kapital und Arbeit, den Unternehmern und den arbeitenden Massen. Demokratie war eine dünne Verkleidung für diesen Konflikt; politischer Einfluß wurde auf der einen oder der anderen Seite geltend gemacht, und meistens, ohne Frage, war er auf der Seite der Kapitalisten. Obwohl nie eingestanden, aber immer gewärtig und von allen akzeptiert waren das bärtige Gesicht und der lange Arm von Karl Marx. Kapital und Arbeit, Kapital gegen Arbeit; was gibt es sonst noch?

Das ist vorbei. Der Kapitalist wurde in der großen Unternehmensbürokratie aufgesogen. Die internationale Konkurrenz hat geschwächt, was früher die augenfällige Macht der Monopole und Oligopole war. Herrschte einst in den Vereinigten Staaten, Kanada, Großbritannien und den anderen älteren Industriestaaten die Angst vor der Macht der Unternehmen, gibt es nun eine tiefe Sorge über die Inkompetenz und Schwäche der Unternehmen. Dies hat das stark verändert, was früher der Klassenkampf war.

Ich habe darüber bereits geschrieben. Eine starke Arbeiterbewegung, starke Gewerkschaften besonders, erfordern starke Arbeitgeber. Werden diese schwächer, werden es die Gewerkschaften auch. Es geht nicht mehr darum, höhere Einkommen anzustreben und zu erhalten. Statt dessen sorgt man sich um das Überleben der Arbeitgeber, und die Arbeiter leisten einen finanziellen Beitrag dazu. Der Klassenkampf hat sich zu einem bleichen Gespenst der Vergangenheit entwickelt.

Es gibt heute statt dessen eine neue und wichtige Dialektik, und zwar die zwischen dem großen wirtschaftlich und sozial bequem lebenden Teil der Gemeinschaft, der mit dem wirtschaftlichen Fortschritt entstanden ist, und jenem Teil, der am Rand oder außerhalb der modernen Wirtschaft lebt.[77]

Jene, die heute Wohlstand mit politischer Macht verbinden, sind die Mehrheit, nicht die Minderheit. Zu der einst mächtigen und immer noch im Überfluß lebenden Gruppe der Finanz- und Geschäftsleute – Manager und Bürokraten, die die Kapitalisten alten Schlags ersetzten und die noch übriggebliebenen Unternehmer – sind in großer Zahl die Akademiker, die Angehörigen der kulturellen Berufe und der Unterhaltungsbranche, die große moderne Klasse der Rentiers und eine riesige Zahl von Ruheständlern gekommen. Hier ist beides versammelt, politischer Einfluß und Wahlstimmen. Hier gibt es, wie bereits gesagt, ein bestimmtes Maß von Zufriedenheit sogar mit einer nur schwachen Wirtschaft. Unter den Unannehmlichkeiten einer Rezession und einem Unterbeschäftigungs-Gleichgewicht leiden andere.

Außerhalb stehen diejenigen, die die unangenehme Arbeit verrichten, in der Dienstleistungsbranche untergekommen sind, unfreiwillig arbeitslos werden oder es aufgegeben haben oder ablehnen, einen Arbeitsplatz zu suchen. Unter den Wohlhabenden wird zweifellos und ernsthaft Betroffenheit ausgedrückt angesichts jener, die außerhalb stehen. Aber es ist die größere Gemeinde der Wohlhabenden, die herrscht, und sie herrscht weitgehend und nicht überraschend im eigenen Interesse. Die Politik wird, wie in den Vereinigten Staaten am deutlichsten zu sehen ist, heute davon dominiert, und zum Teil aus diesem Grund gehen die Außenseiter nicht wählen; es gibt keinen Grund dafür, sich an den Wahlen zu beteiligen, wenn es so wenig auszusuchen gibt unter jenen, die sich um ein öffentliches Amt bemühen.

Der gesellschaftliche und politische Konflikt wird heute und künftig nicht zwischen Kapital und Arbeit ausgetragen; er findet zwischen den so angenehm Beschenkten und den vergleichsweise oder vollkommen Benachteiligten statt. Das muß und wird vielleicht auch nicht friedlich geschehen. Politischer Einfluß und politische Beteiligung heißt das Lösungsmittel gegen soziale Spannungen; steht es nicht zur Verfügung, wird Gewalt zur Alternative. Die Gefahr ist in den Vereinigten Staaten bereits augenfällig. Auch in Europa ist die große stimmlose Unterschicht, die aus dem Ausland herangeholt wurde, um die körperlich anstrengenden und geistig entnervenden Arbeiten der modernen Wirtschaft zu leisten, eine Quelle der Angst für jene, die ihnen aus ethnischen oder anderen Gründen ihre Anwesenheit übelnehmen.

Die Schritte, die notwendig sind, um die Spannung abzubauen oder den Konflikt zu lösen, stehen nicht in Zweifel. Die Wirtschaft muß so reguliert und, wenn nötig, unterstützt werden, daß es ein reichliches Arbeitsplatzangebot gibt. Das erfordert starke makroökonomische Maßnahmen – öffentliche Investitionen und die Schaffung von Arbeitsplätzen –, soweit sie erforderlich sind, um das Unterbeschäftigungs-Gleichgewicht zu brechen. Und es bedeutet Haushaltskürzungen, wenn die Wirtschaft gut arbeitet.

Für jene, für die es keinen Arbeitsplatz gibt, und für jene, die nicht arbeiten können, muß ein soziales Netz existieren, in dem sie aufgefangen werden können, ohne gesellschaftlich verurteilt zu werden.

Außerdem muß es ein effektives Bildungssystem geben; nichts ist so wichtig für sozialen Aufstieg, der wiederum ein erstrangiges Lösungsmittel gegen soziale Spannungen darstellt. Und es muß erkannt werden, daß in keinem Industrieland die Marktwirtschaft den Mietern aus unteren Einkommensschichten gute oder zumindest zumutbare Wohnmöglichkeiten bietet. Und es muß eine allgemeine Gesundheitsversorgung geben und eine Beratung zur Bekämpfung von Drogen- und Alkoholmißbrauch.

Diese Forderungen oder die meisten von ihnen werden nicht großartig diskutiert, sie kommen einem vor wie Gemeinplätze, wenn sie angesprochen werden. Aber allein, wenn man sie nur auflistet, wird klar, daß sie alle nur auf Kosten der öffentlichen Finanzen zu verwirklichen sind. Das ist das Problem: Ehe sie die Kosten übernehmen, ist es für die Gutsituierten viel einfacher, Mängel im Charakter derjenigen zu finden, die zur unteren Klasse gehören, und zunehmend auch Mängel in den Einwanderungsgesetzen und ihrer Anwendung. Und eine soziale Tugend zu entdekken in einem scheinbar prinzipiellen Widerstand gegen die Steuern und den sich einmischenden Staat. Und, wenn Ärger droht, nach mehr Polizei zu rufen und schärferen Gerichtsurteilen oder in die Vororte umzuziehen.

Es liegt in der Natur der Wohlhabendengemeinde, eine auf den eigenen Schutz fixierte, kurzfristige Sicht der eigenen Position an den Tag zu legen. Es muß wiederholt werden, daß es keine wesentliche Maßnahme gibt, um die Armut zu vermindern oder das Leben der Armen zu verbessern und die friedenstiftende soziale Mobilität der Unterschichten zu gewährleisten, die nicht staatliche Aktionen erfordert, obwohl es so wortgewaltige wie scheinbar kluge Argumente für das Gegenteil gibt. Der Zweck des letzteren besteht nicht darin, Lösungen zu finden, sondern die Reichen vor einem schlechten Gewissen und Kosten zu bewahren.

Darum geht es im Hinblick auf das Wirtschaftsleben in Gegenwart und Zukunft. In der Zukunft steht die Aufgabe, einen Ausweg aus dem Konflikt zu finden zwischen der sozialen und wirtschaftlichen Autonomie der einzelnen Länder und dem wirtschaftlichen und politischen Anspruch einer größeren Gemeinschaft. Und sie wird abhängen von dem Ausgang des stillen oder vielleicht gar nicht so stillen Kriegs zwischen der oberen und der unteren Klasse.

Niemand kann heute sagen, wie diese Probleme gelöst werden; jene, die Patentrezepte präsentieren, verlassen die Welt der ernsthaften Tatsachen und Erkenntnisse. Für die Gegenwart muß man sich damit zufriedengeben, die beiden Konflikte zu benennen, die unser Leben in den folgenden Jahren formen werden.

Anmerkungen

1 John Maynard Keynes, Allgemeine Theorie der Beschäftigung, des Zinses und des Geldes, Berlin: Duncker & Humblot, 1955, S. 324. Im ursprünglichen Titel gab es keine Kommas; aber Kommentatoren oder wohlmeinende Herausgeber haben sie hinzugefügt.

2 Barbara W. Tuchman, August 1914, Scherz: Bern, München, Wien, 1964, S. 17

3 Ebenda

4 Eugene D. Genovese, The Significance of the Slave Plantation for Southern Economic Development, in: The Political Economy of Slavery: Studies in the Economy and Society of the Slave South, New York: Pantheon Books, S. 158

5 Die Zahl stammt vom Veterans Administration Office of Public and Consumer Affairs.

6 Marc Ferro, The Great War, 1914–1918, London: Routledge und Kegan Paul, 1973, S. 227

7 Catherine Ruggles Gerrish, Public Finance and Fiscal Policy, 1866–1918, in: Harold F. Williamson (Hrsg.), The Growth of the American Economy, 2. Auflage, New York: Prentice Hall, 1951, S. 639

8 Ebenda, S. 640

9 New York: Harcourt, Brace und Howe, 1920

10 Frank D. Graham; Exchange, Prices, and Production in Hyper-Inflation: Germany, 1920–1923, Princeton: Princeton University Press, 1930

11 John Maynard Keynes, Essays in Biography, London: Mercury Books, 1961, S. 20

12 Zitiert in: R. F. Harrod, The Life of John Maynard Keynes, London: Macmillan, 1954, S. 257

13 Ebenda, S. 256

14 Keynes, Economic Consequences, S. 226 f.

15 Vgl. Graham, Exchange, Prices, and Production, S. 36 f.

16 Wie berichtet von Paul Johnson in: Modern Times: The World from the Twenties to the Eighties, New York: Harper und Row, 1983, S. 134f.
17 Graham, Exchange, Prices, and Production, Tabelle VII, S. 63
18 Diese Pläne waren nach zwei Finanzministern benannt. Sie schienen die Schulden zu reduzieren, ohne dies tatsächlich auch zu tun und vice versa.
19 Vgl. Ernest Ludlow Bogart, Economic History of the American People, New York: Longmans, Grenn und Co., 1930, S. 620
20 Sie wurden »Trusts« genannt, weil individuelle Eigentümer von zwei oder mehreren Unternehmen ihre Anteile in Trust-Zertifikate umwandelten, die ihnen den willkommenen Gewinn aus der Beteiligung an den besseren Erträgen der so geschaffenen Monopole sicherten.
21 John Kenneth Galbraith, Der große Crash 1929. Ursachen, Verlauf, Folgen, München: Wilhelm Heyne, 1988
22 The New York Times, 29. April 1925
23 John Maynard Keynes, Essay in Persuasion, New York: Harcourt, Brace und Co., 1932, S. 246
24 Statistical Abstract of the United States, 1944–45 (U.S. Department of Commerce, Bureau of the Census), Table 893, S. 794
25 Galbraith, Der große Crash, S. 19
26 Frederick Lewis Allen, Only Yesterday, New York: Harper, 1931, S. 282
27 The Congressional Record, 70th Congress, 2nd Session, Part 1, S. 20
28 Ebenda
29 Stock Exchange Practices, Hearings, April–June 1932, Part 2, S. 566f., zitiert in: Galbraith, Der große Crash, S. 78
30 The Commercial and Financial Chronicle, 9. März 1929, S. 1444
31 Vgl. Galbraith, Der große Crash, S. 85
32 Charles P. Kindleberger, The World in Depression, 1929–1939, revised and enlarged edition, Berkeley: University of California Press, 1986, S. 116
33 Robert L. Heilbronner, The Worldly Philosophers, 6th edition, New York: Simon & Schuster, 1986, S. 251 f.
34 United States Department of Agriculture, Yearbook of Agriculture, 1934, Washington D.C., Table 471, S. 706
35 Zitiert nach: Arthur M. Schlesinger jr., The Age of Roosevelt, Band 2: The Coming of the New Deal, Boston: Houghton Mifflin, 1958, S. 27
36 Zitiert nach: Ebenda, Band 1: The Crisis of the Old Order, Boston: Houghton Mifflin, 1957, S. 476

37 W. S. Woytinsky, Stormy Passage: A Personal History Through Two Russian Revolutions to Democracy and Freedom: 1905–1960, New York: Vanguard Press, 1961, S.466

38 New York: Oxford University Press, 1938

39 Kindleberger, The World in Depression, S. 185

40 Wie ich später noch berichten werde, leitete ich für das National Resources Planning Board eine Hauptstudie dieser Programme in den späten dreißiger Jahren, aus der sich eine Veröffentlichung ergab: The Economic Effects of the Federal Public Work Expenditures, 1933–1938, Washington D.C., National Resources Planning Board, United States Government Printing Office, November 1940

41 Boston: Northeastern University Press, 1992. Ich genoß den Vorzug, den Band herauszugeben und die Einleitung zu schreiben.

42 Vgl. Schlesinger, The Coming of the New Deal, S.311. Diesen und andere Einwände habe ich zitiert in: Economics in Perspective, Boston: Houghton Mifflin, 1987, S.217f.

43 Keynes, Open Letter, New York Times, 31. Dezember 1933

44 Vgl. John Kenneth Galbraith, How Keynes came to America, in: Economics, Peace and Laughter, Boston: Houghton Mifflin, 1971, S.43–59

45 Galbraith, The Economic Effects of the Federal Public Works Expenditures, 1933–1938, S.4

46 United States Department of State, Foreign Relations of the United States, Diplomatic Papers, vol. 1 (1933), S.673

47 Diese Zahlen sind entnommen: Galbraith, Economics in Perspective, S.247f. Sie sind auf der Dollar-Basis von 1972 berechnet.

48 Ebenda, S.248

49 Harold Underwood Faulkner, American Economic History, 8th edition, New York, Harper & Row, 1960, S. 701

50 The Effects of Strategic Bombing on the German War Economy, United States Strategic Bombing Survey, 31. Oktober 1945, S.156

51 Ebenda, S.26

52 Japan's Struggle to End the War, United States Strategic Bombing Survey, 1. Juli 1946

53 Sie wurde gegengelesen und vielleicht überarbeitet von Benjamin Cohen, einem von Byrnes Ratgebern, und er erntete später, zweifellos zu Recht, einige Anerkennung für sie.

54 Ursprünglich sah der Plan eine Vermögensabgabe vor. Auf diese Weise wären alle, die feste und unbewegliche Vermögen hatten wie Immobilien

genauso betroffen gewesen wie die weniger Glücklichen, die liquide Mittel in Form von Bargeld oder auf Bankkonten besaßen. Die Idee einer Vermögensabgabe weckte den erbitterten Widerstand der amerikanischen Konservativen; es sei keine Sache, die die Vereinigten Staaten vorschlagen oder ermutigen sollten. Es könnte ja ein Präzedenzfall werden.

55 Faulkner, American Economic History, S. 727

56 John Kenneth Galbraith, Gesellschaft im Überfluß, Droemer Knaur: München, Zürich, 1959

57 Diese Ansicht vertritt eindrucksvoll Ruth Leger Sivard. Sie ist die Autorin des unentbehrlichen »World Military and Social Expenditures«, 1991, das, während dieses Buch entsteht, der neueste ihrer jährlichen Berichte über dieses Thema ist. Ich habe die Ehre, zu ihren Beratern zu zählen.

58 U. S. Government Printing Office, Economic Report of the President, Washington D.C., 1993, Table B 38, S. 391

59 Diese Geschichte berichtet Arthur M. Schlesinger jr., A Thousand Days, Boston: Houghton Mifflin, 1965, S. 635

60 Die Befürworter der Steuererleichterung hatten, so wurde berichtet, angeordnet, wichtige Treffen nicht anzusetzen, wenn ich in Washington sein konnte. Mit dem Außenministerium wurde verabredet, sie vorzuwarnen, wenn meine Rückkehr drohte. Es wurde die »GEW Line« genannt – das »Galbraith Early Warning System«.

61 John Kenneth Galbraith, »Wealth and Poverty«, speech given before the National Policy Committee on Pockets of Poverty, Washington D.C. 13. Dezember 1963

62 Vgl. seine Memoiren: Lyndon B. Johnson, The Vantage Point: Perspectives of the Presidency, 1963–1969, New York: Holt, Rinehart und Winston, 1971, S. 72

63 Vgl. David Stoloff, The Short Unhappy History of Community Action Programs, in: Marvin E. Gettleman und David Mermelstein (Hrsg.), The Great Society Reader, New York: Vintage Books, S. 213–239

64 Vgl. dazu Joseph A. Califano jr., The Triumph and Tragedy of Lyndon Johnson: The White House Years, New York: Simon und Schuster, 1991

65 U.S. Government Printing Office, Economic Report of the President, Washington D.C., 1992, Table B 58, S. 364

66 U.S. Government Printing Office, Economic Report of the President, Washington D. C., 1982, S. 271

67 In den frühen Jahren der Regierungszeit Reagans sollte er sogar noch weiter ansteigen.
68 Vgl. John Kenneth Galbraith, Die moderne Industriegesellschaft, Droemer Knaur: München, Zürich 1968
69 George Gilder, Wealth and Poverty, New York: Basic Books, 1981, S.259
70 Charles A. Murray, Losing Ground: American Social Policy, 1950–1980, New York: Basic Books, 1984, S.227
71 Gilder, Wealth and Poverty, S.118
72 John Kenneth Galbraith und Stanislaw Menschikow, Capitalism, Communism and Coexistence: From a Bitter Past to a Better Prospect, Boston: Houghton Mifflin, 1988
73 Paul R. Krugman, The Right, the Rich and the Facts, in: The American Prospect, Herbst 1992, S.19–24
74 Besonders bei den Bodentruppen ist die Repräsentanz aus der Gruppe der Weißen mit höherem Einkommen minimal. 1991 wurde ich von dem damaligen Kongreßabgeordneten Les Aspin gebeten, dieses vor dem House Armed Services Committee zu bezeugen. Mein Erscheinen wurde zunächst vertagt und später abgesagt. Der Golfkrieg war ausgebrochen; die soziale und ethnische Zusammensetzung der Streitkräfte war kein Thema, das damals taktvoll hätte diskutiert werden können.
75 Dieses Thema habe ich unlängst im Detail behandelt in: Die Herrschaft der Bankrotteure. Der wirtschaftliche Niedergang Amerikas, Hoffmann und Campe: Hamburg, 1992